高校社科文库
University Social Science Series
教育部高等学校
社会科学发展研究中心

汇集高校哲学社会科学优秀原创学术成果
搭建高校哲学社会科学学术著作出版平台
探索高校哲学社会科学专著出版的新模式
扩大高校哲学社会科学科研成果的影响力

马诗远/著

国际旅游传播中的国家形象研究

A Study of China's Image in International Tourism Communication

光明日报出版社

图书在版编目（CIP）数据

国际旅游传播中的国家形象研究 / 马诗远著. --北京：光明日报出版社，2010.1（2024.6 重印）

（高校社科文库）

ISBN 978-7-5112-0627-5

Ⅰ.①国… Ⅱ.①马… Ⅲ.①旅游—传播学—研究②国家—形象—研究—中国 Ⅳ.①F590 D6

中国版本图书馆 CIP 数据核字（2010）第 019396 号

国际旅游传播中的国家形象研究

GUOJI LÜYOU CHUANBO ZHONG DE GUOJIA XINGXIANG YANJIU

著　　者：马诗远

责任编辑：田　苗　　　责任校对：肖　艳　古兰英　陈宝善

封面设计：小宝工作室　　　责任印制：曹　净

出版发行：光明日报出版社

地　　址：北京市西城区永安路 106 号，100050

电　　话：010-63169890（咨询），010-63131930（邮购）

传　　真：010-63131930

网　　址：http://book.gmw.cn

E - mail：gmrbcbs@gmw.cn

法律顾问：北京市兰台律师事务所龚柳方律师

印　　刷：三河市华东印刷有限公司

装　　订：三河市华东印刷有限公司

本书如有破损、缺页、装订错误，请与本社联系调换，电话：010-63131930

开　　本：165mm×230mm

字　　数：240 千字　　　印　　张：13.25

版　　次：2010 年 4 月第 1 版　　　印　　次：2024 年 6 月第 2 次印刷

书　　号：ISBN 978-7-5112-0627-5-01

定　　价：65.00 元

序一

昔日北大蔡元培先生谓："大学者，研究高深学问者也。"大学的逻辑起点首先应该是学术，高水平的大学更不能例外。对知识的传递、批判和探索，是大学生存与发展的永恒主题。在知识经济迅猛发展的时代，大学作为知识传播与创新、技术创新与转移的主体，理所当然地成为国家创新体系建设和自主创新的基本主体，成为人类进步和社会发展的知识之翼。大学学术研究能力的开发，本身就孕育着未来经济和社会发展的萌芽，把川流不息的知识转变成为技术创新的新源泉，已经成为当今大学学术研究不可或缺的重要任务。

一流的科研成果是一流学术成就的核心。没有一流科研成果的大学，不能称之为研究型大学。在"十一五"发展规划中，我校明确提出"把我校建设成为若干学科达到国内一流水平、在国内外具有重要影响的多科性教学研究型大学"的办学目标。这一目标不仅体现了全校上下紧跟时代脉搏锐意进取的拼搏精神，还体现了我校对我国高等教育大改革大发展大跨越的基本走向的理性认知。要实现这一奋斗目标，关键是要紧紧围绕学术的卓越，全力打造一流的队伍、培养一流的学生、构筑一流的学科平台，潜心培育有利于知识创新和学术卓越的制度环境与大学精神。

学术卓越也是评价学科建设水平的核心指标之一。学科建设水平是一流大学的根基，只有具备一流的学科才能成为一流大学。分析世界一流大学学科发展的演进轨迹可以发现，经过几十年甚至几百年的锤炼和发展，总有一批学科成为他们的"顶梁柱"，甚至可以作为学校的代名词。我校要建设和形成一批特色鲜明的高水平学科群和学科链，就必须以学术卓越为标杆，营造砥砺学术、崇尚学术的良好风气，实现学术水平的历史性跨越。

兴校之举，首在得人。作为大学不仅要培养和造就能够占据学科前沿、富有创新激情的拔尖创新人才，还要依靠学科带头人、学术带头人、学术骨干等一批拔尖人才汇聚创新团队。世界一流大学都拥有一批世界级的学术大师，从某种意义上说，有了世界一流的师资队伍就等于有了一流的学术成就。哈佛大学的前校长科南特曾说过：“大学的荣誉不在于它的校舍和人数，而在于它一代一代教师的质量。一所学校要站得住，教师一定要出色”，“在依靠人才方面，十个二流的人不能代替一个一流的人。”人才问题是制约和影响大学可持续发展的核心要素，谁拥有质量更优、数量更多、创新能力突出的优秀人才，谁就能处于竞争的优势地位。长期以来，我校着眼于打造一支精英汇聚、敢于创新、善于创新的师资队伍，积极构建面向国际招揽人才的机制和校内科学合理的人才选拔机制，提倡百花齐放、百家争鸣，让广大教师的学术思想自由发挥，真正把我校建设成为名副其实的教学研究型大学，为建设“人文北京、科技北京、绿色北京”贡献智慧和力量。

近年来，我校积极提倡“科研引领学科发展，科研提升办学水平，科研服务社会进步”的工作理念，以创新平台、重点科研基地和重点学科为依托，以学科带头人为核心，以重大项目为纽带，发挥多学科集成的优势，加大相关学科的交叉融合力度，初步形成了一批科研创新能力强，特色鲜明的研究团队，进一步巩固和提高了我校科研工作的影响力，增强了社科研究发展的后劲，提升了社科研究工作的水平。

为提升我校的科研水平和学术影响力，构建我校特色科研的长效机制，提高科研资源配置效率，培植一批特色鲜明、优势突出的国内一流学科，鼓励专任教师从事学术研究，扶持具有我校学科特色、扬我所长并与首都经济社会发展密切相关的科研成果，培养和发展一批学术带头人和中青年学术骨干，带动学校整体科研和学科水平不断迈上新的台阶，在人才人事工作部门、科研管理部门的努力下，学校设立了“北京第二外国语学院博士文库出版基金”。出版基金主要用于资助具有较高学术水平的博士论文、学术专著和高水平的学术译著，充分发挥其辐射效应，带动相关学科的繁荣与进步，达到“以点带面，纲举目张”的效果。

在博士文库系列著作付梓出版之际，我感到由衷的高兴。衷心感谢各位作者及相关工作人员的辛苦努力，并期待有更多的优秀成果出版。

北京第二外国语学院校长 周烈

2009年9月8日

序二

学海无涯勤作舟

郭镇之

马诗远的博士论文《国际旅游传播中的国家形象研究》即将出版。作为导师，欣慰之余，很乐意为她写一些话，祝贺她的成功。学术专著的出版意味着个人的学术努力得到了社会的肯定——而许多博士论文常常也成为学者的成名作和研究的里程碑。我为诗远的成就由衷地兴奋，同时，也很想借此机会对“国际旅游传播”和“国家形象”有关的学术话题，表达一点点看法，推介这一重要的研究领域。

诗远2003年考入北京广播学院（如今的中国传媒大学），在我的指导下作博士研究。从此，我们相识相知，并开始了持续至今的友谊。令人印象深刻的是，诗远对老师非常尊重。每逢重要节日，她必登门问候，不仅对我，也对她的硕士导师，多年如此。这常常令我十分感动。生长于新中国的我本人不是一个很懂“师道尊严”和传统礼仪的学生（反躬自省十分惭愧），在礼节方面，我对自己的学生也没有很高的要求。和诗远聊起来，她说，这大约是孔夫子家乡的传统吧，圣人之乡始终奉行尊师重教的礼仪。诗远是山东人，那里也是“水泊梁山”的地方，生长于《水浒》之乡的她至今具有山东人急公好义的性格，包括直爽的谈吐。她还保留着清晰的乡音——她为自己的山东家乡自豪。

诗远的勤奋是有目共睹的。在入学面试的时候，陈卫星老师悄悄对我说，这个学生有一股“劲儿”，看来能吃苦。诗远不是学新闻传播出身的，开始读博士生的时候，她对许多同辈学生耳熟能详的知识背景比较陌生。后来能够取得那么明显的进步和如此突出的成果，全赖她的努力、认真，锲而不舍。诗远对知识有一种贪婪的渴求，每每到图书馆借来大堆的理论书籍，埋头苦读；然后与我在电话中长谈讨论。学英语出身的她对许多著作译本的准确度不满意，所以不仅读中文，还要对照原文阅读，弄得她不堪重负。有一段时间，她说自己快被各种理论淹没了，快崩溃了，以至于我警告她，学习是一辈子的事儿，要悠着来。我建议她，在作论文的阶段，收缩兴趣，聚焦问题，而不是四面出击，遍地开花。她恋恋不舍地放下了一些在读的理论——但我相信，这种对理论和学术的爱好将伴随她终身。

诗远研究的课题出于我的建议，这大约也是我提议的不多的硕士、博士选题中成功的结果之一。通过多年指导研究生的实践，我相信，对选题的热爱和钻研是研究生成功的关键。而一般老师建议的许多选题，由于不能和学生的兴趣发生“化学反应”，往往变成了枯燥无味的鸡肋，研究工作则成为应付任务。导师建议的选题研究失败，或者不那么成功，和选题好不好无关，也不能说明学生没有才情。所以，我一直对导师“布置”选题的做法不那么认同。

旅游传播却是我向诗远提议的研究方向，因为旅游是诗远任教的北京第二外国语学院的教研重心，而她在广播学院读博的研究方向则是传播学，特别是国际传播。更主要的原因是，诗远“识教”、悟性好，愿意接受导师的建议，并投入自己的热情。最终，诗远把研究课题集中于国际旅游传播，并对这一领域产生了深厚的感情。现在，她对这一领域和相关课题的知识和见解，已经远远超出我的眼界——而这正是我乐于看到的。我记得自己的导师方汉奇教授曾经告诉我，研究生对自己专门领域的研究一定要超过导师，否则研究就没有了意义。我也常常对自己的学生说，不能在某一方面超过导师的人不是好学生。学生的研究一定要有新意，要有自己独特的创见。

诗远在国际旅游传播和国家形象建构方面的研究是有新意和创见的，同时也是具有非常及时的社会意义的。改革开放以来，随着全球化浪潮的到来和国际旅游产业的兴旺，跨文化接触、交流和传播成为新的现象和重要的理论话题。而对旅游这种民间方式传播活动的研究，直到新世纪到来的时候，无论是在中国还是国外，都还是一个尚待开掘的新领域。自从建议诗远研究旅游传播以后，我也对这一领域投入更多的关注。2006 年，我注意到《南方周末》关于“中国游客海外不文明行为震动高层”和“中央文明办和国家旅游局列举十大不文明行为和二十条改进措施”的几篇报道。在一次以“国家形象”为主题的研讨会上，我从“中国游客在海外的表现”这个较小的切口出发，讨论了国家形象与全民文化之间的关系。我认为，国家形象不仅指官方的政治形象，也包括普通百姓在与其他国家人民直接接触中自然产生的民族印象。如果说，在意识形态分歧突出的政治传播方面，我们在改变政府形象方面暂时还很难有所作为的话，随着经济发展和社会文明的进步，至少，在改善民族文化形象方面还是十分必要。这应该是一个非常有意义的研究课题。我鼓励诗远在这个尚属空白的学术领域做深入的开掘。

诗远就此做了大量学术性的研究。她最终取得的成果令我惊喜。在《国际旅游传播中的国家形象研究》中，诗远首先对相关的理论进行了梳理和开掘，提出了一些新的见解。记得我们曾就她提出的“人媒介”的概念进行过反复的讨论，后来这成为她论文的一个关键概念。在论文中，她采用了斯图尔特·霍尔的“编码/解码”理论，可以较好地解释以国家旅游局为代表的中国政府对传播国家形象的努力与境外旅游者和旅游对象国人民对中国印象的关系。诗远详细地分析了在认同中国形象方面发生的中外错位现象。在写这篇序言的时候，我还想到，也许爱德华·霍尔的非语言符号的理论和概念也可以解释、或者更适于解释中国人民对外国游客和中国游客对旅游所在国人民无意中展示的民族形象，正是通过居民和游客的直接接触、亲身观察和互动行为，外国人形成了对中国的印象，而形象不过是印象的积累而已。我想，如果诗远在理论方面进行更深入的挖掘的话，相信她还会有新的突破和发现。如果她有时间对论文进行更多的推敲和更细致的打磨的话，她的理论分析将能更引人入胜。

诗远为这个研究进行了大量的深入研究和实地考察，她在国内参与观察了外国旅游者的活动，采访了一些游客，还去澳大利亚旅游地点做了与在地居民的访谈。随着专著的出版，她的辛苦，她的付出，终于得到了圆满的回报。

古人韩愈有联曰：书山有路勤为径，学海无涯苦作舟。在消费快乐的时代，“苦”字似乎不那么“政治正确”了。我就把它改换一下，叫作“学海无涯勤作舟”，送给诗远，算是祝贺，也是勉励吧。

2009－12－23

CONTENTS 目 录

图表索引

第一章

导 论

第一节 研究背景和问题

一、研究的起点

拉斯韦尔在《世界大战中的宣传技巧》中开篇即言：许多博士论文都只是一个宏大研究设想的最微不足道的副产品。毫无疑问，国际旅游和国家形象各自所牵涉的错综复杂的传播现象都属于这样的宏大研究的范畴。而且，中国的传播学界对前者鲜有涉入，对后者的研究也只是序幕。这就使得“国际旅游传播中的国家形象研究”的论文选题，在冒着“蛇吞象”风险的同时，面临着探索性研究的艰辛。

然而，这也正是它作为“最微不足道的副产品”的价值和诱惑。从旅游的角度进行的探索性研究，预示着国家形象研究范式的转变。艾尔·巴比认为范式的转变可以使我们获得意外的惊喜，“我们突然之间就可以以一种新的方式来看待和解释事物。”① 换言之，从传播的高度俯视国际旅游活动中的国家形象，本研究找到了自己的立足点和阐释框架。传播是贯通国际旅游活动和国家形象的一根中枢神经。国际旅游活动首先被作为传播活动来考查，它是国家形象的传播渠道和传播语境，不再是一种经济视野中的旅游产业活动；国家形象，作为这种传播的过程和结果，不再囿于跨国政治宣传或后殖民主义话语的冲突范式，在国际旅游活动中展现的是另一种图景。简言之，国际旅游活动传播的是自身语境中特定的国家形象。以此为起点，我们将国际旅游和国家形象两个领域的宏大视野收缩成一条传播主线，一以贯之，去探求这根主线上所系

① （美）艾尔·巴比：《社会研究方法》（第10版），邱泽奇译，华夏出版社，2005年，第34页。

的核心要素如何参与国家形象的传播过程。

那么，提出国际旅游活动中的中国国家形象传播的问题缘何而起？

二、为什么要从国际旅游传播的角度研究国家形象？

选择国际旅游传播这个视角来研究国家形象，源于中国国家形象的传播现实所发生的深刻变化，它要求我们重新审视国家形象传播的问题。

一般而言，人们认识一个国家，主要有两种方式：一种是间接的通过大众媒介来实现；另一种就是人际传播，包括通过旅游等方式亲历该国。长期以来，外宣和大众媒介被认为是国家形象传播体系中的主力①。这些主力代表的是官方传播和大众传播（在中国，二者又是一体的）。而中国的官方传播难被西方接受，几乎是传播学界的共识；中国的大众媒介在国际传播格局中因弱势而近于失语，亦是不争的事实。摆在我们眼前的现实有二。其一，“西方受众通常对于来自政府渠道的‘宣传’存在着本能的戒备心理，更容易接受非官方的‘民间传播’”②。其二，大众媒介的传播环境中，中国这样的传播弱势国家的国家形象塑造基本上为传播强国所主导③，国家形象长期被扭曲。正如学者们指出的，“国际主流媒体对发展中国家的关注度很低，不仅数量有限，而且多集中在灾难、动乱等负面信息上。由于历史的原因和国际主流媒体的强大影响力，强势国家的受众对不发达国家的信息的关注度、兴趣度都不高，他们通常是依赖本国媒体被动地接收”，其他传播弱势国家的受众也往往主动搜索来自这些媒体的信息④。国际传播中信息流量的不平衡和媒介影响力的悬殊，使我们传出自己的声音难，传出自己的正面声音更难。鉴于中国的大众媒介至少在近期内还难于发展到足以和国际传播强国的媒介势均力敌的阶段，期望通过对外宣传与大众传播媒体来塑造中国国家形象的良好愿望，在现阶段显然面临着极大的挑战。

正是基于这种现实，国际旅游传播作为中国国家形象体系的子系统的重要作用彰显出来。它体现的是国家形象的传播新趋势。改革开放以来，中国旅游业、特别是入境游和出境游的迅猛发展，使得国家形象被置于新的传播语境。可以说，大众旅游在中国的勃兴，加大了国与国之间普通民众的直接交流的广

---

① 张昆：《国家形象传播》，复旦大学出版社，2005 年，第 193 页。

② 张昆：《国家形象传播》，复旦大学出版社，2005 年，第 247 页。

③ 张昆：《国家形象传播》，复旦大学出版社，2005 年，第 196 页。

④ 罗以澄、夏倩芳：《他国形象误读：在多维视野中观察》，《新闻与传播研究》，2003 年第 1 期。

度与深度，重新结构了国家形象传播体系中的传播力量。在这个新的结构中，普通民众，从往昔只作为国家形象的幕后和背景的角色，走向了或者出现在国家形象的"强光区"，成为了传播主体的一部分。他（她）们不仅作为主体直接参与了国家形象的形成过程，而且本身即是传播媒介和表征国家形象最活跃的符号。旅游者与国家形象"如影随形"。一个庞大的旅游者群体的介入①，决不仅仅是国家形象传播渠道的扩充、传播主体数量的增加。在深层意义上，它指向的却是国家形象传播模式的重要变革。外宣、外交和大众媒介主宰的传统传播模式中，在很大程度上是官方的、可控性传播元素占主导地位；而在国际旅游语境中、以旅游者为传播主体和媒介的传播模式中，基本上是民间的、非可控性元素把持国家形象的话语权。所以，在国家形象的传播体系中，除了官方和大众媒介构筑的可控性传播体系外，至少还存在像国际旅游传播这样民间的、以人为媒介的非可控性传播要素起主导作用的传播系统。后者尤其不能被忽视。因为跨国旅游是旅游者的一种亲历。外国旅游者跨越万水千山的同时，也跨越了官方、大众媒介的符号过滤和人际传播的道听途说，直面目的地国家最原初的符号。这种面对面的"撞击"形成的国家形象，对于他们而言大概是最真实的、最有说服力的国家形象。对于中国而言，这种传播方式带来的"让世界了解中国"的机遇，同时也将对"真实中国"的发现权和阐释权交给了对方。只要国际旅游的亲身体验成为可能，旅游传播就可能对其他传播方式的传播效果进行印证、修正或彻底推翻。而且，较之大众媒介的传播和官方有计划的传播，旅游传播的人际特征以及动态性、随机性、偶发性，使得这种传播更难把握。这些无疑是国家形象传播研究必须面对的课题。

事实上，当今出境游的"开闸"之势②，已经把这种"必须面对"改成了"急需应对"。继2006年"十一黄金周"前夕南方周末登载了《中国游客海外不文明行为震动高层》一文后③，少数中国出境旅游者玷污国家形象的种种表现，在媒介技术高度发达的时代，被不断地渲染和放大，引起了国内外公众热烈的讨论、广泛的关注以及中国人自身的深刻的反思。中央政府八大部委

---

① 根据2006年《中国旅游年鉴》上的统计数字，2005年中国出境旅游者人数是3100万人次，入境旅游者的人数超过1亿，其中外国人突破2000万人次。

② 根据国家旅游局的统计数字，2000年到2005年中国公民出境游人数增长了196%，达3100万人次。世界旅游组织预测，到2020年，中国出境游客将达到1亿人次。截止到2004年，经国务院批准的中国公民出国旅游目的地总数达90个，实际实施的达63个。

③ 参见：www. sina. com. cn 2006年9月28日南方新闻网－南方周末。

联合决定，用“为期三年”的时间去完成提升国民素质、尤其是出境旅游者的旅游文明素质这样一项艰巨的工程，并先后出台了一系列针对旅游者文明出游的措施，力度空前①。而“为期三年”（台湾为此花了20年②），自然有对2008年奥运会的考虑，紧迫性自不待言。与此同时，我们同样无法忽视潮水般涌来的外国游客。入境后他们体验中国，出境后他们传播中国。而他们脑海中悄然呈现的、镜头里默默记录的中国符号，我们至今知之甚少。鉴于旅游者群体作为传播主体的高更新率和地理空间上的高覆盖率，这些强大的人际传播流所输出、所带走的中国形象，传播学界无法再漠然视之。这国门内外“一出”、“一进”两种人群的传播活动，构成了国际旅游传播中民间传播的风景线。与这种鲜活的“人媒介”相辉映的，是轰轰烈烈的政府传播行为。由于中国旅游业的发展是政府主导型，国家旅游局作为“国家旅游整体形象”的总设计师，其传播行为是无论如何都不能被忽略的。各种传播流的消长和博弈，形成了对国家形象不同的投射，使得国家形象难免斑驳陆离。官方与民间，到底谁主沉浮，使人欲辩则难。

总之，旅游传播中的国家形象，已经成为公众、媒介和政府高度关注的议题。从社会实践观出发，以传播的视角切入这一议题，从学理上去探究国际旅游传播中国家形象的生成问题，对国家形象研究而言，无疑有着独特的学术价值。而及时回应社会实践的呼唤，更是时代所赋予传播学研究的责任和使命。

三、从国际旅游传播的角度，研究国家的何种形象？

毫无疑问，从国际旅游传播的角度，要研究的是国家的旅游形象。只是，这里的旅游形象，不同于旅游学研究中的旅游地形象（tourist destination image），而是世界旅游组织定义的旅游形象（tourist images），即“被旅游者和潜在旅游者感知的国家形象”③。这里的国家形象传播，更加突出的是国家形象的文化内涵，与主流传播学界定的国家形象传播的政治内涵也有很大的差异。后者认为“国家形象传播，实际上是以国家形象宣传为主题的一种跨国

---

① 2006年10月2日，中央文明办和国家旅游局联合发布了《中国公民国内旅游文明行为公约》和《中国公民出境旅游文明行为指南》。2007年“五一黄金周”，国家旅游局又以“深入开展中国公民文明旅游活动”为切入点，把提高公民文明素质，塑造国家良好形象作为工作部署的重中之重，“亿万游客文明行”活动在全社会掀起了新一轮旅游文明活动热潮。

② 孙香兰等：《台湾花20年改善游客形象》，《环球时报》，2006年10月9日第10版。

③ Tourist Images: Relations between NTAs and Tour Operators. WTO-World Tourism Conference, Manila, September, 1980.

的政治传播”①。

在国际旅游环境下，国家形象在很大程度上远离政治和媒介的“硝烟”，更加侧重文化传播。在消遣和休闲中，人类对大自然和历史文化遗产的共同热爱，人们对和平的共通追求、对国际社会的了解与沟通的渴望，构成这一传播语境的主旋律。如果说主流传播学研究中的国家形象强调的是文化帝国主义和东方主义话语下的差异与对立，本文中的国家形象则更加关注的是多元文化碰撞中的理解与沟通、共通性与互补性。当然，其中也有文化的差异性，但这种差异在旅游语境中却更多地意味着吸引力。正是基于这种文化属性，国际旅游活动才能成为国家形象的最有效的传播方式之。一般而言，文化之间的兼容性要远远大于意识形态之间的兼容性②。国际旅游在展示中国悠久的历史和多姿多彩的文化、促进人们对于异文化的认识和理解、促进彼此的沟通和认同等方面，是其他传播渠道望尘莫及的。从这种意义上讲，利用好人类文化的普适性，国际旅游传播可能更具有改善国家形象的潜力。

四、从国际旅游传播的角度，研究国家形象的何种问题?

从国际旅游的角度，本文研究的是传播者传达的中国形象与受众眼中的中国形象之间的认同与错位的问题。

这首先是国家形象传播的基本问题。正当中国传播学界专注于国际传播（主要是外国的大众媒介）中的中国镜像的是非、真伪判断时，曾因提出“北京共识”而声名鹊起的乔舒亚·雷默，在2006年出版的《中国形象：外国学者眼中的中国》一书中一针见血地指出，中国在“国家形象”方面最大的问题，不是简单的国家形象“好”与“坏”的问题，而在于中国对自我形象的认识与其他国家对中国的看法大相径庭③。换言之，是自我与“他者”对国家形象的认知能否达成认同的问题。

这个问题更是国家旅游形象传播中的关键。法国形象学研究者巴柔指出，“一切形象都源自自我与‘他者’、本土与‘异域’互动关系的自觉意识中。”④ 自我和他者是形象的两个互相依存的参照。国家旅游形象的传播，不是自说自话，而是文化间的跨越和“意义”的传通，离开了“他者”，国家的

---

① 刘继南：《国际传播——现代传播文集》，北京广播学院出版社，2000年，第25页。

② 张昆：《国家形象传播》，复旦大学出版社，2005年，第248页。

③ （美）雷默等：《中国形象：外国学者眼中的中国》，沈晓雷等译，社会科学文献出版社，2006年，第9页。

④ 孟华：《比较文学形象学》，北京大学出版社，2001年，第155页。

自我形象将失去传播的意义。因此，国家旅游形象的传播，必需扣紧“传播者传达的中国形象”和“外国旅游者感知到的中国形象”这两个根弦。如果说我们研究国家旅游形象传播的最终目的是为了提高国家旅游形象的传播效果，即在旅游者那里形成传播者意欲传达的国家形象，那么，失去了上述两种形象之间的相互印证，旅游传播的效果也就失去了衡量的依据。更重要的是，不了解外国受众如何感知中国、感知到何种中国形象，传播者其实未必知道应该传播何种形象以及如何成功地实现自己的传播目的。毫不讳言地说，失去了“他者”形象这面可以反观自身的镜子，我们自己的传播设计很可能是盲目的，我们更无从知道如何穿越传播的屏障并修正自己未来的传播行为。这是由旅游传播自身的特点决定的。与电视等大众传播不同，旅游这种受特殊时空规律支配的传播活动，使得传者的国家形象的展示与受者的国家形象的形成，并不一定是随传—受双方的先后顺序而线性展开的，而是呈现非线性（时空的非对称性）；也不一定是针对同一文本（符号集合）的传达与解读（符号的非对称性），因为旅游使得受众的感知和体验的范围，一方面无法在短时间内覆盖传者传达的国家信息范围的全部，另一方面又会超越于这个范围。正是这种悖论，使得传者传达的形象和受者感知的形象，集中表现为一种交叉关系（注：在现实中，完全分离和重合的可能性几乎不存在）（如上图所示）的两种符号系统，虽然二者各自都是在国家形象这个大的概念框架下集结。换言之，旅游者的足迹很难踏遍传播者的视域，但旅游者关注到的某些符号，可能并不是传者国家形象中所包含的内容。传播者和受众各自所持的国家形象，在“符号选择”和“赋予意义”这两个层面达到的重叠和认同程度，是国际旅游传播中的国家形象研究的根本问题。

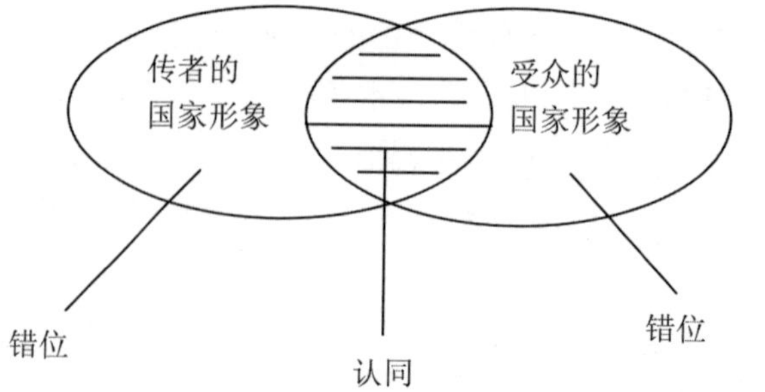

图 1－1　本书国家形象研究的问题示意图

基于这种传播的视角，国家旅游形象的“认同和错位”问题成为本研究的核心问题。本文意在通过探究传者对国家形象的呈现与宣传与受众对国家形象的感知与再造过程，从而探察各自所形成的国家形象，是断裂的还是和谐一致的，并进而考察这种认同与错位问题带给传播者的思考与启示。

五、如何确定该问题的研究框架?

正如前面所言，国际旅游中的国家形象传播可谓包罗万象，极其复杂。本文于这种纷繁芜杂的现象中，紧扣国家形象这个核心，沿着传播者的传达和受众的感知两条主线，探寻国家形象生成的动态过程，抽离出跨国旅游语境中国家形象传播的特殊规律，展示了传者和受众不同的国家图景，并在对这两条主线的聚合与分野的梳理中，完成了对国家形象的认同与错位的思考与剖析。

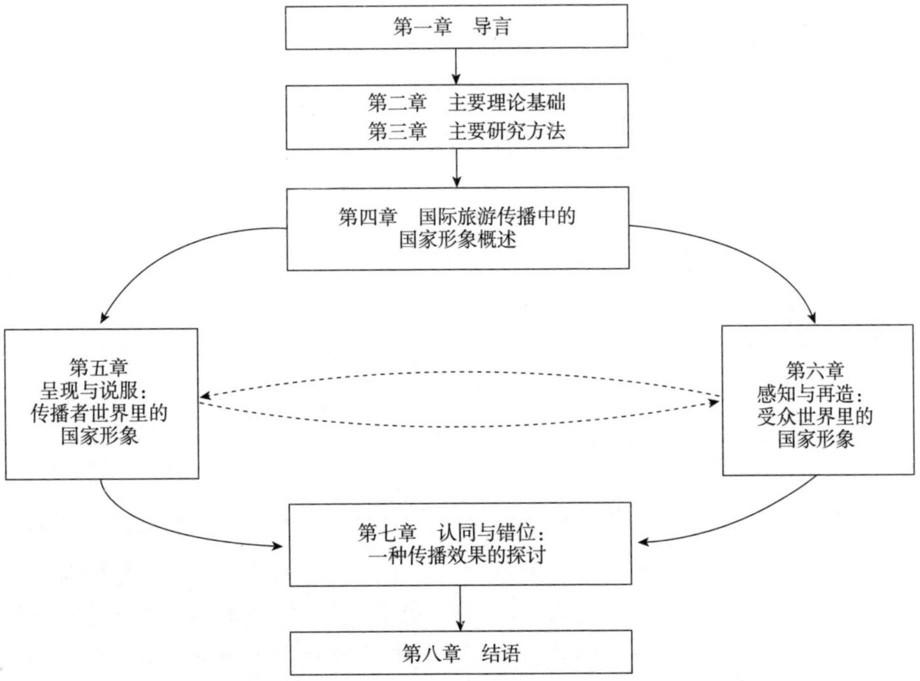

图 1－2 本书的整体逻辑结构示意图

在对主要的理论基础和研究方法进行说明之后，本文研究的主体从第四章开始，整体是按照总—分—总的框架来架构的。首先，第四章对国际旅游传播中各种身份的传播主体对国家形象形形色色的投射进行了简要的总述。接下来，在第五章“呈现与说服：传播者世界的国家形象”里，以实际调查的结果为基础，对国家旅游局、出境旅游者和导游这些代表官方与民间、组织与个体等身份和角色各异的传播者、其传播行为以及他们所传播国家形象的实景进行了阐述。与此并行的，是第六章“感知与再造：受众世界里的国家形象”。该章对“入境旅游者”这个特殊的受众群体进行了分析，在实证调查和文本研究两个层面，对他们眼中的中国形象进行了论述，并进一步探寻了旅游者世界里国家形象传播的深意。这两条视线，在第七章“认同与错位：一种传播效果的探讨”走向了聚合。该章以“认同”所包含的传播效果的内涵入手，从“符号”和“对符号的解读”两个方面，对这两种国家形象的认同与错位的问题进行了探讨。第七章探讨的意义和结果，直接指向了第八章“结语”，即本研究对国家旅游形象传播的总体思考以及它带给传播者的启示与反思。全文的基本框架如上图所示。

第二节　研究综述

作为一个崭新的学术领域，国际旅游传播中的国家形象研究，需要有两个最基本的学术渊源作为支撑：（国际）旅游传播研究和国家形象研究。国家形象研究（包括国家形象传播研究）方面，前人已有相当的积淀。但旅游传播研究，目前则刚刚萌芽。因此，通过广泛的阅读，积极地从其他学科中汲取与本研究密切相关的营养进行跨学科研究，变得十分必要。下面，我们将沿着上述两个大方向，对相关研究成果进行梳理，进而指出本文在国家形象研究的学理脉络中的位置与价值。

国家形象或许是因为其在国家整体意义上的至高无上，长期以来备受中外研究者们的青睐。国家形象的研究成果，在下面提及的著作或论文里都有详尽的罗列，在此不赘述。本文主要论及对中国国家形象传播影响深远或比较典型的系统性研究。由于历史和时代的原因，这些研究对中国国家形象的表述不尽相同，例如“国家形象”、“中国”、“中国形象”、“中国人”、“中国国家形象”、“中国民族形象”等不一而足。事实上，由于这些概念的交互关系，严格界定彼此的界限是非常困难的，故以“中国国家形象”一笼统之。

中国国家形象研究，按研究者身份可分为“自说”和“他说”。林语堂于近代在美国出版的英文著作（My Country And My People）《吾国与吾民》，在美国引起过巨大反响，（当时）被誉为“历来有关中国的著作中最忠实、最深入、最完备、最重要的一本书”①。它无疑是传播中国形象的最重要的著作之一。而沙莲香主编的《中国民族性》，则是100多年来中外学者、著名人士对中国国民性及文化研究的集大成者。管文虎的《国家形象论》可以被看作中国国家形象的历史总述。“自说”之中，当然少不了周宁编注的8卷本《中国形象：西方的学说和传说》。该丛书深入分析了自《马可·波罗游记》问世七个世纪以来，西方不同文本塑造的中国形象，其中《契丹传奇》（卷1）中的“大旅行”可以被看成国际旅游传播的早期缩影。姜智芹的《文化想像与文化利用》揭开了英国文学中的中国形象的面纱。除此之外，王岳川的《发现东方》，阐述了通过“发现东方”的策略来消除西方对中国文化的“误读”，通过“文化输出”的策略来重建中国形象的设想。这些著作，皆以中国学者独特的学术视角，审视“中国形象”，无疑是本研究的基础性参照。

“他说”之中，在华传教22年的美国牧师明恩溥于1894年成书的《中国人的素质》，“开创了研究中国国民性的先河”②。据说“美国人心目中对中国的映象的幻灭”是由该书来加以完成的③，可见其影响之深远。世界上最负声望的中国问题学者费正清（John King Fairbank）的《观察中国》（Watch China）“以史学家的眼光，透过中国数千年的演变，来分析、评论当前所发生的一切。”此书“代表美国主流社会的看法”，被认为“是对我国感情最深厚而成见最少的一位正直的美国学者的论著”④。乔舒亚·雷默等著的《中国形象：外国学者眼里的中国》，是最新的一部外国人如何看中国形象的专题文集，内容包括内政、外交、国防、政治、经济和文化。来自新闻传播领域的研究成果中，哈罗德·伊萨克斯，以其深入细致的调查结果，在《美国的中国形象》一书中详细地阐述了近代美国人的中国观，是中国形象的另一面“西洋镜”。韩国学者崔良珠的论文《韩国人眼中的中国、日本和韩国》⑤，不仅包含了对中国独特的国家印象，而且涉及与其他两个国家的国家形象的跨文化比较。这些著作，为我们观察外国旅游者、反观自身提供了与“自说”中不同的视角，也为理解和阐释他们心目中的中国形象提供了依据。

---

① 林语堂：《吾国与吾民》，岳麓书社，2000年，序言第5页。

② （美）明恩溥：《中国人的素质》，学林出版社，2001年，前言。

③ （美）明恩溥：《中国人的素质》，学林出版社，2001年，第332页。

④ （美）费正清：《观察中国》，世界知识出版社，1999年，前言。

⑤ 郭镇之：《跨文化交流与研究——韩国的文化和传播》，北京广播学院出版社，2004年，第310页。

而对中国国家形象真正传播学意义上的系统研究，则是近几年的事。在众多的研究成果中，最有影响力当属下列几部著作。李希光的《妖魔化中国的背后》犀利地展现了美国媒体如何以那些“零碎而尖锐的玻璃碴”来构筑中国形象。张昆的《国家形象传播》，从对外宣传和传播的角度，阐述了全球化背景下理想的中国国家形象及其构建的主题。刘继南等的《中国形象》一书，依托于对世界主流媒体的中国形象的研究，详实地论述了中国国家形象的国际传播现状与对策。刘继南等著的《国际传播和国家形象》代表了国际关系的视角。鉴于国家形象的外部性，国家形象在外交、外宣层面的研究同样不可或缺。被外国媒体誉为“中国的形象大师”的国务院新闻办公室主任赵启正近年出版的《向世界说明中国》，在国家形象的对外宣传实践方面很有代表性。上述著作基本上体现了中国传播学对国家形象传播研究的主要成果，其重心是大众传播媒介、外宣与外交对国家形象的塑造。难得的是，其中的《中国形象》和《国家形象传播》，都提及并肯定了旅游作为国家形象的传播渠道的价值①，虽然只是飘忽一现，但也算对本研究的“正名”了。

至于国际旅游传播，应该先从旅游传播的相关成果说起。旅游传播，作为真正传播学意义上的研究，在我国刚刚萌芽。也许由于传播学扎根本土的岁月太短，本学科的根本问题还没来得及理透彻，跨学科的嫁接，尚待时日。从对国家图书馆的中文资料（包括纸本和电子资料库）检索结果来看，旅游传播的专题研究可谓九牛一毛。专著无，博士论文无。而仅有的 6 篇硕士论文中，3 篇是地理学科②，1 篇专门史③，只有 2 篇④是传播学的。后两篇也只是对区域旅游文化传播的探讨。学术期刊的论文有 3 篇。一篇是王洁的《试论一种特殊的传播方式——旅游传播》，另一篇是肖云的《旅游：传播目的地文化的重要方式》。前者简单地概述旅游传播的功能和一些实现有效旅游传播的原则和方法；后者说明旅游使目的地文化向客源地传播的独特优势。第 3 篇是台湾学者陈加喻的《台湾大众媒体的旅游传播》，主要是通过对一段时间内报纸、杂志、电视、网络内容的抽样和普查，来观察大众媒介对旅游信息的传播状

---

① 刘继南：《中国形象：中国国家形象的国际传播现状与对策》，中国传媒大学出版社，2006 年，第 XX 页。张昆：《国家形象传播》，复旦大学出版社，2005 年，第 XX 页。

② 《沈阳市旅游形象设计与传播研究》（人文地理），《区域旅游形象的传播学特征及其传播初步研究》（人文地理），《生态旅游信息传播有效途径研究》（自然地理）。

③ 《论文字信息传播对日本旅游发展的促进作用》（专门史）。

④ 《红色旅游中的文化传播研究》（传播学），《云南旅游中的文化传播现象》（传播学）。

况。而在对国外比较权威的Proquest资料库全部内容的检索中，没有发现一篇以旅游传播作为专题的研究。国家图书馆的英文原著中，也很难发现此类专著。

虽然传播学对旅游传播的系统性、专门性研究是如此地冷冷清清，但其他学科对旅游中传播现象的跨学科研究，却并非少见。在国内，地理学和旅游学、旅游文化学的相关研究在中国旅游业迅猛发展的背景中最为显著。地理学和旅游学方面对旅游传播的研究热点，首推旅游目的地形象研究。对传播学的应用主要是旅游地形象设计和行销，涉及的主要是广告和大众媒体的使用。其次是旅行社、饭店的市场营销。旅游文化学主要指向的是旅游的文化影响，特别是对旅游目的地而言。但最有原创性、影响力的是国外的研究成果，散落在西方的旅游学、旅游社会学、旅游人类学和跨文化传播学等学科里。经过了30年的积累，西方旅游学对旅游形象①（实际上是旅游目的地形象而不是本文中的国家形象）的研究已经形成完整的体系（目前国内学者的旅游形象研究无不建立在这些成果的基础之上），其中包括对旅游目的地形象（tourism destination image，TDI）的概念、构成要素、形成过程、变迁和评估等等方面的探讨，对旅游传播最具有参考价值。网恩（Gunn）、亨特（Hunt）、克朗普顿（Crompton）、加特纳（Gartner）等学者的学术贡献最为突出。加特纳在《旅游开发：原理、过程和政策》（Tourism Development：Principles，Processes，and Policies）一书和他的多篇论文中就TDI做过专门研究。接受中国国家旅游局的直接委托，他完成了“八九学潮”（西方称“天安门事件”）对中国旅游形象的影响，但有趣的是，该研究中的某些调查结果，令研究者本身颇感困惑并难于给出圆满的解释②。这恰恰证明，旅游和形象的问题，更需要的跨学科、跨国界的学术努力，仅仅从旅游学的角度进行阐释是远远不够的。旅游社会学的研究中，法国学者罗贝尔·朗卡尔的《旅游和旅行社会学》可作为代表。它不仅“提出了一些关于旅游主体的行为及旅游发展对社会的影响的普遍原则”③，而且就旅游形象的内涵、形成与功能进行了阐述。另一方面，西方旅游人类学开启了对“主客关系”和“旅游在社会中的文化影响”的研究，

---

① 这方面的系统成果参见Martina G. Gllarza，etc.（2002）“Destination Image Towards a Conceptual Framework”，*Annals of Tourism Research*，29（1）：56～78.

② Gartner，William C& Shen，Jingqing. The Impact of Tiananmen Square on China’s Tourism Image.（1992）. *Journal of Travel Research*，30（4）：47～52.

③ 罗贝尔·朗卡尔：《旅游和旅行社会学》，陈立春译，商务印书馆，1996年，引言第5页。

这是人类学对旅游传播的突出贡献。其中瓦伦·史密斯（Valene L. Smith）的《东道主和游客：旅游人类学》（Hosts and Guests：The Anthropology of tourism），自问世以来，一直被旅游人类学研究者视为代表作。该书的另外还涉及到后殖民主义和旅游的关系，对国家形象研究颇具有启发性。其姊妹篇《主客关系新探：21 世纪旅游问题》（Hosts and Guests Revisited：Tourism Issues of the 21th century），为旅游传播的研究打开了有关媒介问题的新视野。另外一个值得关注的学科，是跨文化传播学对旅游活动中传播现象的探讨。最权威的自然是被认为“跨文化传播学之父”的爱德华·霍尔（Edward T. Hall）的代表作 Beyond culture 和《无声的语言》（The Silent language），以及古德孔斯特（Gudykunst）的《与陌生人交流》（Communicating With Strangers）。这 3 部跨文化研究的奠基性作品，虽然不是直接把旅游传播作为研究对象，但其中对旅游现象和文化现象的分析，为我们提供了有力的理论支持。而直接针对旅游传播的跨文化专著在国内还没有出现，但加文·杰克和艾利森·菲普斯（Gavin Jack &Alison Phipps）合著的《旅游和跨文化交流：旅游为什么重要》（Tourism and Intercultural Exchange：Why Tourism matters）的及时出版，给旅游传播提供了“旅游作为促进或阻碍跨文化传播的动态方式”的新视角。

尽管世界旅游组织早在 2004 年 1 月就组织召开了第一次世界性的旅游传播（Tourcom）会议，而且提出了“旅游皆传播（TOURISM IS ALL ABOUT COMMUNICATION）”的口号①，尽管旅游传播已经成为全球化背景下世界旅游业发展以及旅游研究中越来越重要的议题，但从能够查询到的资料来看，目前还没有任何一个学科或国际机构，对“旅游传播”进行过概念性定义。对旅游传播的研究，被夹裹在其他学科的相关命题的讨论中，没有剥离出来，形成真正传播学意义上的专门性研究，当然也很难深入去挖掘其中的“传播”内涵。

至于把国际旅游传播作为一个“完整的专题”进行的研究，暂时还没有发现任何成果，这在国内外很可能是研究上的空白。

尽管国际旅游业发展很快，国家形象也成热点，而且二者之间发生了千丝万缕的联系，却很少有学者关注国际旅游传播和国家形象的关系问题，对这个命题的研究一直很寥落。庆幸的是，郭镇之在 2006 年 10 月清华大学举办的

---

① Observations On International tourism Communications, First World Conference On Tourism Communications, Madrid, Spain, January 2004.

“首届中国全球新闻传播研讨会”上的发言《国家形象与全民文化》，从旅游的角度切入，探讨旅游、民族文化和国家形象的关系，成为本文最直接的研究出发点。

总体来看，在国家形象研究、国家形象传播的述著，无论是“自说”，还是“他说”，关注的核心是“镜像”与“真相”（事实）的距离，而忽略了将中国的自我形象和他者眼中的形象这两种“镜像”置于同一框架中进行比较。与此同时，又过于关注文本中的“镜像”，而忽视了鲜活于民众心中的“形象”。文本是个体的、历史的，而民众是现实的。这种文本与现实的距离，似乎也不应该被文本本身的影响力和它所宣称的代表性遮蔽掉。更进一步说，这些文本所代表的国际政治、国际关系和大众传播的国家形象的研究视角，使国家形象忽视了民众的现实，远离了百姓生活。其实，它忽视的是一个非常重要的常识：最能广泛代表国家形象，特别是国家真实形象的，莫过于一国的国民，尤其是普通民众。这种忽略具有历史上的合理性。近代以前的闭关锁国和近代以后的相对封闭，使得国家形象的传播主要在政治性语境中、主要通过大众媒介得以实现；普通民众只是在幕后或作为背景，很少有机会去直接参与国家形象的传播活动。但改革开放 30 年后的今天，社会赋予这些普通民众更多的代表和展示国家形象的机会，尽管这种代表和展示很多时候是无意识而为之。当今跨国经商、出国留学、出国旅游的普遍性，足以说明他们已经走到塑造国家形象的前台，成为国家形象的重要载体和传播媒介。世界上很多国家都很关注这一点。当今日本注重“草根公共外交”的理念、韩国提高整体国民素质的不懈努力①，都反映了在国家形象传播的语境里人本主义的回归。恰恰是这种变化，使得主流传播学在国家形象研究中对人作为媒介（本文称之为“人媒介”）的忽视，变成了一种亟待弥补的缺失，使得对传者的国家形象和受众的国家形象进行比较研究，成为完整国家形象传播研究不可或缺的部分。

因此，从国际旅游传播的角度切入国家形象研究，是在对已有的文本进行研究基础上，走进旅游活动的现实，走进文化等非政治性传播要素，走进人际传播等非大众传播媒介，更主要地走进“人”自身传播实践的一种学术尝试。这种尝试，自然包括在利用上述所有的研究成果的同时，去做大量的实地调研，获得国家形象的最新鲜的信息内容。

---

① 王众一、林光海：《日本韩国国家形象的塑造与形成》，外文出版社，2007 年，第 117 ~ 118 页、第 206 ~ 217 页。

第三节　研究创新及现实意义

一、研究创新

本文不是国家形象的宏大叙事，而是在微观层面上对国际旅游活动这一现实世界中有关中国国家形象的传播现象进行了跨学科基础上的考察。事实上，这一研究最终要探讨的是其传播效果，只是将对传播效果的探讨建立在一个更根本的问题，即国家形象的生成过程之上，使之水到渠成、有据可依，是基于过程的效果研究或者指向效果的过程研究。之所以称之为“国际旅游传播中的国家形象研究”，而不是“国家旅游形象研究”，目的就是为了突出这种动态的传播过程。这是与注重对文本呈现的结果进行分析的既有的国家形象研究的不同之处。本文不是大众传播中的国家形象研究在旅游语境中的复制和套用，而是在比较二者差异的基础上突出旅游传播自身的规律。具体说来，本文有以下两点创新。

首先，从国际旅游传播的独特视角研究国家形象，使国家形象的研究进入了日常生活领域和对人自身作为为媒介的考察，目前是传播学的首次尝试。如前所述，与业已存在的研究不同，这种尝试突出强调了“人媒介”在旅游传播，特别是在国家形象传播中的重要作用。基于马克思主义的“以人为本”的传播思想以及沙莲香等学者对“以人为主体的图像世界之谜”的研究①，本文提出“人媒介”的概念，凸显了人在国际旅游语境中所负载的全面的传播功能，并确立了它于国家形象传播的核心地位（详细论述，参见第五章“人媒介”部分）。这种地位是大众媒介无法挤压、也无法媲美的。

这种定位，决定了本文中国家形象传播研究新的侧重点和研究走向，即国家形象传播研究的两个新层面。如果说到目前为止，国内有关国家形象的研究过分强调了政治传播和大众媒介的重要性，本文补充的则是国家形象的文化内涵和“平民通道”。前者凸现的是国与国之间意识形态和文化上的对立，后者探索的是文化上的差异以及由此而来的旅游吸引力和人民与人民之间共通性的东西。如果说旅游是人类共享的和平的语言，那么，理解与沟通，特别是人与人之间心与心的沟通，是旅游传播的核心，也是我们在该领域的探索所发现的

① 沙莲香：《传播学：以人为主体的世界图像之谜》，中国人民大学出版社，1999年。

国家形象传播的灵魂。这种发现过程，就是本文在国家旅游传播研究的走向与旨归。我们还发现，“人媒介”同样将挑战引入了国家形象传播的腹地。入境旅游者的亲历，使得他们眼中的一切现实变成了他头脑中国家形象的“真实”，而他们关注到的大量信息可能是传播者“意识以外”、控制之外的传播行为。出境旅游者的传播行为，同样存在很大程度上的不可控性，其传播效果很可能是始料未及的。为此，本文提出，国家形象传播具有可控性和非可控性两类传播元素，非可控元素尤其要引起传播者的重视，而且是首先必须考虑到的，因为它与传播的总体效果休戚相关。

其次，实证胜于雄辩，在自然状态下进行参与式观察，是本文的国家形象研究在方法上的创新。旅游活动的“暂时”和“异地”等特殊的时空规律，决定了在实证研究中将参与式观察等多种方法同时并用从而印证不同的方法得出的研究结果，是一种不错的选择。例如，在进行参与式观察的同时，运用实地实验的方法，对入境旅游者进行了旅游前的前测和旅游后的后测，再将测量的结果结合对旅游者的访谈，最后得出综合的结论可能更具科学性。值得一提的是，这里的参与式观察，不是一种局外人的观察，而是在与观察对象真诚的交流中用“心”去细细地体察各种符号和编码参与下的意义建构。旅游是关于体验的活动，旅游形象无法离开人的心灵，旅游形象传播的研究者首先必须“一头扎进去”深深体验，才能将“视线”探入旅游者的内心世界，隔山观水注定无法触摸其中的传播真谛。

二、现实意义

国家旅游传播中的国家形象研究的现实价值，体现在国家形象传播、旅游传播和跨文化传播研究等三个方面。

对于国家形象而言，国际旅游传播开辟了“人的传播”、“民间传播”的新视野。重视国家形象这种非政治性的“民间传播”，关注那些国际旅游活动中无意识行为的传播后果，将为国家形象的塑造和传播策略的制定，提供国家行为和媒介议程之外的、有独特价值的参照。

其二，对于旅游传播而言，本研究引发的是从理论到实践的新思考。有学者指出，“国际旅游业的较量，愈来愈显著地体现在为‘形象之争’”①。本文认为，旅游通过旅游体验参与旅游传播的任何结果，最终都会在旅游者的心目

① 杜江：《在2008年初驻外办事处主任会议上的讲话》，《旅游市场》，2008年第1~2期，第3页。

中集结于国家形象这个范畴之下并沉淀成他心目中的国家形象。国家形象对一国旅游业的影响是笼罩性的，旅游管理部分和旅游业无法不关注旅游系统之外的传播现象，即国家和社会的整体传播效果。旅游传播的内涵，不能被“缩写”成“旅游市场营销”，旅游局和旅游业无法独立完成旅游传播的使命，旅游传播是整个社会协作的结果。而对旅游系统本身进行的传播实践最有价值的启示是，以长远与根本的观点，确立“人的传播”在旅游宣传、传播中的核心地位，控制和调节好以旅游者为核心的传播链中各个传播环节对于整体的传播效果，而不是仅仅盯住每年耗费巨资进行的海外市场开拓。至于传播什么、如何传播以及传播效果的评估，“旅游者心目中的国家形象”这面镜子更应该成为旅游系统内相关部门最基本的参照。

其三，国际旅游传播中的国家形象研究，还有跨文化传播研究方面的独特价值。如果说旅游活动的本质属性是文化性①，那么，国际旅游的属性则是它的跨文化性。“旅游为跨文化传播和不同社会群体的潜在的混合，提供了尤为集中、有着特殊意义的时机和场合”②。他国旅游者对国家形象的解读，提供的则是跨文化研究的具体的、现实的、丰富而鲜活的典型素材。透过这些积极跨越文化障碍的旅游者的传播活动的研究，我们将会了解不同文化背景的人们如何结构了文化价值的冲突、融合和断裂，与此同时，也为我们观察非旅游（non-tourism）传播活动立下参照。。鉴于跨文化传播在国内目前是一个急需推进的领域，国际旅游传播中的国家形象研究的介入，可以缓解国内跨文化研究20年来以语言或比较文学为主旋律的单薄和后劲不足，为其注入来自不断变化着的现实世界里的新鲜思想。

---

① 马波：《现代旅游文化学》，青岛出版社，1998年，第26页。

② Gavin Jack and Alison Phipps，(2005). *Tourism and Intercultural Exchange*, p. 6.

第二章

主要理论基础

本研究是基于旅游现象的国家形象的传播学研究。更确切地说，它是一种跨学科研究。一般来讲，跨学科研究会面临两个最主要的理论难题：核心概念的确立（或移植）和基础理论的嫁接。前者首先是概念如何被从一个时代的"概念储存"① 中提取的问题。用马克斯·韦伯话说，"是对各种可能的观点进行清晰的、明确的、概念上的确认"，从而"把人从混乱的词语中引出"②的过程。换言之，是我们从既有的概念储存中提取何种界定或做出何种新的界定，作为传播学研究立论之基础。而后者意味着理论选择应同时指涉并适用于所跨越的研究对象，是"理论建构和现实环境有效联系"③、即契合的问题。

本部分试图解决的正是这两个方面的问题。我们首先确立了三个基本范畴统辖之下的三组核心概念群。我们发现，国家形象的传播完全可以根据这样一系列相互联系的概念群来重新叙述；其次，说明本文所运用的传播学的基础理论框架，并重点说明其理论的引入是基于"国际旅游传播中的国家形象"的哪些本质特性。

第一节　核心概念

马克斯·韦伯在《社会科学方法论》一书中指出："科学的国家概念无论怎样阐述，都始终是一个我们为某个认识目的而作出的综合。"④ 毫无疑问，

---

① （德）马克斯·韦伯：《社会科学方法论》，李秋零、田薇译，中国人民大学出版社，1999 年，第 37 页。

② 同上，第 39 页。

③ （美）拉斯韦尔：《世界大战中的宣传技巧》，张洁、田青译，中国人民大学出版社，2003 年，导言第 3 页。

④ （德）马克斯·韦伯：《社会科学方法论》，李秋零、田薇译，中国人民大学出版社，1999 年，第 33 页。

我对下列核心概念内涵的提取和阐释，始终是为本文传播研究的目的服务的。值得说明的是，面对诸多不同学科、不同的研究者对同一概念所作的阐释（概念储存），我不打算进行鹦鹉学舌式的重复和泛泛的概念罗列。而对于那些未曾有人明确界定过的概念，我更无意于任何四平八稳下定义的学术努力。它们之所以微不足道，是因为“伟大的概念构思尝试之所以具有价值，乃是在于它们揭示了作为其基础的那些观点之意义的界限”。①“揭示了作为其基础的那些观点之意义的界限”之所以不可或缺，是因为在廓清其概念内涵的同时，实际上是清楚地告诉读者研究者立论的起点、讨论的重点和视角行走的边界。除此之外，将这些核心概念植入研究的整体中，并对这些概念所包含或联结的一些关键问题进行必要的分析，为后面的实证研究做好理论铺垫，也是本部分的目标之一。

一、何谓旅游传播?

这是从旅游的角度研究国家形象首先必须回答的基础理论问题。事实上，到目前为止，还没有学者对“旅游传播”做出过科学意义上的界定。因此，本文在尝试做出界定时，必须对它的子概念“旅游”和“传播”进行理论寻根。

那么，传播视域中的旅游是什么？面对“旅游”的概念性定义（conceptual definition）、技术性定义（technical definition）以及经济学家、文化论者和管理机构对旅游概念的不同描述②，基于本文传播研究的目的，我们对旅游的概念性考察，直接剔除了旅游作为商业性的经营活动的内涵，因为“它没有把旅游建立在、即使是部分地建立在个人、社会群体和人民之间的交流和理解之上。它所着意强调的需要并不符合旅游及其价值观试图实现的使人得到发展的成长的职能的深刻本质”③。换言之，我们采纳的是旅游社会学的视角：旅游是人的活动，是人的一种生活方式，是一种社会活动。具体表述如下：

旅游指的是作为旅游者的人的活动，而不是指旅游业的经营活动。它是非定居者出于消遣、休闲或补偿性目的，前往异地的旅行和停留，所追求的是一种不同于其生活环境的经历和体验。

---

① （德）马克斯·韦伯：《社会科学方法论》，李秋零、田薇译，中国人民大学出版社，1999年，第37页。

② 参见：李天元编著的《旅游学概论》，南开大学出版社，2001年，第30~34页；谢彦君著的《基础旅游学》，中国旅游出版社，1999年，第43~45页.

③ （法）罗贝尔·朗卡尔：《旅游和旅行社会学》，陈立春译，商务印书馆，1996年，第61页。

就个体层面而言，“旅游即是生活”①。它是人为了更好地存在而寻求满足自己心灵深处的某些动机，暂时同日常生活的种种制约完全脱离的经历②。它更是“一种回应人类休闲本性的生存方式”③。

在社会层面上，“旅游首先是一种社会联系”。作为一种联系和交往的系统，旅游使人得以穿越不同种族和文化，从而有利于消除偏见和隔离，实行社会的融合，促进人民间的理解、和平与友爱。它所负载的价值，使之成为一种“普世聚会和对话的工具”。④

综上所述，在本文的视域中，旅游首先被作为人的活动来考察。这就意味着旅游传播研究应该侧重于旅游活动的主体——旅游者。其次，旅游是一种特殊的生活体验。克里格认为，“传播是人类生活体验的最基本的过程”⑤。旅游活动作为社会活动，首先是人的传播活动。传播贯穿旅游活动的始终。

旅游从来就是一种穿越。一个国家的居民跨越国界到另一个或几个国家去访问的旅游活动，就是国际旅游⑥。这种穿越，表面看来穿越的仅仅地理空间意义上的国界，实际上，却是旅游者背负着自己国家的历史和文化，去穿越异国文化屏障的复杂的体验过程。而旅游者对一个国家的所有的体验都最终会在他们各自的脑海中沉淀下来，成为该国的国家形象。换言之，国际旅游是旅游者形成他国形象的现实环境。需要说明的是，我们视野中的“旅游者”的外延所涵盖的是：出于休闲和消遣目的，离开常住国到另外一个国家访问的人，不包括非消遣访问者和参加会议者。⑦ 本研究所做的调研都是针对这样的一个群体。

我们需要探讨的下一个问题是：旅游所体现的“传播”概念又是什么？据说传播的定义目前至少有140多种⑧。但我们要讨论的是传播的定义中有哪些是被广为认同的核心思想可作为旅游传播的“根”。无论是界定传播概念的

---

① （法）罗贝尔·朗卡尔：《旅游和旅行社会学》，陈立春译，商务印书馆，1996年，第68页。

② 李天元：《旅游学概论》，南开大学出版社，2001年，第41页。

③ 谢彦君：《旅游体验研究：一种现象学视角》，南开大学出版社，2006年，第88页。

④ （法）罗贝尔·朗卡尔：《旅游和旅行社会学》，陈立春译，商务印书馆，1996年，第45~55页。

⑤ Stephen W. Littlejohn.（2003）. *Theories of Human Communication.* Beijing: Tsinghua Univerdity Press, p. 12.

⑥ 李天元：《旅游学概论》，南开大学出版社，2001年，第36页。

⑦ 张辉：《旅游经济论》，旅游教育出版社，2002年，第48页。

⑧ 邵培仁：《传播学》，高等教育出版社，2000年，第28页。

社会学的传统，还是符号学或语义学的传统，间或是二者之间的理论融合，都将今人的理解推向以下几点共识：

其一，传播是以人类为主体的活动。这一点，施拉姆和波特论述得很清楚："人类传播是人做的某种事。它本身是没有生命的。它本身没有什么不可思议的，除非是传播关系中的人使之成为不可思议。讯息本身并无含义，除非是人使之有含义。"① 因此，旅游传播，从根本上说，应该是旅游者的传播活动。这是选择旅游者视角来进行国家形象研究的依据之一。

其二，传播是信息的双向交流和意义的共享。任何传播得以形成和完成，至少需要传播者和接受者两方，信息在双方之间流动，即一种双向的社会互动过程。而所谓意义共享，是传播成立的另一重要前提。传播是人类赋予信息以意义并解读意义的过程。意义的生成与读解是传播理论探讨的核心②。它是指传受双方必须对符号意义拥有共同的理解，即共同的意义空间；否则，传播过程本身就不能成立，或传而不通，或导致误解③。正是从这种意义上讲，在旅游语境中的传播者和受众，对同一国家形象符号意义的认知在多大程度构成认同的问题，在国家形象研究中具有了传播学意义上的核心地位。

其三，媒介是传播概念中的另一要素。传播赖以存在的介体是符号和媒介。语言文字、印刷媒介和电子媒介历来备受传播学者的青睐。甚至连在人际传播中的空气，都会被提及。而人本身作为最重要的媒介的实事似乎被淡忘了：人本身可以既是符号，又是信息，而且还是二者的载体。我们姑且称之为"人媒介"。沙莲香认为，"传播学赖以成立的根本理论基础，是人类自身的实践活动"④。人在传播中的主体地位是一个再强调也不过分的问题，尤其是从媒介这个角度。人媒介的本质特性表现在，除了作为信息承载和流通的工具和技术手段，它本身还是一个活的信息过滤器，执行着对信息进行选择的功能。这个过滤器，在执行选择功能的同时，对信息进行了创造性加工。更重要的是，当人成为媒介的时候，其媒介功能的实现是在社会互动过程（社会交往）中实现的，而不是像大众媒介那样，把相对固定而完整的信息内容（文本）

---

① （美）施拉姆·波特：《传播学概论》，陈亮等译，新华出版社，1984 年，第 4 页。

② （美）斯蒂芬·李特约翰：《人类传播理论》，史安斌译，清华大学出版社，2004 年，第 18 页。

③ 郭庆光：《传播学教程》，中国人民大学出版社，1999 年，第 6 页。

④ 沙莲香主编：《传播学—以人为主体的图像世界之谜》，中国人民大学出版社，1999 年，第 23 ~24 页。

直接呈现在受众面前。旅游者正是这种意义上的人媒介、特别是国家形象的人媒介的典型代表。这是该领域无法忽视的研究课题。

在讨论“旅游”和“传播”的概念内涵之后，我们如何界定旅游传播的概念呢？真正传播学意义上的旅游传播首先是基于这样的一种前提：旅游传播是人类传播活动的一种，它除了具备上文讨论的传播概念的所有的基本内涵，还有旅游活动赋予它的独特的规定性，使之区别于其它的传播活动。综合前人的见解，我们尝试这样给出旅游传播的衍生定义：旅游传播是人类在旅游活动中，借助于符号和媒介，传递、感知和共享信息的过程，它指向的是旅游者的旅游体验和交往（以旅游者为中心）。正如其他任何形式的定义都不无缺陷一样，我们也无法奢望用一两句话来穷尽旅游传播的全部实质内容。我们无意于在界定中精雕细琢以趋于完美，而是希望粗线条地突出旅游传播的几个基本属性。

首先，这种传播活动是以旅游活动的两个基本特征—暂时和异地为基础的。这种时空规定性使得旅游活动的传播五要素中每一个要素都浸透着独特的“旅游”色彩和味道。总体看来，旅游传播不像大众传播那样围绕信息的生产与接受这个中心、沿着传—受的线性结构展开。旅游传播以旅游活动为中心，更多地表现为一种非线性结构。这种结构形式很大程度上是由空间的差异性所建构的。这种空间差异，看似是由地域的转换而带来的地域性的差异，而在深层意义上却是不同社会结构之间的文化差异。这使人想起莫利所说的受众的“文化图谱”。旅游者在旅游过程中对所感知的一切赋予意义时，地理空间就已经以旅游者为媒介被置换成社会空间。旅游的“暂时性”，使旅游者的认知依然是“浅尝辄止”。传播者必须珍惜这有限的时间，以合适的传播方式使传播效果最大化。

其次，旅游传播对于作为受众的旅游者来说是一种亲身经历。与大众媒介构筑的虚幻的“媒介图景”不同，旅游者直面鲜活的信息本体，无需其他媒介的过滤。所有旅游传播方式的最终目的都是使体验和交往成为人们认识“本真性”的手段。同样是天安门广场，西方媒介中的“天安门广场”和旅游者亲眼目睹的天安门广场往往大相径庭。旅游者作为媒介，对大众媒介传播效果的消解，由此可见一斑。一般而言，旅游传播最直接的效果是对旅游者先前认知结果的修正。

再次，旅游传播的内核是与旅游活动紧密相连的、有关目的地国家信息的双向流动与意义共享。“意义并不是客观的可以输出的东西，而是在传播过程中产生和形成的"[①]。在旅游活动中，旅游者和东道主在历史文化、生活方式和价值观念等方面的面对面的交流，集中体现了旅游传播中的符号互动，这是旅游传播十分关键的部分。

根据传播活动的空间范围的不同，旅游传播可分为国际旅游传播和国内旅游传播。国际旅游传播，仅仅指旅游传播中跨越国家的那部分传播现象和传播活动。

二、"国家形象"与"旅游形象"的概念

国家形象关键的子概念是形象。形象（image）是众多社会人文学科研究的课题。不同的学科对形象的研究指向、基本立场和出发点以及理论建构都是各有侧重[②]，因而不同学科、不同学者对形象的概念阐释是不同的。其中，被国内学者们广为引证的中国本土对于"形象"的描述和近代西方格式塔心理学中对于"形"（form）的诠释[③]，可以看作是对形象定义的本源性探讨。特别是格式塔心理学对于形象定义的贡献，被中外学者们广泛认同，进而衍生出形象（image）的各种现代定义。其中，克朗普顿（Crompton）认为形象是"人们对某事物、行为和事件所持有的信念、印象、观念和感知的总和"[④]。梅奥（Mayo）干脆将形象概括为印象[⑤]。中国学者的界定则更接近于格式塔心理学的基础，形象"是人们对某事物的总体感知"[⑥]。至此，我们无意在学者们不断增长的定义清单中增添项目，而是希望声明形象的概念在这样或那样的语境中都显而易见的共性。

首先，形象的主观性是毋庸置疑的。形象是李普曼所谓的"外部世界"在"我们头脑中的景象"，是"想象的世界"而非"现实的世界"，是一种"虚拟环境"[⑦]。或者说，它是外部环境在人心目中的投射。现象学将我们对形

---

① （美）斯蒂文·小约翰：《传播理论》，陈德民等译，中国社会科学出版社，1999 年，第 23 页。

② 李蕾蕾：《旅游地形象策划：理论与实务》，广东旅游出版社，1999 年，第 29～32 页。

③ 管文虎：《国家形象论》，电子科技大学出版社，2000 年，第 20～22 页。

④ Crompton，（1979）. An Assessment of the Image of Mexico as a Vacation Destination and the Influence of Geographical Location upon that Image. *Journal of Travel Research* 17（4）：18.

⑤ William C. Gartner，（1996）. *Tourism Development：Principles，processes，and Policies.* New York：Van Nostram Reinhold，p. 456.

⑥ 刘继南等：《中国形象：中国国家形象的国际传播现状与对策》，中国传媒大学出版社，2006 年，第 5 页。

⑦ （美）李普曼：《公众舆论》，阎克文、江红译，上海人民出版社，2006 年，第 3～23 页。

象主观性的理解又推进了一步。从后者的角度看，形象是个体赋予感知对象以意义的主观心理过程①。

其次，形象的生成是过滤的过程。形象的无容置疑的主观性，使得这种投射构成的不是“立竿见影”中“竿”（现实）和“影”（现实的直接反映）的关系。建构主义理论说，“现实并不是以其本来面目展示出来的，而是经过了每个人独特视角的‘过滤’”。② 它给我们的启示是：在“竿（现实）”和“形象”之间，还有“人”的过滤。人的过滤最明显的表征之一，就是“无意识投射”，即“不自觉地将我们过去的经历、猜想和偏见投射到我们的知觉上。”这意味着，“我们不是按事情的原状看事情，我们是按我们的想法看事情。在眼睛背后从事观察行为的是‘我’。”③ 如果我们把这种“过滤”过程，置入传播观念中再放大一些，就会发现，在形象和现实之间，人（或更具体为人的心理系统）只是其中一道过滤网。现实世界的信息到达人之前，至少还有他人以及人所接触的媒介环境进行的过滤。我们可以用下图简单表示这种过滤性投射：

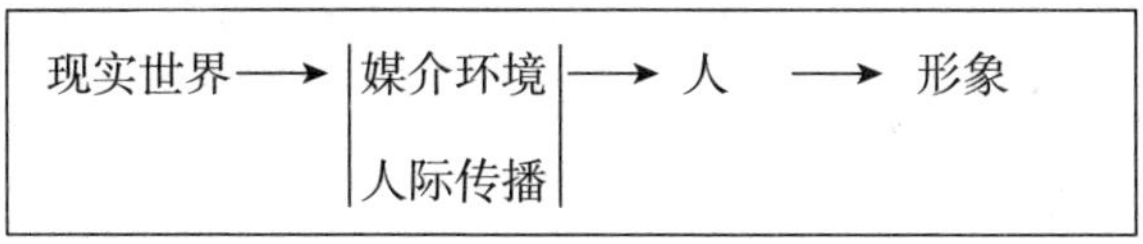

图 2－1　形象生成中的过滤性投射示意图

再之，形象是一种总体感知，而感知本身即是整体性的。这一点，对于我们研究国家形象是极为重要的。格式塔心理学认为，“知觉到的东西要大于眼睛见到的东西；任何一种经验现象，其中的每一部分都牵连到其他成分，每一成分之所以有其特征，是因为它与其他部分的关系。由此构成的整体并不决定于其个别的元素，而局部过程却取决于整体的内在特性。完整的形象具有它本身的完整特性，它既不能分解为简单的元素，它的特性又包含于元素之内。”④

① Schutz.（1967）. *The phenomenology of Social world.* Evanston，IL：Northwestern University Press.

②（美）斯蒂芬·李特约翰：《人类传播理论》，史安斌译，清华大学出版社，2004 年，第 126 页。

③（美）赛佛林、坦卡德：《传播理论：起源、方法和应用》（第五版），郭镇之、徐培喜译，中国传媒大学出版社，2006 年，第 87 页。

④（美）考夫卡：《格式塔心理学原理》，黎炜译，浙江教育出版社，1997 年，序言第 5 页。

形象这种总体感知不仅表现为对感知对象的各个部分所形成的印象及其关系进行分析和综合，而且还要与过去的相关印象、经验联系起来进行分析和综合①。由此可知，形象作为感知的范畴，是不容被从元素出发进行肢解的；肢解了，就破坏了它的整体性，认识的武断、片面和失真由此而生。偏见、刻板印象就是整体性遭到破坏的典型后果。另一方面，从形象的整体看元素，元素是“镶嵌”式的。只有镶嵌在整体之中，它才获得作为整体组成部分的身份。故宫里的宫殿，只有被置入在中国帝王统治下的历史文化的背景中，也获得不同于一般意义上的“大房子”的特殊身份。因此，无论是就国家形象还是国家的旅游形象而言，把握形象的整体性是国家形象传播研究的不可或缺的又一前提。

那么，国家形象到底是什么？有了上文形象的理论基础，国家形象的界定已经清晰可见了。简要地说，国家形象是国内外公众对一个国家的总体认知和评价。按照感知主体的不同，国家形象可分为国家内部形象和国家外部形象。需要说明的是，后文中出现的国家形象，除非特殊说明，一概指国家的外部形象，即外国公众心目中的国家形象。国家形象的基本要素包括：物质要素、制度要素和精神要素②。

国家形象的概念里，有一个最难于解答而且最容易被忽略的问题，那就是国家形象的主体问题，即本文中的国家形象，是指个体头脑中的国家形象呢，还是指群体意识里的国家形象？回答这个问题之前，让我们从符号的视角来简单思考一下国家形象的一般形成过程。从符号聚合理论的观点③来看，国家形象首先是人们通过共享关于那些未曾亲身体验过的国家的想象性主题从而形成的“修辞性视野”，国家形象的形成过程就是通过公共传播进行的符号聚合过程。如上所述，形象是个体感知的结果，是个体意识的范畴；而国家形象是公众普遍的稳定的反映，是集体意识的范畴。一个个的脑袋对一个国家的认知，如何变成了众多脑袋里共同的图景？传播使然。在漫长的人类历史中，社会将无数个体经验，包括商贸、旅行、传教、探险与军事活动中零星积淀的有关一个国家的信息，通过大众传播、组织传播和人际传播，反复向公众传递、被公众解读；各种传递和解读在社会中流动、互相碰撞、融合，最后，该国总体面

① 林子达：《传播心理学新探》，北京大学出版社，2006 年，第 209 ~ 210 页。

② 管文虎：《国家形象论》，电子科技大学出版社，2000 年，第 25 ~ 31 页。

③ （美）斯蒂芬·李特约翰：《人类传播理论》，史安斌译，清华大学出版社，2004 年，第 186 ~ 188 页。

貌和特征中被公众认同的部分，渐渐沉淀在集体的共识里，转化为集体心理原形，并且不断得到强化、丰富和改造；直至普遍化、自然化为一种常识，成为一种话语①。这种大众的集体想象，就是个体头脑中的国家形象的底色和核心。这是一种社会互动的结果，因为在社会大环境的传播流的冲击之下，单纯个体的那点感知很难在记忆中持久并形成一种时空上相对稳定的形象。这就意味着，国家形象的行为主体永远是个体而不是同质的大众，只是这里的个体，虽然保留各自的特征，但已不是单纯意义上的个体，而是集体记忆的载体和体现，即莫利所谓的“社会个体——一个给定的社会建构语境中的个体解码者”②。换言之，任何一个人大脑中有关一国的国家形象，都可以在他所属的社会群体记忆里找到重叠的部分，众多人的重叠部分便是我们这里所谓的国家形象。

“国际旅游传播中的国家形象”研究，关注的是现实世界的旅行，是那些活生生的旅游者个体以及他们脑海中的国家图景。当然，这种个体性的现实，只有一部分会成为研究对象。“在始终是无限多样的个别现象中，只有某些方面，即我们认为具有一种普遍的文化意义的那些方面，才是值得认识的，只有它们才是因果说明的对象”③。因此，以旅游者为传播主体的国家形象研究，体现的是国家形象研究的新范式：照片的强光区（个体头脑里的国家形象）和背景（集体意识的国家形象）的辉映。前者是后者的特定时空下的凸显，后者是前者历史长河中的依托。

国家形象研究中，还有一个很容易混淆的概念——民族形象，在此略加说明。为了透彻地辨析国家形象和民族形象，国内很多学者追本溯源，回到对“国家”和“民族”这两个概念上来。事实上，在学者们对中外著述的旁征博引中，国家和民族的内涵愈加地模糊和混乱。原因很简单。“国家”在西文中有三个对应词：country、state 和 nation，但这三个词都经常被译成“国家”或“民族”，而引用者如果不对照原著，是很难知晓原文究竟所指何物。此外，即使是同一概念，也是在历史中演进的。早在 1931 年，美国政治学者泰特斯声称，他当时已收集到国家的定义就有 145 种。所以，仅仅一厢情愿地笼统地将“国家”划归为一个政治学概念、把“民族”指认为民族学概念，在学术

---

① 周宁：《契丹传奇》，学苑出版社，2004 年，总序第 38 页。

② （英）戴维·莫利：《电视、受众与文化研究》，史安斌译，新华出版社，2005 年，第 101 页。

③ （德）马克斯·韦伯：《社会科学方法论》，李秋零、田薇译，中国人民大学出版社，1999 年，第 19 页。

上徒劳无益的。因此，定义民族形象时，把国家和民族的定义作为参照，是于事无补的。本文中的民族（nation）形象，秉承的是斯大林 1913 年提出的“民族”的经典定义，即“人们在历史上形成的有共同的地域、共同的语言、共同的经济生活和表现于共同文化之中的共同的民族心理素质的稳定的共同体”。此定义一直被公认为是最权威的定义，虽然多遭批评，但至今无人能超越①。在这个概念中，显然，民族是“人的共同体”，是由四个“共同”作为支撑的人的集合。事实上它是本文中所指的国家（country）的最重要的组成部分，只是“人”在国家的背景中凸现了出来，被作为一种最重要的相对独立的因素接受考察。而本文中的国家，是一个地理文化概念。正如周宁所说，“我们使用的中国概念强调的是传统意义上的地理与文化的统一体，是作为中华文明代表的概念”②。本文认为，民族形象和国家形象的关系不是交叉关系，而是部分和整体的关题。如果说，国家形象是人们就一个国家的器物、制度和思想的综合体的总体感知和评价，那么，民族形象突出的是公众对繁衍生息在一个国家中的人的共同体的总体态度和判断，而人的生活方式、精神风貌、审美态度和价值判断是他国公众感知的主要内容。

那么，本文研究的旅游形象的内涵是什么呢？当国际旅游活动被作为传播活动来考察的时候，它即成为国家形象的传播渠道和传播语境。值得说明的是，在国际旅游传播语境中生成的国家形象，和世界旅游组织（UNWTO）所界定的“旅游形象”（tourist image）在内涵上是一致的。该组织 1980 年在马尼拉召开的旅游会议的研究报告中将“旅游形象（tourist image）”明确界定为“被旅游者和潜在旅游者感知的国家形象”。换言之，如果把旅游者或潜在旅游者作为国家形象的认知主体的前提下，国家形象与旅游形象所指相同。所以，这种旅游形象可以称之为国家的旅游形象。国家形象包罗万象，但能进入旅游者感知空间的仅仅是一小部分。从这种意义上讲，国家的旅游形象只是国家形象的一部分。

在旅游社会学中，（国家的）旅游形象分为想象的形象和实际的形象③。前者是旅游者在旅行之前通过大众媒介和人际传播形成的，是一种间接形象，即本底感知形象；后者是旅游者实地旅游时或旅游后形成的，是建立在亲身感

---

① 马戎：《关于“民族”的定义》，载于《云南民族学院学报（哲学社会科学版）》，2000 年 01 期，第 6 页。

② 周宁：《契丹传奇》，学苑出版社，2004 年，总序第 8 ~ 9 页。

③ （法）罗贝尔·朗卡尔：《旅游和旅行社会学》，陈立春译，商务印书馆，1996 年，第 124 页。

知基础上的直接形象，即实地感知形象。在传播学看来，这是一种以受众——形象的认知主体为中心的界定方式。在现实世界中，还有一种以传播者——形象的传播主体为中心的界定方式。国家旅游局的政府职能里提到的宣传“国家整体旅游形象”，即是传播者试图塑造并期望呈现给旅游者或潜在旅游者的国家形象。

三、“认同”（identification）与“错位”（disjuncture）的概念

作为人文社会科学领域的学术概念，认同在英文中有两个对应词：identity 和 identification。虽然二者之间的差异在英文原著中一望可知，但在中文著述中大多很模糊。很多情况下，即使语境和内涵不同，它们均被翻译成“认同”。因此为了说明作为本文核心概念的认同（identification），必须对二者加以区别。

第一个认同（identity）相对而言使用得较广。夏建平认为，认同（identity）的基本内涵是指“自我认为具有从属于某个群体的身份”，是使自我与他者区别开来的特性。认同就是人们对自我身份的‘确认’，即回答和解决‘我是谁’的问题①。为了避免混淆，很多学者直接将之翻译为“身份认同”或称之为“自我认同”。这个意义上的认同理论最初由美国著名的精神分析家埃里克松于 20 世纪 50 年代提出，主要是为了说明个人心理上和社会上的归属问题，阐述个体内在的情感依附、态度倾向和外显的行为表现，并解释价值观念和行为之间的联结关系②。这种意义上认同在社会学、文化学、历史学中得到更广泛的讨论，例如学者们经常提及全球化背景下的民族认同、国家认同、文化认同等等。

值得注意的是，这里的认同（identity），在英文学术著作里经常和动词 identify 及其名词形式 identification 连用，用来阐释组织中身份认同的建构过程，其主要的观点可以概括为“我们的身份（identity）基于在组织或小组内部与别人建立起来的关系”。身份（identity）和认同（identification）的建构性关系很明确：“我们的身份——我们在组织中究竟是谁——在一定程度上决定了我们形成的认同。与此同时，我们的认同塑造了我们的身份——即我们是谁”。这一“双行道”（two - way street）式的理论，被称之为“身份 - 认同的

① 夏建平：《认同与国际合作》，世界知识出版社，2006 年，第 41 页。

② 夏建平：《认同与国际合作》，世界知识出版社，2006 年，第 41 页。

二元性”（identify－identification duality）①。有些学者主张认同（identity）除身份认同外，还有一种内涵，即对观念或规范的认同。后者被解释为：自我与他者在实践中通过互动形成的对于双方关系以及实践客体的共同看法和一致理解。而且他们认为这种认同的内涵类似于温特的“共享的观念”（shared ideas）（有人翻译成“公有观念”）②。本人认为，这里所谓“对观念的认同”，很可能就是上文中的认同（identification）概念。总之，认同（identity）和认同（identification），究竟是两个独立的学术概念，还是一个概念的两种内涵，应该在理论上有严格界定，否则很容易引起歧义和误解。

作为本文关键词之一的认同（identification）（除非特殊说明，本文中的认同均与此同），是传播学中的一个基本概念。传播学对它的最通俗的界定是：认同就是把自我和别人联系起来的过程。当人们意识到他们共同的立场时，就会出现认同。我们共享的方面越多，所产生的潜在认同也就越多③。它来源于肯尼斯·伯克（Kenneth Burke）的认同理论（identification theory）。伯克被认为是符号理论家中的“巨人”。他认为人类是独有的创制、运用和误用符号的动物。人类运用符号是为了传播和交流。不同的人之所以能够进行交流，是因为他们共享了符号的意义。而对符号意义的共享，是通过人与人之间的“同体性”（consubstantiality）而获得的。同体性是理解伯克的认同概念的关键。在他看来，所谓同体性，就是人与人之间相互交叉的、共同拥有的本质。我们可以简单地理解为人与人在交往过程中共享的人性或者说是同质性④。伯克认为，当A和B具有同体性时，A和B即达成了认同⑤。交流可以促进认同。随着认同的增加，共享的意义也会递增，理解也就增进了。这是一个螺旋式上升的过程⑥。

显然，在伯克的理论中，交流的双方在互动过程中达到“共享的意义”

① （美）斯蒂芬·李特约翰：《人类传播理论》，史安斌译，清华大学出版社，2004年，第345页。

② 夏建平：《认同与国际合作》，世界知识出版社，2006年，第49页。

③ （美）斯蒂芬·李特约翰：《人类传播理论》，史安斌译，清华大学出版社，2004年，第345页。

④ （美）斯蒂芬·李特约翰：《人类传播理论》，史安斌译，清华大学出版社，2004年，第182～184页。

⑤ John F. Cragan & Donald C. Shields. （1995）. Symbolic Theories in Applied Communication Research: Bormann, Burke and Fisher. Cresskill: Hampton Press, Inc., p. 81.

⑥ （美）斯蒂芬·李特约翰：《人类传播理论》，史安斌译，清华大学出版社，2004年，第184页。

和“共同的立场”，是伯克的认同概念的核心。换言之，认同是由交流双方在互动实践中建构的。认同既是交流的过程，又是交流的结果。然而，“认同并不是一个非此即彼的现象，而是一个程度大小的问题”。克莱根（Cragan）认为，“就伯克的戏剧主义理论来看，认同程度（degree of identification）充当的是一种批判性地评估传播效果的方式。”① 事实上，正是基于上文陈述的这两个方面，即认同所包含的对共享意义的建构过程，以及认同作为衡量传播效果的手段，本文把认同引入到国际旅游传播中的国家形象研究，因为它对后者有着非同寻常的借鉴意义。

另一方面，当交流的双方不能达成认同时，传播就出现了错位。这里的“错位”概念，来自于霍尔的《编码/解码》一文②。霍尔用这个词来表述编码和解码之间的矛盾、“不一致”或“不匹配”（mismatch）（参见后面的“主要理论框架”部分）。伯克认为认同的反义词是分歧（division）。本文却选择“错位”（disjuncture）作为认同的对立面。错位是分歧的具体化和极端化，是认同的最远边界。错位是以更鲜明的方式来集中反映旅游语境中国家形象传播中的冲突。

我们引入认同/错位这一对概念，目的是为了追问在国际旅游传播的情景中传播者对中国国家形象的传达和受众的解读之间在多大程度上构成共享的意义、共通的观念、共同的立场，即对国家旅游形象传播效果的考察。其基本内涵可分为两层。其一，指传者传达的国家形象和受众感知的国家形象之间达成的一致程度。其二，指传播者所期望的传播效果的实现程度。

第二节　主要理论框架

本文使用的主要理论基础是作为传播学核心理论之一的符号学。符号学的研究横贯语言学、心理学、人类学、哲学、社会学、文化研究等诸多领域，是“当代哲学以及许多思想领域的最核心的理论之一”③。斯蒂芬·小约翰在评价它对于传播学的重要意义时指出，“它不仅提供了观察和研究传播的方法，而

① John F. Cragan & Donald C. Shields, (1995). Symbolic Theories in Applied Communication Research: Bormann, Burke and Fisher. Cresskill: Hampton Press, Inc., p. 80.

② Stuart Hall. (2006). Encoding/ Decoding. In M. Durham & D. Kellner Eds.), *Media and Cultural Studies*. Malden: Blackwell Publishing, p. 172.

③ 转引自吴风：《艺术符号美学》，北京广播学院出版社，2002年，第27页。

且对目前在传播理论中所采用的几乎所有的视角都产生了重大的影响”①。符号学的跨学科性质，为跨学科的国际旅游传播中的国家形象研究提供了广阔的观察视野。

一、符号学与国家形象传播的核心问题

传播学中的符号学研究，关注的核心是意义的产生和交换以及文本在社会文化中的作用，而不是研究孤立的符号。它将传播视为产生意义的互动行为，将受众视为文本的积极解读者和意义的产生者，具有与文本的创造者平行的、甚至相同的地位②。符号学“为研究现代意义的生产提供了一个综合型的方案”③，这正是符号理论能够成为阐释国家形象传播的重要学理的根本原因所在。以符号学的观点看，国家形象传播是一种符号活动，更确切地说，是一种符号转换活动。这里的符号转换活动，与苏珊·朗格所说的经验与符号的转换不尽相同，传播者将国家的“意义”，自觉或不自觉地转换成有关国家的语言和非语言符号输出；这些符号则“将思想、感觉、或者概念带入了人们脑海中”④，创造出一个想象中的国家，并以符号的形式储存起来，只是这些符号所代表的意义，经过受众的大脑的创造性加工，变成接收者自己的意义。国家形象的符号传递过程由此完成了国家意义的再造过程。不管接收者解读的符号是来自亲身体验的现实世界，还是来自人造的文本，他们对意义的建构作用都是不容置疑的。传者和受众（解读者）到底拥有多大的共同或共通的意义空间，直接关系传播的效果。可以说，正是符号学的贡献，使得这种路径的国家形象传播研究抓住了传播学意义上的考察核心。

二、编码/解码理论与本研究中的关键问题

然而，对国际旅游活动中的国家形象传播最具解释力的符号学思想，当属霍尔的解码/编码理论。霍尔将符号学引进电视传播过程，深刻地揭示了电视传播中意义的生成规律。围绕电视中“意义的生产”这个中心，霍尔在《编

---

① （美）斯蒂芬·李特约翰：《人类传播理论》，史安斌译，清华大学出版社，2004年，第85页。

② 郭镇之：《传播论稿》，北京广播学院出版社，1997年，第162~163页。

③ 转引自郭建斌、吴飞主编：《中外传播学名著导读》，浙江大学出版社，2005年，第257页。

④ （美）斯蒂芬·李特约翰：《人类传播理论》，史安斌译，清华大学出版社，2004年，第86页。

码/解码》① 一文中，从传播过程到传播效果，提出了一系列全新的思想，这些思想与本文的研究目标相结合后，成为我们最基础的分析框架。

其中可以作为我们理论的“树干”的，是霍尔对编码和解码之间的“一致性/不一致性”问题的论述。霍尔认为，电视传播过程是高度结构化、不对称和非对等的过程。编码和解码之间“没有必然的一致性”，因为编码者和解码者各自拥有的意义结构可能并不相同（如下图所示），编码和解码的符码也许并不是完全对称的，否则就可以实现编码者理想中的“完全清晰的传播”。事实上，编码者不得不常常面对的是“被系统地扭曲了的传播”。当我们转向国际旅游传播中国家形象的现实问题时，就会发现很多问题的关键恰恰出在传播者编码的国家形象和受众解读的国家形象之间“没有必然的一致性”。因此，本文将这两种国家形象的考察列为两条核心路径。当然，它们之间的一致性/不一致性的问题，是我们最终的研究目标，只不过我们将这种目标的实现建立在对编码者和解码者传播过程重点关注的基础上。这正是霍尔原著中的基本精神给予的重要启发。

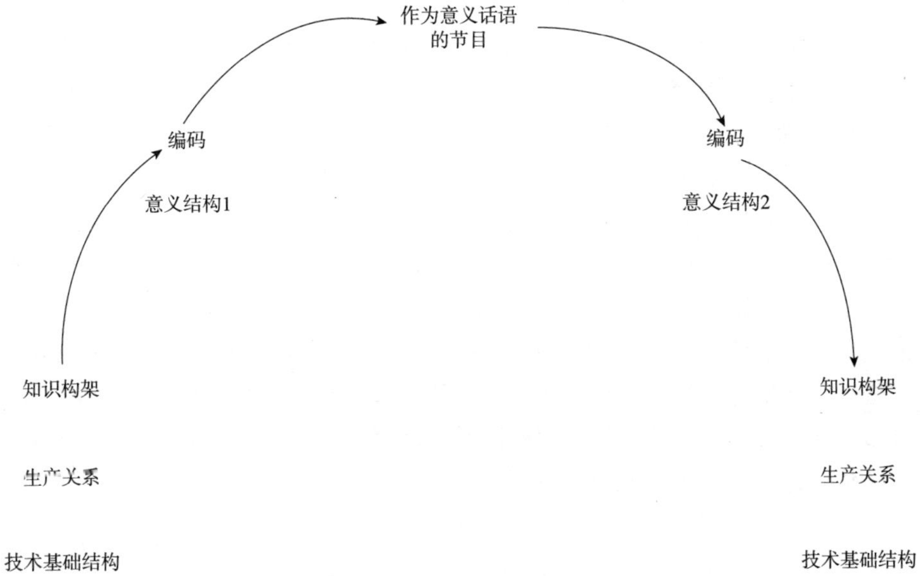

图 2－2　广播电视结构中的编码和解码

① Stuart Hall. (2006). Encoding/ Decoding. In M. Durham & D. Kellner (Eds.), *Media and Cultural Studies*. Malden: Blackwell Publishing, p. 163 ~ 173.

其次，霍尔充分肯定了接受者在电视传播过程中的“主导”地位以及编码者在意义建构中的作用。这是霍尔的理论对于国际旅游活动中的国家形象传播又一理论贡献：国家形象的“意义并不是传播者可以单方面‘传递’给受众的，而是由传播者和受众通过‘编码/解码’机制而‘建构’的①。正如莫利所说，“某些形式的符号学分析能够为我们提供更为有用的方法，因为它们更关注能够产生意义的传播的基本条件，而不是致力于找出讯息的‘真实’或‘终极’意义”②。霍尔明确地指出，讯息能够产生某种效果的前提，是它必须首先作为有意义的话语被解码。换言之，传播的效果，最终取决于传播链“接收端”（reception end）的被解读的意义（decoded meaning）③。这种研究取向，使我们认识到，研究旅游传播中的国家形象时，传播者描绘的国家图景，只有和作为受众群体的入境旅游者心目中的国家形象相联系时，才有意义，才能谈得上科学地衡量传播效果，这是仅凭传播者单向的努力和感觉所无法做到的。这是我们目前面对跨国旅游中的国家形象传播时，再强调也不过分的问题。更难能可贵的是，霍尔不赞同将受众的解读看成单纯个人随意性的“选择性感知”（selective perception）的结果④，而是视为社会结构化的产物，即莫利所说的“给定的社会建构语境中的解码者”⑤。这些思想，有助于我们走出形象问题的心理学视域，把旅游形象的形成过程和入境旅游者对中国的解读纳入旅游者所处的社会文化背景中进行考察。毕竟，国际旅游语境中的国家形象传播，是一个复杂的社会传播现象，而不仅仅是简单的心理过程。因此，我们思维的触角要伸到符号背后的意义，解读那些镶嵌在具体的社会文化情境中的隐藏的所指意义。不只如此，如果我们沿旅游形象的形成脉络进一步挖掘，就会拥有一个整体的视野：当下（旅游中）受众头脑中的国家形象，与其上游（旅游前关于一国的知识储备）和下游（旅游后的印象）是环环相扣的传播链，个人所在的社会文化结构参与这些传播链上意义生产的所有环节，每一环节都是下一个环节的背景和阐释框架。藉此，我们粗略地勾勒出这种国家形象的传播过程（参见“概述”部分）。

---

① 黄顺铭：《一个诠释典范：霍尔模式》，《新闻大学》，2002（冬季刊），第19页。

② （英）戴维·莫利：《电视、受众与文化研究》，史安斌译，新华出版社，2005年，第94页。

③ Stuart Hall. (2006). Encoding/ Decoding. In M. Durham & D. Kellner (Eds.), *Media and Cultural Studies*. Malden: Blackwell Publishing, p. 165 ~ 166.

④ Stuart Hall. (2006). Encoding/ Decoding. In M. Durham & D. Kellner (Eds.), *Media and Cultural Studies*. Malden: Blackwell Publishing, p. 170.

⑤ （英）戴维·莫利：《电视、受众与文化研究》，史安斌译，新华出版社，2005年，第101页。

编码/解码理论作为本文的理论资源，其价值同样表现在它对传播效果的精辟阐述，它直接指向了本文中的认同/错位的问题。鉴于国内传播学界对霍尔提出的三种解码立场的关注，很多只是从受众的主动性而非传播效果这个角度进行的，我们有必要对霍尔原著中的论述逻辑做一下交待，而且这种逻辑本身直接关系着本文中传播效果的研究取向。

霍尔对传播效果的直接表述是“理解/误解”。霍尔指出，编码和解码之间“没有必然的一致性”，是因为编码者和解码者各自的“意义结构”没有“直接的一致性”，编码和解码的符码之间可能不是完全对称的。这种对称的程度——即传播交流中的“理解”和“误解”程度——依赖于“人格化”、编码者 - 生产者、解码者 - 接收者的位置所建立的对称/不对称（关系对等）的程度。但是，这转而又依赖于符码间的同一性/非同一性的程度，这些符码完全或不完全地传达、中断或系统地扭曲所传达的一切。所谓“扭曲”和“误解”恰恰因传播交流的双方缺乏对等性而产生。然而，细心的读者会发现，霍尔对“误解”还有更深刻的阐述：他是将“误解”和传播的“有效性”（effectiveness）联系在一起来揭示了“误解”的本质内涵的。霍尔注意到，电视节目的生产者发现他们的信息“未被传达过去”（误解），所以非常关心排除传播链上的症结，以此提高他们传播的“有效性”这一管理目标。但研究者们通过试图发现观众回忆起一条信息的内容多少并试图增加理解的范围，只是重现了（并无助于实现）这一目标。霍尔指出，传播者所谓的“误解”并不是那种字面意义上的误解（诸如观众不知道所使用的术语、不能理解论证或说明的复杂逻辑、对语言不熟悉、发现各种概念太陌生或太晦涩等等），而是“观众未能按他们的意愿来获取意义”。传播者真正想说的是，观众没有在“主导的”或传播者“所期望的”（preferred code）符码范围内活动。换言之，如果说理解/误解的程度代表着传播效果的实现程度，那么这种效果也是相对于传播者意图所预设的框架而言的，是“建构的”，而不是“自然的”，是编码和解码这两个截然不同的传播环节的“联结的产物”（product of articulation）。事实上，由于编码和解码之间没有必然的一致性，编码者可以有自己的期望，却“不能规定或保证”解码的方式和结果。正是为了说明编码和解码的各种联结方式并强调二者“没有必然的一致性”，霍尔提出了广为人知的三种解码立场的假说。这三种方式既可以被看作符号被受众接收的方式，也可以是传播效果的不同表现形式。这一点，在霍尔论述协商式立场时再次对“误解”的阐释中已是非常明确。霍尔说：

我们怀疑大多数所谓的“误解”产生于主控式编码和协商式解码的之间的矛盾和错位（disjuncture）。正是这些各个层面的不匹配，最大程度上招致主流的精英和专业人员去确认“传播中的失败”。①

我们用了这么长的篇幅来捋清霍尔原著中的思想脉络，即从对电视传播过程中编码和解码的“不一致性”的深入分析，到最后关于传播效果的探讨，就是要告诉读者本文立言的内在逻辑及其理论支持：本文正是以这种意义上的传播效果的考察，把传播者和受众的两种国家形象所代表的编码和解码过程“穿”了起来。

然而，使用霍尔模式时，根据国家旅游活动的特殊传播现象进行必要的改造和拓展，可能更加重要。我们没有直接借用霍尔的“理解/误解”的概念来表述传播效果，而代之以“认同/错位”。这是因为，霍尔的编码/解码理论针对的是“已制作好的电视讯息”，传播者和受众面对的是同一文本（符号系统），编码和解码的非对等性主要表现在两个意义系统之间的不一致，即彼此之间的理解/误解；而本文中传播者传达的国家形象和受众感知到的国家形象之间的一致性/不一致性，在符号和意义两个层面均有体现，尽管这种编码和解码过程指向的是同一事物——中国。这是由旅游活动的“暂时”和“异地”的时空特点、传播主体的多元性、传播内容的复杂性以及旅游跨国传播的非线性结构所决定的。

在对认同/错位问题作进一步讨论之前，我们必须重申这一问题所立足的基本前提：传者的国家形象和受众的国家形象处于“导言”中所说的“交叉”状态，即国际旅游传播语境所结构的国家形象，而不是任何无数个人的国家形象散乱的传播状态（如下图所示）。为了清楚地表达这一观点，我们姑且把传播者-编码者的国家形象和受众-解码者的国家形象假想成两个“圆”的三种运动轨迹：重合、拒斥和交叉。在国际旅游传播的过程中，这两个“圆”完全重合（主控式解读）和完全拒斥（抵抗式解读）的可能几乎不存在。前一种不可能是不言而喻，因为目前世界上尚无一个国家可以做到；而后一种不可能的存在则预示着旅游活动很可能就不会发生。因此，大部分情况集中于第三种“交叉”状态（协商式解读），也就是旅游传播所结构的国家形象的编码和解码状态。我们所探讨的认同与错位的问题，正是基于这样的一种状态，而

① Stuart Hall. (2006). Encoding/ Decoding. In M. Durham & D. Kellner (Eds.), *Media and Cultural Studies*. Malden: Blackwell Publishing, p. 172.

不把其他的状态考虑在内。这与霍尔理论原初的精神是一致的。霍尔认为，所谓"完全清晰的传播"（主控式）只是编码者的理想，一些完全的误解（抵抗式）也的确存在，而"广大范围内必需包含编码和解码环节之间的某种程度上的一致性（reciprocity），否则我们就根本无从谈起有效的传播交流"①。换言之，只有在这种意义上的一致性/不一致性，对我们而言才是最有现实意义的。

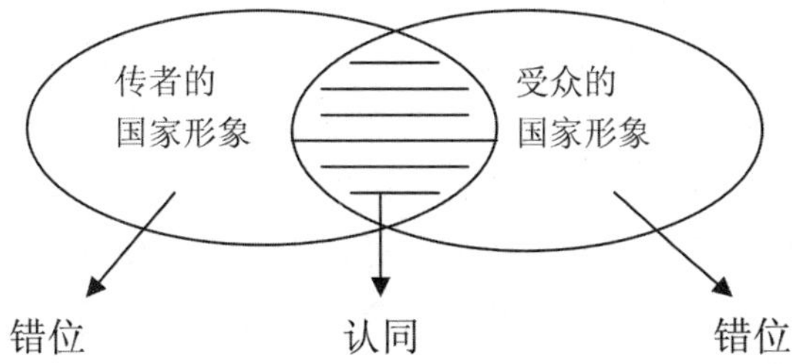

在明确了这样一个前提之后，我们来看看认同/错位的内涵。这两种国家形象之间的一致性/不一致性，表现在符号选择和意义建构两个层面，而不是霍尔理论中针对同一个固定的文本赋予的意义的相同或不同。这里的一致性，是符号理论家伯克所谓的认同（参见"核心概念"）。通俗地解释，伯克的认同强调的是"共享的意义"，是"共通"而非"共同"，是理解中的"和而不同"或"不同而通"。这正是旅游传播效果最本质的内涵。另外，在对传播效果的考察中，我们还考虑到旅游传播对国家形象的修正作用。

总之，编码/解码理论，对我们分析旅游传播中的国家形象有着非同寻常的价值。它为我们在纷繁复杂的国际旅游传播的现象中，抓住国家形象研究的核心问题奠定了理论基础。它所提供的沿着传播主体的意义结构对其传播或接受活动层层深入的分析方法，也为我们打开了旅游传播中编码和解码过程中的社会-文化脉络的研究视野。它在整合编码和解码后所提供的效果研究方面的理论支持，直接成为我们考察国家旅游形象传播效果的依据。

三、其他符号学理论在本研究中的应用

然而，我们无法单独凭借霍尔理论完成对问题的深入研究，它毕竟只是一个粗略的框架。编码/解码理论是针对大众传播的符号学应用，而旅游传播，

① "the vast range must contain some degree of reciprocity between encoding and decoding moment, otherwise we could not speak of an effective communicative exchange at all." Media and Cultural Studies, p. 171.

则是属于社会传播的范畴。旅游中的社会传播，其符号是社会符号，既包括语言的，也包括非语言的，而且参与活动的“人本身首先是符号”①。吉罗指出，“在社会传播中，发送者通常是符号的承担者，同时，他还是指代对象”②。国际旅游中的国家形象传播，是国家的符号性表达过程，也是受众通过符号再造有关该国的想象性世界、并不断获得意义和理解的过程，其中既包括为实现特定的传播目标而进行有意识的编码，也包括传播者自己并没有在意却被受众敏锐的触角捕捉到的无意识的传播。简言之，这种国家形象的传播过程，在编码和解码上都有自己独特的表现形式，所以在对其具体的传播过程的考察中，引入其他符号学理论或与符号学相关的理论是必不可少的。可以说，利用霍尔理论作为分析框架，使得国际旅游传播中的国家形象研究主干清晰，而其他理论的观照，则可以丰富地再现其中的传播现象、深入地分析传者的传播逻辑和受者的接受规律。作为一种跨学科的研究，积极吸纳传播学之外的其他学科的理论成果，也是保证它能顺利地实现自身研究目标的必要条件。

---

① （法）皮埃尔·吉罗：《符号学概论》，怀宇译，四川人民出版社，1988 年，第 127 页。

② 同上，第 107 页。

第三章

研究方法

第一节　方法论基础："传播是条鲤鱼"

莫利在他的被奉为传播学研究经典的《电视、受众与文化研究》一书中阐述自己新型研究方法时，转述了西尔弗斯特书中"传播是条鲤鱼"的重要观点①：

要画一条鲤鱼，中国画家会提醒你，光是知道鲤鱼的形态，研究它的形态或是理解它的心理结构是不够的。他们告诉我们，也有必要考虑到鲤鱼每天早上寻找食物时穿过的芦苇，它隐藏自己的长方形石头，或是它游到水面上时产生的波纹。这些因素并不仅仅是鲤鱼的环境，也不仅仅是它的生长空间，也不是仅供作画取景的天然背景。它们属于鲤鱼本身……我们必须这样理解，鲤鱼具有某种力量，影响了世界也被世界影响。

莫利认为，"传播是条鲤鱼"意味着"我们理解传播的前提是在思考和研究中必须整合传播的环境和行为"②。

"传播是条鲤鱼"所倡导的是在自然状态下对传播对象进行研究，强调了研究对象的整体性，关注的是传播行为的情境。这样的研究路径，与我想在实际的国际旅游活动以至更广阔的社会现实生活的背景中考察国家旅游形象的初衷不谋而合。更确切地说，国家旅游形象的整体性、由时间、地域和符号上的流动性所决定的传播过程的动态性、以及国家形象与国际旅游活动这一语境之间的"鱼水之情"，使得采用这样的研究思路作为方法论基础成为一种必然。本文之所以题为"国际旅游传播中的国家形象研究"而不是"国家旅游形象

① （英）戴维·莫利：《电视、受众与文化研究》，史安斌译，新华出版社，2005 年，第 212 页。
② 同上。

传播研究”，表达的即是这样的内涵：国家形象传播是“一种具有语境意义的活动”；“国家形象”是国际旅游传播活动中的“鲤鱼”；国际旅游活动作为“传播语境”，是国家形象的“意义的基础”①。因此，深入旅游传播活动的一线，对其中的国家形象的传播问题进行实证研究，构成了本文研究方法的主旨。本文整体的研究设计和研究方法的确立，都是基于这一传播思想。

第二节　研究设计和主要研究方法

为了尽可能地在自然状态下对国家旅游形象的动态传播过程进行细致的研究，并考察传播者和受众各自所持的中国形象之间的认同与错位，我们对作为传播者的出境旅游者、国家旅游局和导游，对作为受众的入境旅游者，分别进行了实证研究。

对传播者的实地调查分为三个部分，探究各种不同身份的传播者所传播的国家形象及其传播渠道。其一，对国家旅游局的调研部分，分别在国内和国外开展。大量收集国家旅游局对外宣传和促销的图文声像资料，为文献研究做好了充分的准备。这些资料包括各种宣传手册、在外国媒介上登载的宣传资料、国家旅游局对外宣传的光盘及网络电子资料、国家旅游局的统计资料、国家旅游局的市场调查与政策研究方面的文件、中国人编著的针对外国旅游者的中国旅游指南等。在文献研究的基础上，我主要使用深度访谈的方法，先后深访了国家旅游局主管形象宣传的部门的政府官员以及工作在宣传一线的驻英国伦敦办事处、驻澳大利亚办事处的官员，基本上掌握了国家旅游局对外进行的形象传播的现状，并赴澳大利亚对此进行了更为深入的考察，亲眼目睹了国家旅游局驻外办事处协助国内一些省市在海外进行大型促销活动。为了了解国家旅游局的一些宣传品的传播效果方面的优劣，我将有关资料托人带往剑桥大学的某些潜在旅游者，将他们对宣传片的反馈记录下来，作为参考。与此同时，将国家旅游局的宣传材料与 BBC 的制作的《中国花园》以及国外的一些宣传片进行了对比。其二，对出境旅游者的调查部分，主要在澳大利亚进行。我所采用的方法，是首先对我所参加的旅游团的全体成员进行入澳前的问卷调查（听其言），以确认他们对于国家形象传播的基本态度与立场。而后，对其进行参

① （英）戴维·莫利：《电视、受众与文化研究》，史安斌译，新华出版社，2005 年，第 199 ~ 203 页。

与式观察（观其行），特别关注他们无意识的传播行为、倾听他们的随意交谈的内容。澳洲普通居民和旅游业界服务人员（前台、客房部和餐饮部的服务员和司机）、国家旅游局驻悉尼办事处的官员和其他赴澳的中国旅游者，对出境旅游者在海外的传播行为的反应，是对出境旅游者调查的另外一个重要的组成部分。这部分是通过户外、入户进行的深度访谈辅以少量的问卷调查完成的。我还十分留心那些正在澳洲旅游的其他中国人的传播行为。我调查的地点几乎覆盖了澳洲旅游业最发达的东部地区，这些地区也是中国游客最多的目的地。对其他游客的观察，贯穿于在这些地区所有调查之中，因此，针对他们所作出的结论，应该有一定的代表性。此外，我还深访了国内一些大的旅行社的领队，记录了他们亲眼所见的中国旅游者在海外旅行时的表现。其三，对导游为代表的旅游业从业人员的调查，主要采用的是跟随导游进行参与式观察的方法。其次，是对 15 名导游进行深访，其中 13 名英语导游，两名日语导游。他们绝大多数人是至少有三年以上的工作经验的资深导游，其中两名做导游的时间超过 15 年。这些导游不仅有着和旅游者紧密接触的丰富的阅历，而且接触的旅游者来自世界各地。英语导游接触的旅游者大部分来自美国、英国、法国、澳大利亚和加拿大等讲英语的发达国家。日语导游主要接待日本客人和日籍华侨。出境旅游者和导游这两种作为社会个体的“人媒介”的传播行为，事实上和作为官方的国家旅游局形成了对照。这种对照，显示了传播者世界里发出的不同的声音，旅游形象传播的复杂性不言而喻。

实证研究的另一半，是关于受众研究的。与大众传播的受众不同，旅游传播的受众（入境旅游者），在很大程度上是可遇不可求的。除了季节、天气、旅游者本身、语言障碍等所带来的偶然性之外，联系旅行社和导游并协商跟团和访谈的时间和条件等程序，会最终决定研究者所能进入的研究范围。该研究实地深入调查可以获得的研究对象是，2007 年 9 月 28 日北京入境、天津出境的“公主号”邮轮的部分游客、2007 年 11 月北京入境的美国游客团、2007 年的 12 月到 2008 年的 4 月北京入境、其他各地出境的部分日本游客。“公主号”邮轮的游客会使用英语交流，来自世界各地，绝大部分来自美国、加拿大、欧洲。无论是地理距离还是语言、文化距离，他们都是中国的远程游客，初访者居多。而样本中的日本游客，则属于近程游客，重访者很多。这种研究方案，是来解决浸润在旅游活动中的一系列形象问题的。他们对中国的本底感知形象是怎样的？他们入境后选取哪些符号并如何解读这些符号来构筑他们的中国印象？这些选择和解读与我们期望传递的旅游形象有何不同？他们中国印象的核心是什么？他们的实地感知对本底感知有着什么样的影响？在这些形象的背后隐藏着的旅游形象传播的关键问题是什么？

针对这些问题，我采用的主要方法是参与式观察。参与式观察，分别于2007年“十一”国庆节前后和11月，两次随团进行。第一次是“针对”“公主号”邮轮的游客。为了获取自然背景中旅游者对中国的感知事实，观察者隐藏了真实身份，被大部分客人默认为实习导游。获取信息的方式：观察游客关注的事物、拍摄的事物、议论的话题，将问题融入和游客随意交谈中，并每天写观察笔记。第二次参与式观察，是为了对第一次观察结果进行印证。其次，参与式观察结合问卷调查。问卷调查中，借用了实地实验的方法，对旅游者进行了重复测试。前测和后测分别针对入境前的本底感知形象和入境后的实地感知形象。二者的结果经过统计处理，可以从一定程度上显现旅游传播的效果。本项调查问卷共回收99份，其中有效问卷96份。各题项均有缺失值，所有数据中的百分比、频数均为有效比。此外，对入境旅游者的调查中，还包括对导游的深度访谈。

综上所述，我们在实证研究中所采用的基本方法是参与式观察、实地实验、深度访谈为主，问卷调查为辅。它们之间相辅相成。这是因为，形象研究本身关涉是情感、体验等精神世界的问题，我们要探求是符号的表层结构下的意义的生成以及不同传播群体的意义的碰撞与对接，而参与式观察和深度访谈非常适合这种纵深方向的研究路径。但问卷调查，可以保证我们在对旅游者实际跟踪的短时间内，横向了解更多的研究对象对于一些基本问题的观点和态度。所以，我们将二者结合在一起。必须说明的是，该项研究的问卷调查，只是服务于我们对旅游形象整体中某些具体问题的阐释，而不是严格意义的定量研究，为此，我们将问卷调查的结果穿插于这种总体阐释之中，而不是为其单辟空间、另行列举。

除了上述实证研究之外，还有文本分析。为了在一个较为广阔的时空背景中，更丰富地再现旅游者眼中的中国，我利用了与入境旅游者体验密切相关的二手资料，根据这些文本继续深化对旅游形象传播的探讨。这些文本包括：

●外国人拍摄的反映中国的旅游胜地——丽江的纪录片《云之南》（Beyond the Clouds）

●外国旅游者使用的外国人编著的中国旅游指南《探索中国》（1995）、《孤独的星球——中国》（2002、2005）

●外国旅游者拍摄的记录自己中国之行的光盘：一位法国旅游者的《一

封中国来信》（A Letter from China）（2005）和一位澳大利亚旅游者的 Chunks of China（2006）

●亲手组织过3000多美国来华旅游者的美国旅游代理商 David Bruels 在中国高校所作的有关“美国旅游者的真正的旅游期望”的学术报告的磁带录音。

这些文本在时间上体现了近十多年来（1994～2007）入境旅游者视角的游走与恒定；在空间上几乎覆盖了全中国所有的旅游区，David 的报告甚至深入到鲜为人知的中国的农村。这种对文本内容的分析，一方面是为了弥补实地调研在空间和时间跨度上的不足，更主要的是为了在一个更大的时间和空间跨度内，寻找旅游者眼中真实的中国形象，揭示这种实地感知形象背后构成他们旅游体验的精华所在，旅游形象传播的灵魂所在。

第三节　研究的局限性

马克斯·韦伯认为，“有限的人类精神对无限的现实的思维就建立在这一隐匿的前提条件上，即每次都只是现实的一个有限的部分构成科学理解的对象，只有它才在‘值得认识’”的意义上是‘根本的’。”① 本书对旅游形象的考查，正是我们从特定的立场对这种“有限的现实”做出的阐释。该研究，无论是对旅游形象的传播过程的截取，还是对研究对象的探求，都可以看成在旅游形象传播的时空延展上选取的一个服务于传播者的研究焦点的结果。

另一方面，旅游形象传播本质上属于跨文化传播。萨姆瓦认为，文化是不能被控制或使之停止演变的。因此，我们对跨文化传播的认识，在很大程度上是尝试性的。国家旅游形象时刻变动不居，使得我们的结论无法穷尽形象传播的丰富性，但却符合这样的原则：“跨文化研究的概括性结论，必须允许例外；这些结论的最大作用，就是给我们提供一个研究的指南，而不是绝对的原则。”②

① （德）马克斯·韦伯：《社会科学方法论》，李秋零、田薇译，中国人民大学出版社，1999年，第15页。

② （美）萨姆瓦等：《跨文化传通》，陈南、龚光明译，1988年，第23页。

第四章

国际旅游传播中的国家形象概述

第一节 国际旅游传播之于国家形象

按照系统论的观点，国家形象传播①和国际旅游传播各自分属于不同的传播系统。而传播的潜流总是将这两个开放的系统，在一个更高的层次中，即它们各自的超系统中，合二为一。换言之，基于不同的视角，二者互为系统与子系统。鉴于系统论把更大规模的系统视为外部环境，所以也可以说二者互为系统实体②与环境。于是，国际旅游传播和国家形象传播的关系表现为两种系统关系：当国家形象被作为系统考察时，国际旅游传播可以成为其子系统，而当我们把国家形象传播限定在国际旅游传播活动中时，国际旅游传播便成为该系统的外部环境。系统从外部环境中获取物质和能量，同时也把物质和能量传递给外部环境。当然，这里物质和能量的交换，在作为社会系统的国家形象传播和国际旅游传播之间，实质上是一种影响的互动。总之，国际旅游传播相对于国家形象存在着两种基本的系统身份：作为国家形象传播系统的子系统和作为国家形象传播的外部环境。本文的考察视角是后者，重心是国家形象，国际旅游传播只是作为国家形象的传播环境或语境而存在。这样是为了突出国际旅游传播和国家形象的限定关系，锁定本书的研究对象，同时突出国家形象传播的动态过程。

---

① 所谓国家形象传播，就是通过大众传播、组织传播、人际传播等方式向社会传递有关国家形象构成要素的信息，从而使公众形成对该国面貌和特征的总体认知和评价。参见：张昆著《国家形象传播》，第192页。

② 即系统内部的部分、元素和变量。参见：李特约翰著《人类传播理论》第44页。

第二节　国家形象的百衲毯：国际旅游传播中的多重传播界面

事实上，在跨国旅游这种社会传播现象中，国家形象的编码更接近于戈夫曼拟剧理论中所说的“表演”，既包括有目的的传播行为，也包括一些“无意姿态”。前者是受到传播者控制的“给予表现”，后者是传播者较少控制的“流露表现”。编码者－传播者的集体，更像一个“剧班”，他们共同促成了一个国家给人的整体印象。国家旅游局、出境旅游者和以导游为代表的旅游从业人员等，正是这个剧班中最活跃的演员。而解码者更近似于“观众”，他们不仅关注表演者故意展现的形象，也不放过那些对这些形象造成破坏效果的“分裂性”表演。他们既要看表演者希望他们看到的“台前”，也很想看到“台后”——“与表演所促成的外表不一致的行为发生的地方”。入境旅游者，正是这样的观众群体。正是这样的传播者群体和受众群体，使得国际旅游的国家形象传播变成了一种名副其实的“社会表演”。

舒茨认为，“社会表演，可以绕开规范仪式或与之构成协商关系，将各种意义和行为编织成百衲毯，从而形成新的戏剧结构。”① 在国际旅游活动中上演的有关国家形象的社会表演中，“尽管主流规则和原则经常有着支配性的影响力，但表演将取决于舞台的规则、表演的参与者和参与者之间的关系，并因此而变幻不定”②。换言之，并非所有的传播者都会按照当局或主流的意愿去表征国家形象，传者的传播各异，而受众的解读也绝非表演者所能控制，受众的解读纷呈。因此，国际旅游传播中的国家形象，是由各种符号编织的“百衲毯”。

国家形象是传播者和受众主观赋予国家这一事物的意义；这些“意义”来自传者和受者在各种不同的旅游时空中的符号互动。国际旅游传播的大舞台上国家形象之所以有千百容颜，还有一个最直接的原因：“演员”（传者）和“观众”（受者）林林总总以及他们在不同的时空中（语境）林林总总的传播互动。

让我们先看看国际旅游传播中国家形象五彩斑斓的传者世界。其传者基本上包括以下几类：①国家旅游局及其分支机构、各地方旅游局；②旅游企业；

① Tim Edensor.（2000）. Staging Tourism：Tourists as Performers. *Annals of Tourism Research*27（2）：322～344. pp. 323

② 同上，第 324 页。

③旅游业内的雇员，包括导游、司机和饭店服务人员、景点景区的服务员；④出境旅游者；⑤目的地居民；⑥来自不同国家和地区的其他旅游者。这些基本上在形式上组成了国家形象的“剧班”。只是，这里的演员包括官方与民间、组织与个人。鉴于表演者角色和身份的多样性以及各自代表利益的复杂性，因此，并不能保证全体的表演者协同一致来维护共同的情景定义。事实上，在旅游者的体验世界里，这些不同身份与角色的传播者，所传递的有关国家形象的信息，形成了不同层次的传播界面和对国家形象的叠加投射。传者的世界里，国家形象可谓光怪陆离。

让我们再来看看它的受众。国际旅游传播中的受众群体非常特殊。他们既是受众（观众），又是传播者（表演者）。在旅游过程中，他们主要的角色是受众；一旦旅游结束，他们的身份立刻变成了传播者。因此，这里的受众，只是相对上文传播者而言的信息的解读者，即国家形象的感知主体。它包括旅游者和潜在旅游者。潜在旅游者，是指旅游对外传播和宣传的受众，是相对于国际旅游局及其地方分支机构以及出境旅游者在境外的传播活动而言的。潜在旅游者，是个非常模糊的概念，从理论上讲，潜在的旅游者可以指涉有来中国旅游的潜能的所有国外公众。旅游者，则是指入境旅游者，是相对于旅游业内人员、当地居民而言的。即使不把潜在的旅游者考虑在内，仅仅是入境旅游者这个群体，其文化背景的纷繁复杂、个体的差异性以及各自不同的旅游体验，就足以产生各种不同的阐释框架，从而使他们头脑中的国家形象千差万别、难以捉摸。

总之，旅游的现实世界里，国家形象是在多重传播界面投射下的“百衲毯”。然而，我们必须面对的是如何给这种混乱带来秩序。一种可行的办法是整体视角下的动态考察。

第三节　整体的视角，动态的考察

无论传者世界发出的多少种声音，受众世界里存在的多少种解读，在整体的视角下，二者都可以作为各自所属的整体考察。运用这种整体的方法，我们可以拨开纷繁复杂的传播表象，探寻它们各自作为整体的深层的传播规律。

萨姆瓦指出，人类的传播不是在真空中，而是在复杂的社会环境中发生的错综复杂的社会性活动①。社会环境，在很大程度可以规定其中的传播活动的某些特质或属性。媒介环境中，大众媒介对一个国家的符号表达相对稳定。传播者的编码和受众的解码皆可建立在相对固定的文本之上。文本负载着传者的信息到达受众，在受众的解读中完成传者与受者的统一过程。与大众传播不同，国际旅游传播环境中，国家形象是一种流动的图景。从某种意义上讲，旅游形象的形成是旅游者心路历程的延伸。这种特质，是由它的生成环境所决定的。“从旅游学的研究结论来看，旅游最本质的特征是人的主动的地域迁移，为旅游而旅游的地域流动，这种流动的深层原因是为了满足人类天生的、普遍的对地方与地方之间存在的各种差异的探索和好奇心。”② 这种地域的转换，始于人的流动，带动了符号的流动（信息内容的流动），国家形象在旅游者旅游体验的延伸中、在对信息的阐释和吸纳中，渐趋丰满，最终在流动中生成。每一次旅游体验的完成，都可以看成这种流动的一个暂时的终点和下一个阶段的起点，如此周而复始，构成了国际旅游活动中国家形象的动态传播过程（如下图所示）。

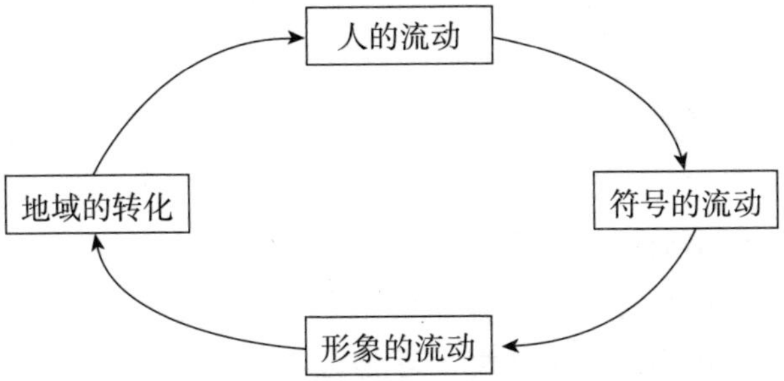

图 4－1　国际旅游传播中国家形象的深层传播逻辑

这种流动性，使得我们截取任何旅游活动的传播片断作为考察对象的努力，仅仅能捕捉到旅游形象形成的瞬间，无法观照其全貌。因此，我们必须首先采取整体研究的思路，即把旅游形象在旅游活动的传播和生成过程作为整体考察。

如前所述，霍尔的编码/解码结构示意图，已经为我们理解国际旅游传播中的国家形象的生成过程提供了一个粗略的轮廓：国家形象是在一种错落有致

① （美）萨姆瓦等：《跨文化传通》，陈南、龚光明译，1988 年，第 22 页。
② 李蕾蕾：《旅游地形象策划：理论与实务》，广东旅游出版社，1999 年，第 47 页。

的“意义结构”中被层层建构的。然而，要更加清晰地揭示这种具体语境建构过程的全景，概略（心理学译为“图式”）理论显然是非常有用的。我们借用的是概略理论中比较有影响力的两种观点。其一，是传播学中的概略观点，更确地说，是一种概略模式、概略方法。它揭示的是人们处理信息，特别是利用业已存在的知识结构，处理新信息和超载信息的方式。格伯雷的研究结果证明，概略方法是人们处理信息超载的主要方式。例如，人们处理新闻时，倾向于储存从证据中提炼出的结论而不是证据本身。菲斯克和金德认为，概略是处理复杂信息的工具，因为人是“认知的吝啬鬼”，在处理复杂信息时被迫奉行“认知节俭方法”，即形成简单化的思维模式①。以此看来，国家形象本身即是一种概略的结果。正如李普曼所说，“直接面对的现实环境实在是太庞大、太复杂、太短暂了，我们并没有做好准备去应付如此奥妙、如此多样、有着如此频繁变化与组合的环境。虽然我们不得不在这个环境中活动，但又不得不在能驾驭它之前使用比较简单的方法去对它进行重构。”② 这里的“比较简单的方法”实际上就是概略的方法。国际旅游传播的时空规定性，使得旅游者在很短的时间内，去面对一个无比庞大而复杂的认知对象——一个国家，旅游者被迫奉行概略的方式。与此同时，空间的转换，伴随的是对异文化的跨越，越发加剧了“时间有限”带来的信息超载。这种国家形象的概略模式，在很大程度上决定了旅游形象，在广度和深度上距离一个国家的现实尚远。其二，是跨文化传播研究中的概略观点。彼默（Beamer）和瓦纳（Varner）对人们如何利用头脑中的概略进行跨文化传播有专门的论述。彼默和瓦纳认为，概略是人们形成的用以理解世界的心理结构（即各种“类”）。概略被比喻成“心理信息库”，包括过去积累的经验和知识。概略是符号被赋予意义的基础。当受传者感知到一些语言和非语言符号，决定把它们当作有意义的事物进行关注、并按照他们头脑中的概略图式对之进行分类处理（这个过程被表示为传播的感知模式）、最终赋予这些符号以意义的时候，传播就发生了。“来自相似文化背景的人们，他们的心理信息库里有类似的经验和知识储存，对意义的解读会很接近。而当来自不同文化的人进行交流时，心理信息库及其运行环境——文

① （美）赛佛林、坦卡德：《传播理论：起源、方法和应用》（第五版），郭镇之、徐培喜译，中国传媒大学出版社，2006年，第71页。

② （美）李普曼：《公众舆论》，阎克文、江红译，上海人民出版社，2006，第12页。

化不同，对意义的解读也会不同”。① 这与我们前面所述的国家形象是一种过滤性投射的内涵是完全吻合的。过滤性投射，可以看成旅游者的概略对信息进行的选择与加工。不同的人拥有不同的概略模式，就像拥有不同的筛子，可以对信息进行过滤，因而筛下的国家形象也会不同。投射是加工，即概略参与意义建构的过程。过滤性投射则意味旅游者很多时候对异文化的解读，不是通过和异文化直接进行对话实现的，而是和自己的概略进行对话②。概略的上述特性，几乎可以看成是霍尔编码/解码理论中的“意义结构”在旅游这种跨文化语境中的注脚。

现在让我们结合国家形象传播的相关内容（参见“核心概念”部分）和上述概略理论里的观点，试着勾画国家旅游形象的整体传播过程（如下图所示）。如果我们把旅游活动当作旅游者对一个国家的新的认知活动的话，那么，按照概略理论的观点，本底感知形象即是概略。这种预先存在的知识结构，预示着旅游者认识目的地国家的方式。在实际的旅游活动中，旅游者会积极主动地利用这种背景知识，去理解很多扑面而来的新信息，实现自己作为旅游者对异文化的解读。本底感知形象成为一种整合新信息的阐释框架。如果我们能将视野再拓展，拓展到旅游形象的整个传播过程，就会发现，本底感知形象这种概略的背后还有一种概略。它是旅游者在实际旅游之前，即还是潜在旅游者时候的认知结构。这种认知结构包含旅游者的文化背景、价值观念、审美标准以及过去的旅游经验等。当现实世界中有关目的地国家的信息通过大众媒介和人际传播到达潜在旅游者时，它对信息进行整合，形成了本底感知形象。这恰恰符合了概略在结构上的层次性特点。它是镶嵌在本底感知形象上一个层次的更高级的概略。这种更高级的概略，不仅直接参与了本底感知形象的形成，还会作为更高级的阐释手段，与本底感知形象一起，直接介入下面的实地感知形象的形成过程。而实地感知的旅游形象，一方面伴随着旅游者从旅游活动向日常生活的回归，随即变成本底感知形象，沉淀在已经变成了潜在旅游者的个体的记忆里，以备将来的旅游活动激活，另一方面通过人际传播或其他传播形式进入公共传播领域，并再次进入现实世界中有关目的地国家的信息范围从而有可能再次进入旅游传播环境。如此周而复始。本书认为，这种层层过

① （美）彼默·瓦纳：《全球环境中的跨文化沟通 = Intercultural Communication in the global workplace》（影印本），清华大学出版社，2003，第 23 页。

② （美）彼默·瓦纳：《全球环境中的跨文化沟通 = Intercultural Communication in the global workplace》（影印本），清华大学出版社，2003，第 25 页。

滤、层层镶嵌、流动性建构的传播模式，是旅游形象生成规律的集中体现。

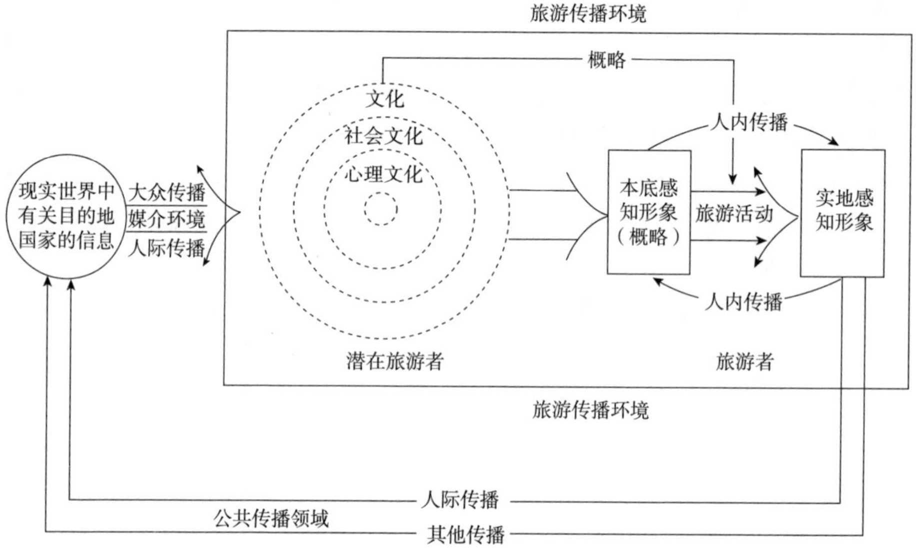

图4－2　旅游形象生成过程示意图

这个示意图，不仅从整体上说明了旅游者作为受众的国家形象是如何在一系列传播链中生成的，而且更直观地展示了国际旅游环境中国家形象传播的流动的图景。而推动这种流动的主力，当然是我们所说的国家旅游形象的传播者。事实上，传播者的世界里，有意识的传播行为，总是极力地加速这种流动。这些积极的传播者，借助于各种符号的传递，影响潜在旅游者和旅游者的信息环境，一方面将更多的潜在旅游者变成现实的旅游者；另一方面在这些现实的旅游者的头脑中，注入国家形象的美好图景，以期在不远的将来，这些美好的图景能够变成其他潜在旅游者的跨国想象。即使是出境旅游者的某些无意识的传播行为，也将他们国家的信息以最直接的、最鲜活的方式带到那些外国公众的面前，客观上在不同程度上带动着这种流动，如此循环往复。

于是，在整体的视野里，以旅游形象为核心，打开了传者的传播和受众的接受两个传播界面，由此浮现出两种国家形象：传播者传达或呈现的国家形象和旅游者实际感知到的国家形象。把握了这两个传播界面，就等于把握住旅游形象传播的全局。

当然，确立这样的两个整体、两层传播界面或两种旅游形象的最终目的，不是为了将整体的传播过程一分为二，而是为了发现连接这两个整体或层面的更为隐蔽的东西：传者和受者对于国际形象的“共享的意义”空间或意义的鸿沟，即传者和受者之间的认同和错位。换言之，我们不是满足于发现旅游形象传播中存在何种效果，而是希望更进一步地揭示这种效果得以顺利实现的前提。正如我们在讨论认同的概念时提到的那样，只有当我们揭开传者展现的和受者感知到的国家形象各自的面纱，发现了他们各自的立场、他们共同的立场以及他们对立的立场，我们才算接近了国家形象的传播目的和传播效果。只有完成了这样的考察过程，我们才可以说在一个相对完整的意义上研究了国家形象。

然而，形象又是具体的，具体到传播者使用的每一个符号，具体到一个个旅游者每天的旅游体验。因此，为了使这种整体的考察不流于空洞，不远离现实的丰富性，在这种整体视角之下，我们可以采取动态研究的方法，将不同主体的具体的传播活动或者不同阶段的传播片断，“镶嵌”在整体的形成过程中加以阐释，以期在更微观的层面上充实整体框架里的内容、再现整体框架内的变化。这种思路，首先符合国家形象的认知规律，同时遵循了旅游传播的基本逻辑。

于是，本着整体视角与动态研究相结合的原则，以国家形象为中心，展开对上述问题的层层深入的探索，就构成了本文的主旨与主体。那么，传者和受众世界里的中国形象到底是何种图景？它们又是如何生成的？我们将在下面的章节里以实地调查的结果为依据，展开对这些问题的论述。

第五章

呈现与说服：传者世界里的中国旅游形象

循着戈夫曼的社会学隐喻，我们得以捕捉到国际旅游传播中国家形象的传播者的阵容，一个在更广义的符号学意义上的“表演者”的集合：官方与民间、组织与个体。在现实的旅游传播活动中，他们编织出国家形象的“百衲毯”，并将之呈现于受众的面前。无论是表演的协作与分裂，都集中体现了他们作为传播者，对国家形象的话语建构和意义的生成所起的共同作用。

围绕传者世界里的国家形象，本章主要阐述以下几个问题。首先，身份各异的传播者，如何利用符号来表现和传达自身对于国家的观念，特别是通过“符号的选择、制造和传送的过程，来帮助接受者理解传播者心中相似的意义。”① 其次，他们意欲传达、各自呈现的国家形象到底是何种图景。最后，从印象管理和信息控制的角度，概括他们各自的角色、地位、相互关系以及他们的传播活动对于国家形象传播的不同意义。

第一节　国家旅游局对国家形象的传播

拉斯维尔认为，在战争期间对公众舆论的控制中，“当政府加诸宣传活动时，那么思想的传播能力将大大增加。”② 我们认为，在和平时期向国内外公众展示国家形象时，政府部门的作用同样举足轻重。在旅游传播中，国家旅游局是国家形象的官方传播者。这种官方传播者在国家形象传播中的地位，是其他传播者所无法取代的。其传播地位的权威性，是基于国家形象的整体性、国家形象的“公共信息产品”的典型属性以及国家形象传播任务的艰巨性与复

① 陈阳：《符号学方法在大众传播中的应用》，《国际新闻界》，2004 年第 4 期，第 46 页。

② （美）拉斯韦尔：《世界大战中的宣传技巧》，张洁、田青译，中国人民大学出版社，2003 年，第 26 页。

杂性（比如，需要根据国内外瞬息万变的形式，及时调整传播策略、协调各传播环节等）。

与本文出现的其他传播者的身份不同，它是一种组织。传播学对于传播组织的研究，见之于四种传统：网络理论、职位理论、关系理论和文化理论，网络理论被认为是对后三种传统的综合。网络理论的研究者认为，组织是“一个至少有两个人（通常人数更多）组成的有相互依赖关系及投入、产品生产、产出的系统。传播者利用周围环境中的能量、信息、材料来生产产品”①。职位理论将组织定义为“一个为完成协作任务而进行的具有一定目的性的人际活动的体系”②。本文中，国家旅游局作为国家形象的传播组织，似乎是二者的结合体，即在共同目标下协作进行国家形象的信息生产的传播者集体。

至于从何种角度来研究这种传播组织，戈夫曼提出的对于社会机构的研究方法中的技术和戏剧学方法，成为本文的视角支撑。戈夫曼认为可以从技术、政治、结构、文化和戏剧学的角度，来研究一种社会机构。技术方法的宗旨，是“探索社会结构作为一个为实现预先确定的目标，而有目的地组织起来的活动体系所具有的工作效率”③。这种技术方法，具体到国家旅游局，可以指向对其传播过程和传播效果的考察。戏剧学方法，是“描述特定机构中所运用的印象管理的技巧，以及机构中印象管理的主要问题和在机构中起作用的几个表演剧班的认同和相互关系”④。戏剧学方法，使本文以印象管理的视角收拢所有对传播者的探讨。

一、作为国家形象传播者的国家旅游局

一般而言，政府介入旅游传播的方式有两种：支持型和主导型。支持型，是指为旅游传播创造有利的环境、搭建合适的平台，对本国和旅游客源国旅游业的组成部门提供帮助⑤。许多发达国家采用的都是这种政府扶持型的旅游传播模式。而中国采用的是政府主导型的，特别是对国家形象的传播。在国家形象传播成为各国的国家战略的当下，宣传和提升国家整体形象，成为中国国家

① （美）斯蒂文·小约翰：《传播理论》，陈德民等译，中国社会科学出版社，1999 年，第 539 ~ 540 页。

② 同上，第 546 页。

③ （美）戈夫曼：《日常生活中的自我表演》，云南人民出版社，1988 年，第 214 页。

④ 同上。

⑤ 马爱萍：《21 世纪旅游产品营销的战略与策略》，中国水利水电出版社，2007 年，第 78 页。

旅游局旅游推广工作的“重中之重”①。

作为国务院主管旅游业的直属机构，国家旅游局，与国家形象传播直接相关的主要的政府职能的表述如下：

研究拟定国际旅游市场开发战略，组织国家整体旅游形象的对外宣传和重大促销活动，组织、指导重要产品的开发，指导驻外办事处的市场开发工作。此外，还包括培育和完善国内旅游市场，监督、检查旅游市场秩序和服务质量，受理旅游者投诉，维护旅游者合法权益；负责出境旅游事务；负责旅游涉外事务，代表国家签订国际旅游协定，指导对外旅游交流与合作等等。

仅从上述职能来看，国家旅游局在旅游传播中的主导地位，一目了然。无论是其自身进行国家形象传播的得天独厚的优势地位，还是对其他的传播者（出境旅游者、旅游业服务人员、当地居民等）通过政策、方针和法规进行的监督与调控，都显示了国家旅游局作为国家形象的“官方传播者”的毋庸置疑的权威地位。此外，国家旅游局的传播网，“出”则可以直接触及潜在旅游者，“入”则可以直接面对入境旅游者。无论从对受众，还是对传播链条的其他环节的影响力来看，国家旅游局都是一种统领者的角色。

如同很多政府部门一样，国家旅游局担负着“宣传”与“协调”的双重传播功能。以戈夫曼的观点来看国家旅游局的传播实践，国家旅游局实际上集“表演者”与“导演”于一身，既是传播者，又是全体传播者的协调者与组织者。换言之，它不仅承担着将国家的信息直接传递给国内外受众，即通常意义上的“宣传”国家形象的使命，还要协调各种各样的传播关系。对于政府部门而言，协调本身就是传播活动中的重要组成部分。这些传播关系，广义上包括旅游传播内环境中的各种纵向关系，例如，与地方旅游局的关系、与旅游业界的关系等；还包括旅游传播外环境中的各种横向关系，例如，与外宣、外交、文化等其他社会部门（与中宣部、国务院新闻办、中央文明办、外交部、文化部）的关系、协调与国际旅游组织和外国政府旅游部门之间的关系等。而本文指的是一种狭义上的传播关系，即与国家形象传播过程直接相关的传播者之间以及传播者与受众的关系。协调者角色的重要性，一方面在于防止“分裂性表演”对已经促成的形象的破坏性作用，另一方面在于能够兼顾传播

① 国家旅游局国际司司长祝善忠：《关于对全球竞争态势下旅游宣传推广工作的思考——在2008年全国旅游工作会议上的发言》，《旅游市场》，2008 年第 1 ~ 2 期，第 13 页。

国家旅游局：《关于发展入境旅游的指导意见》，《旅游市场》2007 年第 1 期，第 9 ~ 10 页。

的“台前”和“台后”。旅游者心目中的国家形象是易碎品。如果对传播链上的某些环节处理不当，很容易使前面的、或者其他传播者的努力付诸东流。

事实上，协调传播者内部的组织关系，是一个非常关键的问题。传播学对于传播组织，特别是政府部门作为传播组织的经典研究中，十分重视这一问题。在被誉为“美国传播学开山之作”的《世界大战中的宣传技巧》一书中，拉斯维尔并没有单刀直入地分析一战的宣传技巧，继第一章简洁点题之后，直奔“宣传组织”的问题。拉斯维尔，用了很长的篇幅，讨论了宣传机构的确立问题、对信息流进行控制的行动中指挥的同一性与部门之间的协作问题、宣传体系（宣传组织采取何种形式）问题，宣传工作人员的专业素质和选拔问题、宣传风格与宣传品问题，以及中央与地方分支结构的协调问题等等。显然，在拉斯维尔看来，组织问题，特别是作为传播者的各组织部门之间的协作以保证宣传的统一性问题，是国际战争宣传能够成功实施的前提条件。这与拟剧理论中的印象管理，即“剧班协作一致向观众呈现出一个特定的情景定义”，在内涵上不谋而合。拉斯维尔早在1926年写成的这篇博士论文，影响深远，以至于我们今天研究和平环境中的政府旅游部门的宣传活动时，也无法超越他当时就已经思考的一些关键问题。

在实际调查中，我们发现，对国家旅游局作为传播组织的考察，还需要有另外一种考虑：在制度、政策、组织和模式之下，哪些传播设想对于它是不可行的。这实际指涉国家旅游局在当今的中国语境和国际环境中的可为与不可为的问题。虽然，这不是本文的研究目标，但却在某种程度上限定我们的讨论范围。换言之，我们所有的探讨，都必须在现实所能提供的可能性的基础上进行。

总之，尽管对国家旅游局作为传播者的考察有着非常广阔的视野和研究潜力，但“宣传”和“协调”始终应该是其传播活动的核心。鉴于其协调功能已为公众所熟知，我们将重点分析国家旅游是如何对国家形象进行“宣传”的，即它作为国家形象的信息传播者。

二、国家旅游局对国家形象的宣传：信息传播者

（一）国家旅游局的“宣传”内涵

鉴于“宣传”在中西语境中语义上的巨大差异，我们在对国家旅游局的宣传行为进行考察时，有必要对其做明确说明。据学者们考证，在西方，宣传的对应词是 propaganda，源于拉丁语中的“信仰宣传圣教会”（Congregatio de propaganda File)，该教会是罗马教皇格雷戈里于1622年创办的。该词最初是一个中性的词，意思是“散步或宣传一个思想”，但在第一次世界大战后，被赋予了“不诚实的、操纵性的、洗脑子的”否定的含义，而被视为一种“邪恶”。“一个词语出现了，它在许多人的头脑中发出了不祥的叮当声，这就是‘宣传’。”① 在现在的西方人眼里，宣传是以控制人的心灵为目的，常常与对公众的控制、党派私利、偏见相联系。新闻界普遍认为，客观性与宣传格格不入②。拉斯维尔在1926年将宣传定义为：“它仅指以重要的符号，或者，更具体一点但欠准确地说，就是以消息谣言、报道、图片和其他种种社会传播方式来控制意见的做法。”几年后，拉斯维尔又对该定义进行了修正：“就广义而言，宣传是通过操纵象征物来影响人类行为的技巧。”心理学家布朗在区分“宣传”与“说服”时，强调指出，当某种行为对信源而非接收者有利时，才被称为宣传③。很显然，这与中国人所谓的宣传概念不符。汉语里对宣传最通俗的解释是是：“向群众说明讲解，使群众相信并跟着行动。”④《中国大百科全书·新闻出版》对宣传的界定是：“运用各种符号传播一定的观念以影响人们的思想和行动的社会行为。”这与传播非常接近。宣传的目的是使对象的思想和行为发生符合宣传者意图的改变，而说服是指“通过信息的传递，去影响他人的观念或行为，达到预期的目的”，因此可以说，宣传是一种说服性传播。国家旅游局所谓的对国家形象的宣传，正是这样意义上的说服性传播。为了与国家旅游局的官方陈述不发生语义上的错位，我们在对其传播活动的考察中，选取的是宣传内涵的“中国版本”，在表述中将宣传与传播视为一体，不加严格区分。

（二）国家旅游局的传播战略

根据对国家旅游局的实地调研，国家旅游局对国家形象的说服性传播，有两个非常明确的目的。其一，通过旅游这扇窗口，向外国公众展示中国的美好形象，积极地配合并加入“国家软实力”的大合唱中，使自己的传播行为成

---

① （美）拉斯韦尔：《世界大战中的宣传技巧》，张洁、田青译，中国人民大学出版社，2003年，第18页。

② （美）拉斯韦尔：《世界大战中的宣传技巧》，张洁、田青译，中国人民大学出版社，2003年，第XI~XIII页。

③ （美）赛佛林、坦卡德：《传播理论：起源、方法与应用》（第五版），郭镇之、徐培喜译，中国传媒大学出版社，2006年，第95页。

④ 《现代汉语词典》，商务印书馆，1996年版，第1424页。

为国家战略的一部分。其二，适时地靠紧社会大环境中的国家形象这棵大树，向目标市场展示中国形象，使更多的潜在旅游者成为入境旅游者，推动旅游业的发展。

基于这样的传播目的，近几年来，国家旅游局采取的旅游传播的总体策略是："国家形象领头、旅游产品跟进"，对国家形象的宣传被视为整体传播活动的"火车头"。目前，围绕国家形象，国家旅游局推出了新的旅游宣传推广的总体战略：以市场调研为基础，以（国家）整体旅游形象宣传为核心，以营销渠道建设为途径，全面提高旅游宣传推广工作的针对性、专业性和有效性①。国家形象、受众、传播渠道和传播效果显然成为国家旅游局关注的战略重点。以这种总体战略作参照，我们来具体探讨国家旅游局传播实践中的几个关键问题。

（三）国家旅游局的传播议程建构

一旦我们把国家旅游局的传播活动视为分析对象，其传播议程问题自然就浮现出来了。中国是拥有五千年文明史的发展中大国，无论是其古老神韵还是现代风采，似乎只能用博大精深来概括，以至于"中国旅游业究竟要向世界传递一个什么样的整体形象"成为困惑当局的问题之一②。那么，面对如此丰富的传播内容，作为传播组织的国家旅游局，其传播议题是如何确定、其传播议程是如何建构的呢？

组织传播研究中的关系理论，可以看成是从"组织内部"这个视角对上述问题的探讨。关系理论认为，组织从环境和外界中获得的信息一定程度上都具有多义性（不确定性或复杂性），而通过组织活动可以减少这种不确定性。"通过相互作用，群体成员间达成共识，并且这些由群体成员共同赋予信息的含义提供了一套减少多义性的机制。其中，主要包括三个主要步骤：产生、筛选、保存。"产生"是指从外界获得的多义性信息。换言之，组织对来自环境中的信息的关注是有选择的，"仅是对环境中的某些方面的认知就已经消除了部分多义性"。"筛选"是指（组织内的）小组接受某些方面的信息，而抛弃了那些组织不予考虑的选项，使范围缩小。该步骤进一步减少了原信息的多义性。"保存"，即保存信息的某些方面以备用。保存的信息与组织运转所依赖

---

① 国家旅游局副局长杜江：《在 2008 年初驻外办事处主任会议上的讲话》，《旅游市场》，2008 年第 1 ~ 2 期。

② 同上。

的现有信息融为一体，使多义性信息向明确性转化①。

关系理论，使我们了解到组织从外界获得的多义性信息如何在组织内部转化成本身的议程。而我们想探究是，国家旅游局本身的议程如何从环境中获得、并进一步转化成对外的传播内容。对于这个问题，最能给我们提供参考价值的，莫过于议程设置研究。议程设置，确切是指大众媒介的议程设置功能，即“通过反复播出某种新闻报道，强化该话题在公众心目中的重要程度。”围绕议程设置展开的研究，本来是针对大众媒介传播效果的，但我们发现它对于阐释国家旅游局的议程建构同样有效。正如塞弗林和坦卡德所评述的那样：“认知心理学非常关注世界的再现（representation），即人们在自己头脑中建构的对世界的形象，以及这些印象是如何被建构起来的。通过考察人们赋予哪些特定的议题显著性，议程设置假说跟认知心理学一拍即合。”② 具体而言，议程设置理论对于国家旅游局传播活动的解释力主要在于提供了“谁来设计媒介议程”这样一个阐释框架。

藉此框架，我们发现下面几种因素在左右国家旅游局的传播议程。第一，政府的议程。国家旅游局每年的宣传议题往往会变化，变化的主要原因，是需配合国家当年的战略部署，并参与国家对外宣传的重大活动。仅举几例。2006年中国“俄罗斯年”和2007年俄罗斯“中国年”，是由两国政府首脑亲自倡导的互办国家年活动。作为“中国年”活动的组成部分，国家旅游局率队中国旅游业举办了一系列旅游交流活动，“借此为中国年增添绚丽多姿的旅游色彩，并成为俄罗斯朋友了解中国，走进中国的窗口”③。2008年年初，国家旅游局确定的宣传主题是“2008中国奥运旅游年”，宣传口号是“北京奥运，相约中国”。“2007中国（青岛）奥运与旅游国际论坛”、“中国2010年上海世界博览会旅游推广启动仪式”、“纪念中日邦交正常化35周年”中日三万人双向交流活动等都是政府议程的直接体现。其二，国家旅游局日常的工作惯例。这种宣传议程是常规性的，主要是基于历年的日常宣传实践，以旅游资源和旅游产品作为主导宣传内容。值得注意的是，国家旅游局促进旅游业发展的宣传

① （美）斯蒂文·小约翰：《传播理论》，陈德民等译，中国社会科学出版社，1999年，第557~559页。

② （美）赛佛林、坦卡德：《传播理论：起源、方法与应用》，郭镇之、徐培喜译，中国传媒大学出版社，2006年，第192页。

③ 国家旅游局：《俄罗斯“中国年”框架下的中俄旅游交流与合作》，《旅游市场》，2007年第4期，第7页。

目标左右着这种常规性传播的内容。其三，公众议程—媒介议程。发生社会现实生活中的重大问题和事件，公众对之反映强烈，媒介大肆炒作，形成公众议程或者媒介议程，或者公众议程与媒介议程连成一体，影响或成为国家旅游局的议程。2001 年“9·11”事件后，美国公众对恐怖事件的巨大恐慌，在媒介议程中蔓延全世界，并成为影响旅游者出行的重要因素。国家旅游局迅速做出反应，“中国是旅游安全目的地”的议程应运而出。而香格里拉和丽江的案例则是媒介议程—公众议程的典型例子。被称为“人类永恒的梦乡”的香格里拉，首先通过探险家洛克，走进《国家地理》杂志，然后进入英国小说家詹姆斯·希尔顿的小说《消失的地平线》（1933 年），该小说轰动了欧洲并获得了英国著名的霍桑登文学奖，1936 ~ 1937 年美国哥伦比亚电影公司斥巨资将其拍成电影，引发了人类长达半个多世纪的寻找香格里拉的活动，香格里拉深深扎根于公众的心中。20 世纪末云南迪庆藏区，被确定为香格里拉，此后便成为国家旅游局宣传议程中一道最亮丽的风景。无独有偶，丽江自从被国际知名纪录片导演、制片人菲尔·埃格兰德（Phil Agland）的《云之南》（Beyond the Clouds）于 20 世纪 90 年代初载入英国 4 频道播出后，震动、感动了欧洲乃至全世界，游人纷至沓来。媒介议程—公众议程，又一次成为影响国家旅游局传播议题的重要因素。其四，个人因素的影响。旅游局工作者、学界和业界的精英，往往成为议程的设计者。这与我们上文提到的关系理论探讨的内容密切相关。第五，在全球化的背景下，本国的和其他国家的旅游组织以及国际旅游组织（例如 UNWTO 和 PATA），也是影响国家局议程的重要因素。

议程建构研究显示的是，尽管国家旅游局传播的整体的国家形象，但不是把整个国家的信息一股脑地塞进其传播议程。李普曼把媒介比喻成“探照灯”。国家旅游局以其传播议程，引导公众关注国家的某些方面而忽视另外的一些方面，起到的正是“探照灯”的作用。那么，国际旅游局如何使自身的议程转化成公众议程的呢？

（四）国家旅游局的传播渠道

将自身的议程通过各种传播渠道，尽快转化成公众议程，是国家旅游局的传播战略中一直关注的重点。事实上，在现有条件允许的范围内，国家旅游局一直在积极地探索着国家形象理想的传播渠道，并积累了一些宝贵的经验。在此，我们主要涉及的是对外传播渠道。

国家旅游局及其 17 个驻外办事处，形成一个以国家旅游局为圆心，覆盖了日本、韩国、新加坡、尼泊尔、美国、加拿大、英国、法国、西班牙、瑞士、澳大利亚和俄罗斯等主要目标市场的传播网。在这个传播网中，各办事处又是一个个小圆的圆心，尽可能地辐射周边国家和地区，例如，驻伦敦办事处，实际负责的是对英国、爱尔兰和北欧五国（冰岛、瑞典、丹麦、挪威和芬兰）的宣传。

到目前为止，国家旅游局的主要传播渠道可以概括为以下几种。其一，纸媒介，包括地图、招贴画、导游手册、宣传手册、中国旅游指南（8 个语种）等旅游宣传品。这些宣传品随着旅游咨询、大型活动、展览会等随时发放给公众，公众也可以自己到各办事处领取。在悉尼，这些宣传品还走进了学校活动和大学图书馆。纸媒介中，还包括国外一些有影响力的报纸杂志，如《泰晤士报》、《纽约时报》、《国家地理》杂志等。其二，电子媒介，主要指利用各国的电视，如 CNN、BBC 等广播电视网。北京曾于 2003 年通过 CNN 国际频道，向两百多个国际及地区播出由张艺谋等人策划、制作的形象广告 116 次①。由于北京作为首都对整个国家形象有很强的替代作用，这些宣传客观上就成为宣传国家形象的一部分。特别是 CNN 和 BBC 自 2005 年底至 2008 年连续四年播放的“现代北京，辉煌北京，科技北京，艺术北京，人文北京”的专题片，从美景、文化、美食、购物对北京形象作了全方位的阐述，更可以视为是对国家旅游形象的展现。但在这些主流媒体的报刊杂志和电视投放广告，费用极高，而且需要时间上的持续性才会有效。目前在国家旅游局财力和人力都有限的情况下，对这些媒介的使用，主要表现为间接使用，例如，国家旅游局巧妙地利用邀请这些媒体的记者来华考察的方式，用他们的报道宣传中国的形象。除电视之外，电话也是个办事处联系当地公众和旅游者的重要渠道。据调查，通过电话向潜在旅游者传达旅游信息、正确解答公众咨询的问题，是各办事处的一项重要的业务，特别是旅游旺季，咨询业务相当繁忙。其三，新媒体，互联网。互联网建设，目前是国家旅游局重点培育的传播渠道。国家旅游局正着手把政务网和咨询网分离，建设以提供公共信息和服务为主导功能的多语种中国旅游资讯网。各驻外办事处也要建设针对各大目标市场的特定语种宣传网站。截止到目前，国家旅游局的网站面向公众提供的旅游咨询和服务主要使用的语言是，汉语繁体（面对台湾）、英语、日语、俄语。驻日、美、西班牙、俄罗斯等办事处的网站，使用目的地国家的语言，在旅游传播中发挥了积极作用。其四，公关。政府公关，如高层互访，部长会议等形式是国家旅游局

① http：//www. china. com. cn/chinese/2005/Jun/896398. htm

对外传播的重要手段和渠道。政府公关的另一种形式则是组织目的地国家的记者采风、旅行商采线。2001 年是多事之秋，中美撞机事件和“9·11”等突发性事件的背景中，国家旅游局先后邀请了来自新加坡、马来西亚、泰国、日本、韩国、美国、加拿大、德国、法国、俄罗斯、澳大利亚、新西兰等国的 39 批记者团。这种传播渠道无疑在宣传中国作为最安全的目的地形象中起到了重要作用①。2006 年，英国 ITV 应邀来拍摄九寨沟—成都—乐山一线的旅游纪实片，在 ITV 播出。ITV 自己的收视率调查结果显示，当天该节目的收视率是 400 万。根据国家旅游局的部署，2008 年奥运会开幕前，各办事处常规邀请的媒体团都统一冠以“全球媒体聚焦中国——2008 年奥运旅游系列采风活动”的主题，来华参观采访。其五，组织和参加大型活动。国家旅游局每年都组织很多在国外的大型的旅游促销活动，包括巡回展、组织和参加国际旅游展览和交易会、世界旅游城市市长论坛（2008 年 4 月）、城市论坛、世博会旅游论坛等。例如 2001 年国家旅游局组织的大篷车在美国 8 个城市巡回宣传、2007 举办了中国国际旅游交易会。值得一提的是，国家旅游局还在协助各省市、各地区的海外宣传活动时发挥了积极作用。无论是时机的选择，还是节目的安排，驻外办事处都会结合当地情况，特别是结合当地的华人华侨的活动，提供行之有效的指导。2008 年春节，笔者在悉尼调查时，适逢国内某些省市的旅游促销团将自己的大型文化表演融入到悉尼市政府组织的文化大游行中。在英国，国家旅游局驻伦敦办事处，充分利用春节（中国的大年初一）在特拉法加广场举行的“盛装游行”弘扬中国文化，宣传中国。

除上述主要渠道的五种主要的传播渠道之外，国家旅游局还利用电子屏幕或就地取材利用实物做宣传，在飞机上做软广告，在纽约时代广场、中央火车站等人流集中区使用大幅广告，在英国则把广告画打在出租车、地铁里。

纵观国家旅游局的传播渠道体系，纸质宣传品因其灵活、便捷、技术门槛较低等特点，成为目前历史最长的、最稳定的、最成熟的传播渠道。但这种传播渠道，对于传播国家形象的劣势也是明显的。首先，纸媒介的成本较高，传播范围有限。其次，旅游活动的流动性，要求这种形式的宣传品必须轻便，从而限制了传播广度和深度。而要兼顾容量和便捷，宣传品必须分册。目前国家旅游局的宣传品基本上是按照省份和旅游产品来制作的，反映国家整体形象的

① 张广瑞：《2001－2003 年中国旅游发展：分析与预测》，北京社会科学文献出版社，2002 年，第 53～60 页。

却很少。而互联网的电子空间恰恰可以弥补这方面的缺憾。鉴于互联网本身的优势以及对现代社会人们的生活方式和媒介生态的深远影响，在政府的扶持下，它将成为国家旅游局宣传渠道中非常有潜力的传播渠道。

而通过邀请外国记者团采风从而间接地利用外国主流的电子媒介，是国家旅游局利用得最成功的传播渠道。众所周知，国家形象传播是跨国界、跨文化的传播，而中西之间巨大的文化差异、不同的媒介使用和接受习惯，是传播的主要障碍。这些外国记者对中国的报道，除了拥有我们无法相比的文化、语言、媒介权威性等方面的优势，其报道视角也更符合本国受众的眼光和收视习惯。因此，通过这种渠道，国家旅游局把国家形象的跨国、跨文化传播，转化成一种客源国国内、文化内的传播，大大减少了受众接受的难度。更重要的是，国家旅游局和地方旅游局的通力合作，使这些记者不仅亲身感受了中国锦绣河山的独特魅力、中华文化的博大精深，体验到中国人民的热情、友善和真诚，而且保证他们在事先协商好的框架内自主拍摄，所以他们的报道基本是正面的，从而达到的是事半功倍的传播效果。2007 年 BBC 拍摄并播出的《中国花园》堪称其中的一个经典。其经典之处在于，它不仅证实了跨国传播中"借他者的口，言说我们想说的话"这一实践的普遍意义，而且启发我们如何做好国家旅游形象的"深度传播"，而不是仅仅停留在表面上、一时的声势和热闹。通俗地讲，"深度传播"是指一种卓有成效的传播效果，一种"像图钉一样钉进去"、"使传播者的意义在受众的心中扎根"的影响力。"深度传播"也可以指一种传播方式或传播过程。《中国花园》所代表的深度传播，首先是一种对意义的深度编码。对中国园林这一主题的表达，如果仅就园林话园林，外国人是很难理解其真正的文化底蕴的。《中国花园》通过"苏州—黄山—北京—东京"这种独特的编码方式，使人对中国文化中人与自然的和谐对话恍然大悟：中国的园林艺术和绘画艺术一脉相承，均来自于大自然的恩赐；园林设计的灵感来自于古老的山水画，山水画的创作，是人面对黄山这样的人间仙境时无法抑制的情感表达。所有符号的集结表现为一种对东方文明的探索发现：在黄山中找到苏州园林的原版、在颐和园中发现了黄山的影子、在东京园林中的体验到中国古老文明的延伸。这种深度编码，除了对传播内容深入挖掘之外，同时将深度解码的钥匙，交给了受众。《中国花园》的编码方式带给我们的启迪是：传播国家形象，它不仅要告诉外国受众"中国是什么"，而且还告诉他们如何去解读"中国是什么"，而且后者往往比前者更能决定传播的效果。《中国花园》突出体验、弱化宣传的传播方式，使整个文本有着很强的真实感和现实感。这正是旅游传播十分重要的传播理念。而利用有影响力的媒体工作者进行传播，除了得益于他们精湛的专业素养对传播内容的独特编码外，他们作为“意见领袖”的作用，客观上又进一步加强了文本的传播效果。

考察国家旅游局传播渠道选择时，我们必须将以下几个要素结合在一起作为参照的：现实条件、传播目标、传播内容、受众和传播效果。换言之，国家旅游局对国家形象的传播，之所以形成今天的传播渠道，是它作为政府机构在历史和现实条件规定的时空框架下的一种选择。比如，国家旅游局如果选择主流的电视频道作为传播渠道，它除了考虑自身的财力和人力所能提供的可能性外，还要考虑自身想要达到的目的、设计适合电视传播的传播内容，组织专家对当地的媒体和受众群体进行专业性的研究，以便能达到预期的传播效果。而物力和人手的限制，可能是解释驻外办事处在传播渠道方面“有所为、有所不为”的主要原因。传播渠道自身无所谓优劣，重要的是人们选择何种时机以及如何利用它们。

综上所述，国家旅游局已基本建立起一个面向他国的高层、业界和公众的立体交叉的国际性传播渠道体系。但这个体系，远未成熟和健全。在2008奥运会、2010年世博会急促的脚步声中，紧锣密鼓的传播渠道建设，将使之走向进一步完善。然而，通过这些渠道，国家旅游局期望向世界传播一个怎样的中国形象呢?

三、国家旅游局传播的国家形象

如上文所述，一个特色鲜明的中国旅游形象，尚在国家旅游局的探索之中。这并不是旅游部门单独面临的问题，整个国家，都在自我形象和他者形象的相互塑造中，在瞬息万变的国际社会中，在历史与现代的节点上，经历着的国家形象的困顿。鉴于这一事实，我们对国家旅游局传播的国家形象的分析，主要以业已存在的文本为基础。

本文选取了国家旅游局针对国家整体形象进行的对外宣传中的两种文本：宣传片《2008北京——中国欢迎您》和国家旅游局领导人在对外的大型活动中的两篇演讲稿。国家旅游局对外的宣传品，大都针对各省、市的旅游资源以及各种旅游产品。宣传片《2008北京——中国欢迎您》（以下称《中国欢迎您》），是本人唯一收集到的针对国家整体形象的高规格的宣传品。而这两篇演讲稿对中国国家旅游形象的描述，到目前为止，都可以看作是国家旅游局在正式场合对国家旅游形象的最高程度的概括与呈现。这两篇演讲稿是这样描述中国的旅游形象的：

中国拥有得天独厚的旅游资源。灿烂的历史文化源远流长，绚丽的山水风光相映成趣，56种民族风情浓郁多姿，33处世界遗产誉满世界，城乡面貌日新月异，人民生活朝气蓬勃，古老中国的神奇风韵与现代中国的时代风采交相辉映，美轮美奂的中国旅游画卷正日益成为全球旅游市场上的一朵奇葩①。

中国是一个旅游资源大国，东方古国的文化魅力经久不衰，山水相映的自然景致美轮美奂；56个民族和睦相处，演绎着神奇多彩的人文大观；改革开放事业蒸蒸日上，昭示着现代中国蓬勃的时代生机；33处世界自然文化遗产，更堪称全人类弥足珍贵的瑰宝。到访中国，可在五千年文化长廊中尽情徜徉；可触摸山水、亲近自然，可与历史对话、与时尚同行。中国的一砖一瓦、一草一木，江河田野、大城小镇，都于千年之外、万里之遥，有着诉说不尽的故事，散发着无以抗拒的旅游魅力。改革开放以来，中国政通人和、社会和谐、经济发展，旅游产业生机勃发，日益成为中国国民经济中的重要产业，更成为世界旅游格局中的一道亮丽风景②。

这两个文本存在的编码上的高度一致，使得国家旅游局对国家形象的符号表达趋向清晰和稳定。这两个文本一致传达的国家形象的核心内容有两个基本层次：一个是“旅游资源极其丰富”的中国，这是基于中国旅游业的国家形象；一个是古老而又现代的中国，这是基于整个国家的国家形象。前者是国家旅游局作为中国旅游业的主管部门真正要渲染的核心；后者是国家旅游局作为政府部门对外宣传的题中应有之意，毕竟树立中国政治稳定、经济发展、社会进步、民族团结、改革开放的现代形象，是政府部门作为传播主体的职责③、是“对外宣传的工作的着力点”④。

这种高度概括性的文本，主要针对外国旅游界的高层和业内人士。它们也可以被认为为中国旅游形象的编码提供了一种指南。而真正面向大众并具体展示中国“旅游资源大国”的国家形象的，则是《中国欢迎您》一类的宣传片。悠久的历史文化、壮丽的山水风光、绚烂的民族风情以及开放与发展的城市面貌，是《中国欢迎您》对中国主要的符号性表征。这些符号基本上代表了那

---

① 这是2007年3月22日中国国家旅游局局长邵琪伟在圣彼得堡民俗博物馆举行的“中国旅游之夜”大型宣传活动的致辞，该活动是上文提及的2007俄罗斯“中国年”的重要组成部分。

② 这是2007年12月19日国家旅游局副局长杜江在“2007中国·未来·旅游发展论坛”上的主旨演讲“快速发展的中国旅游业”。参见《旅游调研》2007年第11期。

③ 程曼丽：《国际传播学教程》，北京大学出版社，2006年，第59页。

④ 张昆：《国家形象传播》，复旦大学出版社，2005年，第498页。

些驰名的旅游产品和著名旅游区的繁华大都市。编码的意图明确地写在该片外包装上："充满魅力的中国带给您吃、住、行、游、购、娱的全方位享受"。通过该片，传播者期望传达的是"一个伴奥运春风而激扬的中国，一个充满活力与魅力的旅游目的地"。很显然，"一个伴奥运春风而激扬的中国"与"一个充满活力与魅力的旅游目的地"，表面上是并列而置的，实际上是后者的意义取代了前者，"国家形象"借助于符号学所谓的"转喻"①，随之转化为"国家旅游形象"。国家旅游局传播目标中的国家形象，可以用国家旅游局的一位官员的话概括为：基于旅游资源以上的、能够有效刺激外国潜在旅游者需求和消费的国家形象。这种旨在推动中国旅游业的发展而呈现给世界的中国形象，是目前国家旅游局传播议程中最核心的内容。

既然如此，这种国家形象传播的说服性本质就显而易见了。说服性传播区别于一般的传播活动，主要是因为它是要通过传播达到预期的目的。拉森认为，说服产生效果的前提是客方从说服信息中读到了自己赞同的意义。成功的说服就是主客通过信息交换达到共鸣的过程②。共鸣的基础是理解，"传播并不是仅仅是让某人相信某事物的说服作用，传播是与某人分享对某事物的理解"③。"共鸣"的实现则意味着传受双方拥有了"共同的感知"、"共享的意义"。从这种意义上讲，国家旅游局的信息传播，是一种特殊的说服性传播活动。这是因为它必须首先考虑的是潜在旅游者所在的信息环境客观上能否使他们接纳并理解自己传达的信息，从而达到共鸣。其次，国家旅游局传播的信息能否实现成功的说服，更要取决于在实际的旅游过程中主客双方的信息交流情况，取决于旅游者在亲身感受中对中国的理解，而不只是对其宣传材料的文本解读。再次，国家旅游局作为传播机构的权威性，主要来自于它的信度。这就要求它对国家形象的传播，既不同于一般的广告，又不同于影视艺术。不同于一般的广告，是因为它所指涉的对象是一种旅游体验。旅游体验不能先于购买行为而存在，因此只有凭信度才能在旅游者的旅游决策中发挥作用。不同于一般的影视艺术，是因为它必须最大限度地贴近旅游者的真实体验，不能过多地超越现实实行艺术加工。"舞台化"不仅使它本身失去真实感、可信任感，而且过度地渲染旅游体验的完美，会使后期的真实旅游体验的满意度和传播效果

---

① 陈阳：《符号学方法在大众传播中的应用》，《国际新闻界》，2004 年第 4 期，第 48 页。

② （美）查尔斯·U·拉森：《说服：接受与责任》（第 10 版）（影印版），北京大学出版社，2004 年，第 Vi 页。

③ 陈卫星：《传播的观念》，人民出版社，2004 年，第 342 页。

大打折扣。把握旅游传播的这种整体性，是实现成功说服十分关键的条件。

除此之外，国家旅游局要想实现成功的说服，必须在符号选择和意义编织上，“贴近外国受众对中国信息的需求”①。在符号的选择上，国家旅游局目前把受众的信息需求主要定位在旅游的六要素上，因而，对中国的符号表达，选择的是那些最能满足这种信息需求的有名的旅游产品、景区景点和旅游城市。显然，这些符号被认为最能表征国家旅游形象的精华，最能展现中国的旅游魅力。然而，受众心中的“魅力中国”到底是何内涵，却并一定是以这种定位为基础的。PATA 的研究发现②，中国吸引国际游客的元素中排名前五位的分别是：安全、旅游景点、当地人友善、风景/天然环境、历史（如下图所示）。对这些符号的充分表达，可能会使中国的旅游形象特色凸现。但对“安全”和“当地人友善”的呈现在《中国欢迎您》这样高规格的整体宣传中几乎是缺位的。这个例子引发的是一个很重要的问题：传播者心目中最有吸引力的国家形象，未必就能在受众的心目中引起共鸣，特别是对于那些亲历该国的旅游者的实际感受而言。从这种意义上，最了解自己国家的传播者，未必是最懂得如何对自己国家的形象进行编码的人，因为成功的传播，其编码依据很可能只有一半握在自己的手中，而另一半则需要去受众的世界里寻求。换言之，文本对符号的选择与组织，一方面要集中地传达传播者心中的中国旅游形象的“得天独厚”，另一方面更要考虑受众的关注点和对信息的心理需求。否则，则应了那句老话：你们说了你们想说的，但是我们想知道的你们却没说③。

在意义的编织方面，国际旅游传播的特殊受众群体和国家形象内容的无限丰富，决定了将意义植入对方心目中的过程是一个对符号背后的意义深度编码的过程。这个过程最关键的因素首先是了解受众对传播内容的理解水平、解读方式和他们所习惯的传播方式。《中国欢迎您》代表了一种宣传方式：在短短十几分钟内，急欲将几乎所有内容飞速地展示给对方，却忽视了对方作为受众的基本特点。对大多数西方国家而言，中国都是“远程”旅游目的地。这里的“远程”，不仅指在地理空间上远隔大海重洋，更是一种文化和社会心理上的巨大的差异。即使一江之隔的俄罗斯、一衣带水的日本也不例外。西方对中

① 外文局对外研究中心编：《向世界说明中国——赵启正演讲谈话录》，新世界出版社，2005 年。

② 亚太旅游协会（PATA）：《充分发挥中国旅游业潜能：对未来发展的建议》，中国旅游出版社，2008 年 4 月，第 45、60 页。

③ 张昆：《国家形象传播》，复旦大学出版社，2005 年，第 296 页。

资料来源：CNN/Synovat“2007中国旅游取向调查”

图5－1　中国吸引国际游客的五大因素

国的感知度很低，是普遍的事实。调查显示，潜在旅游者对那些飞速掠过的风景名胜的画面所代表的文化内涵根本无从理解。中国文化本来就博大精深，这些符号的所指意义，即使让本土人来理解都需要很广博的知识面和很高的文化素养，更无需说那些在文化上与中国隔着万水千山之外的他国受众。这就决定了我们对国家旅游形象的宣传，不仅仅是把我们的绚丽的旅游资源呈现给受众，还要以他们能够理解的方式呈现。剑桥大学的某些被调查者在看完《中国欢迎您》以后的反应是：该片确实能引起他们对中国的兴趣，但他们既不知道其中的旅游资源位于中国的哪个方位，更不知道其中的内涵，因为除了“观、抚、听、乐”这几个字外，文本没有给予他们其他任何解读的线索。他们感到中国的旅游资源确实非常丰富，但整体感觉是模糊的。这种没有中心意义的罗列可以突出一个国家旅游资源的“无限丰富”，却同时将这个国家旅游形象的灵魂淹没在这种“无限丰富”之中。换言之，对国家形象的符号性表达，如果没有了一个鲜明的主题作为灵魂的贯通，即使全是对精华的浓缩，也有风险：什么都说了，等于什么都没说。还是那句话：要想使传播效果“刻骨铭心”，深度编码时也要把深度解码的钥匙给与对方。因此，对意义的“深加工”，对国家形象主题性内涵的提炼，并且以受众最易理解的方式呈现出来，可能是此种宣传片、乃至国家旅游局的整体对外传播必须正视的问题。这方面，我们有很多可以学习的典范。上文提到的BBC《中国花园》是一个很好的案例。另外，一些国外著名的旅游城市针对外国受众的城市形象宣传片，例如，墨尔本市制作的《墨尔本，一个充满活力的城市》，同样能给我们很好的启发。这里不再赘述。

四、小结

在旅游社会学那里，M. －F. 朗方认为旅游所推销的，“不是别的，而是社会、社会的历史、社会的文化、社会的特性”①，“让人们（旅游者）意识到他们所不知道的别人身上的伟大”②。它所促进的，是“建立在有价值的交流和人与人、民众与民众之间的理解的基础上的新的旅游”③。这应该是旅游传播自在的目的，而不是旅游传播的副产品。换言之，旅游传播，不应该局限于旅游产业层面的供给与需求，不应该缩减为对旅游产品或景区景点的介绍。旅游社会学的取向，与中国对外宣传的价值观是一致的：在国家利益之上，让世界了解中国，促进世界和平与交流④。这种趋向反映了旅游传播最深刻的内涵，因为没有哪个国家的旅游者是为了促进目的地国家的旅游业的发展而旅游的。当然，这也包含着旅游传播中传受双方在国家形象传播中的基本矛盾。

旅游社会学的这种取向，本来可以成为国家旅游局这样的政府部分的唯一的传播目标。然而，作为国家机器的一部分和作为中国旅游业的主管的双重身份，使得国家旅游局对国家形象的传播不得不兼顾社会和产业的双重使命。这是我们本节中考察国家旅游局的国家形象传播行为的一个基本出发点。在这个基点上，我们探讨了国家旅游局在国家形象传播中的传播者角色：协调者和信息传达者，特别是作为信息传达者的角色。最后从符号和意义两个方面，对国家旅游局编码的国家形象进行了分析。虽然这些探讨是稚嫩的，但有一点是确定的：作为官方和组织传播，国家旅游局在国家形象传播的整体格局中，体现的是主导而不是主宰的传播者角色，因为它既不能在一种成功的说服中主宰编码的依据，也不能主宰其他的传播者（表演者）。对传播者全体的考察，还使我们得到一个大胆的假设：如果说，战时宣传是“国家与国家之间思想对思想的战争”，那么，旅游传播则是“人与人之间心灵对心灵的沟通”。我们将在下面的对于其他传播者的研究中进一步深化对这些问题的思考。

---

① （法）罗贝尔·朗卡尔：《旅游和旅行社会学》，陈立春译，商务印书馆，1996 年，第 94 页。
② （法）罗贝尔·朗卡尔：《旅游和旅行社会学》，陈立春译，商务印书馆，1996 年，第 101 页。
③ （法）罗贝尔·朗卡尔：《旅游和旅行社会学》，陈立春译，商务印书馆，1996 年，第 102 页。
④ 张昆：《国家形象传播》，复旦大学出版社，2005 年，第 495 页。

第二节　出境旅游者对于国家旅游形象的传播

传播者的世界里，与国家旅游局这样的传播组织相映照的，是最活跃的人。只是在旅游情景中，人同时又是传递国家形象的信息符号的中介物，是一种实实在在的物质载体，故称之为“人媒介”。“人媒介”，在传播者意义上区别于传播组织，在媒介意义上区别于大众传播媒介。人是国家形象的“剧班”里出场频次最高的“表演者”。作为国家旅游形象人媒介的传播者，主要是指出境旅游者、旅游从业人员和旅游目的地的居民。本文重点讨论出境旅游者和旅游从业人员。

一、人媒介：国家形象的传播者

“人媒介”的提出，是基于马克思主义的“以人为本”的传播思想①。“马克思认为，社会的恒久的现实，是那些具有丰富的、全面而深刻感觉的人。”而人的本质是“全方位与外界接触的所有社会联系的体现。人通过自己与外界交往的运动，将自己内在的社会本质力量转化到与之交往的对象身上，在对象身上看到自身，并使对象与自己认可或认同。”人在实现其本质即全面的交往的过程中，可以感受到自身个性的存在和传播自身个性特点的乐趣，同时，成为他人与社会联系的中介人，因为“人的社会联系实际上主要是通过人际关系建立的”。因此，人是一切传播活动的核心，人作为媒介是一切媒介的核心，其他媒介不过是人的延伸。按照马克思的“人对自己本质的全面占有”的观点，旅游活动的最深刻的本质应该是人对自己生命的一种占有方式，是一种精神交往，是人的“自由的生命表现”，是人发现生命意义的历程。这种生命表现，不是迫于外在的需要，而是内在的自然的表现。因此，从这种意义上讲，人在这种传播活动中的表现，特别是“人作为传播媒介”的表现，应该成为我们考察旅游传播的重点。

“人媒介”的提出，是相对于国家形象的大众传播媒介而言的。人本身就是国家形象最重要的符号和内容，特别是占人口绝大多数的普通民众以及他们的生活现实，更被认为是国家真实形象的写照。国家形象的三个基本要素（物质要素、制度要素和精神要素），最终都要通过人以及人的生活方式得以体现和确认。然而在主流的国家形象传播研究中，学者们一方面赋予大众媒介

① 陈力丹：《精神交往论》，开明出版社，2002 年，第 52 ~ 53 页。

在国家形象传播中的“支柱”地位，一方面又质疑中国的大众媒介的传播效果；一方面将人际传播或以人为媒介的传播方式置于研究的边缘，一方面又对其“重要作用”欲说还休。如果说在大众传播语境中，这种情形属于合理的学术趋向，而在旅游传播中，对人媒介的忽视则是重大的研究失误。这是因为在旅游传播活动中，“人”既是国家形象的传播媒介，又是传播者，还是传播内容（符号）、而且还是传播效果最终的评判者。总之，人居于国家旅游形象传播中的核心地位。

“人媒介”的提出，同时又是针对国家旅游局这样的传播组织而言的。人媒介体现的符号互动的独特性在于：国家形象的形成，不是简单的信息传达与接受之间的关系，不仅仅是符号与符号、信息与信息之间的反应，而是人对彼此的所赋予符号的意义做出反应，而有关国家的客观信息本身反而不重要了。人媒介“等于在人类行动的刺激与反应之间插入了一个解释过程”①。虽然同为传播者，人媒介对国家形象的呈现，与政府机构的对国家形象的信息传达不同，它体现的不是直接呈现事实，而是对国家形象的建构性或重构性。它是以观众的“在场”为前提，而不是独自去“表演”。正如艾丹瑟所说，这种“表演”不是一种程式化的过程，而是一种互动的、应激的过程，表演的成败与演员的演技、表演的现场情景以及观众对表演的解释方式有密切关系。即便是那些广为人知的社会表演，也必须根据不同的具体条件重新演绎，而观众能否接受这种演绎也绝非演员所能控制的②。而且由于各自的社会文化背景、价值观念和参与旅游活动的动机等方面的差异，这些传播者很难与作为政府组织的国家旅游局的传播目标保持完全一致，由此产生的“分裂性表演”，已经使得国家旅游局在国家形象传播中拥有的主导位置及其传播效果遭受到前所未有的挑战。这一切使得我们不得不对“人作为传播者”给予特殊的关注。

二、出境旅游者对国家形象的传播

中国的出境旅游者从来没有像今天这样受到世人的关注。在国际意义上，这种不断增长的来自第三世界国家的旅游群体，更多地涌向了发达国家，使旅游流动中出现了明显的“逆流”。在第一世界国家还没有来得及做好充分的思想准备的时候，这股“逆流”改写了此前旅游人类学中的中心议题：“提供旅

① 胡正荣：《传播学总论》，中国传媒大学出版社，2007 年，第 127 页。

② 谢彦君：《旅游体验研究：一种现象学视角》，南开大学出版社，2006 年，第 191 页。

游者的第一世界对于接待旅游者的第三世界国家的统治"①。由此带来国家形象的"传播的逆流"，是国际旅游传播研究的新命题。在中国语境中，柏杨1985以《丑陋的中国人》一书掀起了对中国民族性的批判思潮，潮落数十载之后的今天，在中国急需提升自己的软实力的当口，中国出境旅游者成为"丑陋的中国人"的代言登上了国家形象的"大雅之堂"，成为备受注视的传播者。根据戈夫曼的理论，无论他们是否情愿，外国公众都会把这些"个体的表演者"当成国家形象的"真正代表"，并且以部分推断全体；随着"每一次表演的进行"，国家形象的"合理性"和"永久性声誉"都会再次经受考验②。那么，中国的出境旅游者到底是传播了何种国家形象，他们在实际旅游中又是如何传播的？

（一）已有的结论

自2006年以来，中外学者、记者、导游、领队、政府官员和其他公众在大众媒介和互联网上发表了对中国出境旅游者的海外形象的多篇述评③，其基本的结论是：中国旅游者对国家形象的损害远远大于提升。批判的焦点集中于出境旅游者的不文明行为。这些不文明行为主要表现为：公众场所大声喧哗、随地吐痰、乱丢垃圾、不讲卫生、不懂礼仪、不爱护环境和公共设施等等。总之，舆论认为，这个群体的缺乏公德和公共空间的基本礼貌，出境旅游者使得中国人成为"粗鲁"、"素质低下"的代名词。这严重损害了中国礼仪之邦的国家形象，与"快速发展的旅游业不相适应，与中国的国际地位不适应"。

其实，对旅游者在旅游过程中的种种劣迹的批判，在旅游者行为研究的结论中早已存在，而不是中国出境旅游者的不文明行为引发的新议题。学术视野中的旅游者，很多时候，与其说是跨文化传播的使者，不如说是一群"堕落天使"，他们的行为特征被概括为：责任感松弛、道德感弱化、消费攀高、文

① http：//ir. lib. cbs. dk/download/ISBN/x656555679. pdf

② （美）戈夫曼：《日常生活中的自我表演》，云南人民出版社，1988年，第216页。

③ http：//www. cntour2. com/viewnews/20080322/Civilization/200832216215937. htm
http：//news. veryeast. cn/news/world/2006－7/20/0672011022174850. htm
http：//www. dw－world. de/dw/article/0，2144，2197860，00. html
http：//discovery. cctv. com/special/C17630/20070216/103441. shtml
http：//blog. readnovel. com/article/htm/tid_ 872643. html
http：//tour. gansudaily. com. cn/system/2007/05/29/010362040. shtml
http：//www. sina. com. cn

化干涉和物质摄取等方面①。

然而，关于出境旅游者传播的国家形象，我们必须逾越这些“媒介的图景”和学者的视野，到现实中寻找答案。

（二）实证研究及发现

我选择调查的出境旅游者是赴澳大利亚旅游的中国游客。除了全程跟踪调查我所在的旅游团队的全体成员（这个团队 19 人全部由大学教师组成）之外，还分别走访了在澳洲旅游的其他中国旅游者（包括企业主、大学生、公务员、工人和小商人）、澳洲居民和澳洲旅游业从业人员（50 人）（包括当地的导游、宾馆的前台服务员和旅游团司机）。研究方法采取的是问卷调查、实地观察和深度访谈相结合的方式。针对该旅游团，首先是请他们在入澳前填写问卷。问卷涉及的问题主要是他们对国家形象、对出境旅游者与国家形象之间的关系的认识态度以及他们对自己在国外的行为预测。在让他们逐个填写问卷的同时，对他们进行深度访谈，以获得答案背后的隐藏信息。在入境后则使用参与式观察的方式对他们进行观察，并将实际观察的结果和问卷测试的结果进行对照，而后总结他们的对国家形象的传播行为。本人对其他赴澳的中国旅游者，采用的主要是非参与式观察，辅之于少量问卷调查和深度访谈。对澳洲居民的调查，主要采用的是在街头、商场和车站拦访和入户深访。澳洲旅游业从业人员是与中国旅游者接触最密切的群体，他们的陈述对本研究有重要的参考价值。对他们调查的方式主要是深度访谈，辅之以问卷调查。除此之外，我还深访了国家旅游局驻悉尼办事处的官员②，以期在更广、更深的层面上得到出境旅游者的信息。本次的调查地点，从南到北几乎覆盖了澳洲东部海岸的主要旅游城市和景区，它们分别是墨尔本、悉尼、黄金海岸、布里斯班和堪培拉等地。这些地方也是中国旅游者赴澳旅游的主要目的地。

我所关心的第一个问题是：旅游活动的休闲性质，是否意味着旅游者一定会放纵自己的行为，而不顾及自己作为国民的形象？我们将从出境旅游者本身的认知、他们实际的行为表现和当地人对他们的反映来寻找答案。

1. 出境旅游者对“出境旅游者与国家形象的关系”的认知针对该部分的问卷共回收 32 份。鉴于本文涉及的问题，对文化低的人有难度和调查时间是

---

① 谢彦君：《旅游体验研究：一种现象学视角》，南开大学出版社，2006 年，第 210 ~ 212 页。

② 此次访谈的对象是国家旅游局驻悉尼办事处主任刘成先生，他曾陪同中宣部的领导就出境旅游者不文明行为进行过实地考察。

中国的春节前后，得到样本量稍小，但全部取之于自然环境之中，再加上覆盖的性别、职业、年龄、教育程度、出访地区比较广泛，还有回答的观点相对集中，因此有一定的参考价值。

问卷有下列问题组成，主要考察出境旅游者在观念上是否注重国家形象以及对国家形象传播的一些基本问题的倾向性。值得一提的是，这些问卷是结合深度不一的访谈进行的。下面是调查的结果。针对每个问题，我们先用图表显示问卷数据分析的结果，而后结合访谈的结果进行一些简要的分析。

●在国外短期旅行，是否有必要在意自己的行为

当问及“很有必要”和“有些必要”的原因时，绝大数的受访者的回答是：个人行为事关国家形象。有人补充说，过去我们的形象不好，现在外国人对中国的印象在改变，我们更要做好。还有人说，在国内可以不在意，出国一定要多注意。另外一些人回答的原因是，个人行为是个人修养、素质的体现。在深访之中，“中国人”这个概念一再被受访者提及，爱国主义、集体主义观念很突出。这里回答“没有必要”的受访者的主要理由是：旅游就是为了放松，“在意”会太累。有趣的是，尽管回答“没有必要”，但观察结果显示，他们（多为男性）却在实际旅游过程中很注意自己的行为和澳人对他们的评价。国人的“好面子”是根深蒂固的文化特性。这样与国家旅游局的官员和香港学者①的结论是一致的。

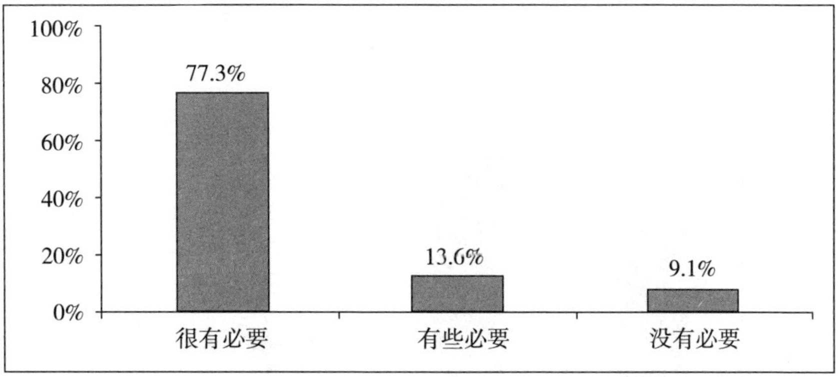

图 5－2　在国外短期旅行，是否有必要在意自己的行为

① Bond, M. H., and W. H. Lee (1978). “Face Saving in Chinese Culture: A Discussion and Experimental Study of Hong Kong Students.” In *Social Life and Development in Hong Kong*, edited by M. H. Bond. Hong Kong: Hong Kong Chinese University Press.

●在国外旅游时，会在意当地外国人对自己的表现的看法吗？

设计这一题目时，主要是考虑到中国人大部分喜欢与自己熟悉的人结伴而行，而朋友和同事的看法可能是旅游者注意自己行为的一个原因。该题仅仅让旅游者考虑外国公众，目的是进一步靠近旅游者与外国公众互动的前提。

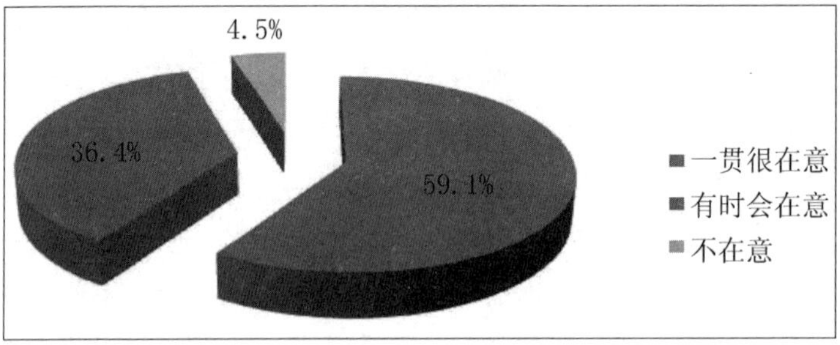

图5－3　在国外旅游时，会在意当地外国人对自己的表现的看法吗？

●在意当地外国人看法的原因？

该题中，“无需场合 ”，是指个人做人的方式一贯如此，无所谓国内国外。这一项基本印证了上一题的结论。当被问及“关注国家形象”的原因时，除上题的原因外，有的学生提到老师总在课堂上讲到中国人在外国的不好的表现，所以印象很深。可见教育的功能是潜移默化的。

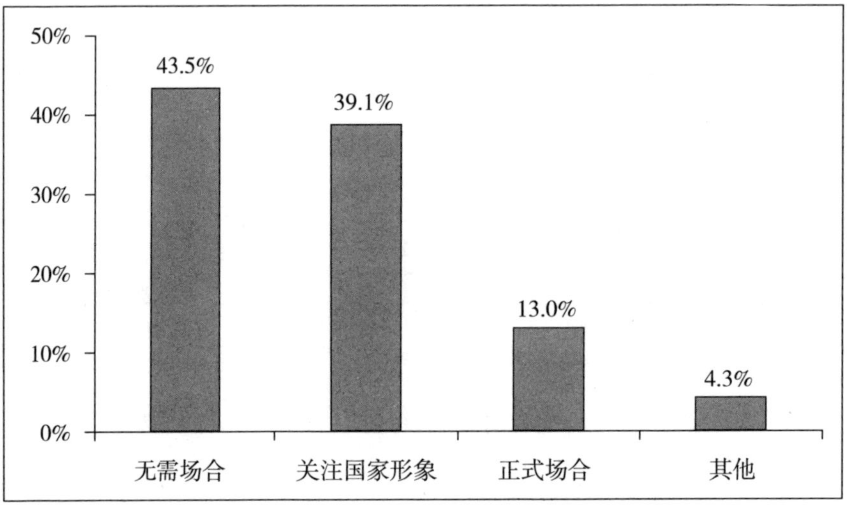

图5－4　在意当地外国人看法的原因

●国家形象和个人在国外的表现关系大吗？

持“很大”观点的人认为：一滴水反映出太阳的光辉，没到过中国的外国人会以个人推及全体。这和戈夫曼的理论是吻合的。而持“无关紧要”观点的人认为，个人的影响是微弱的，不会影响到国家的大局。

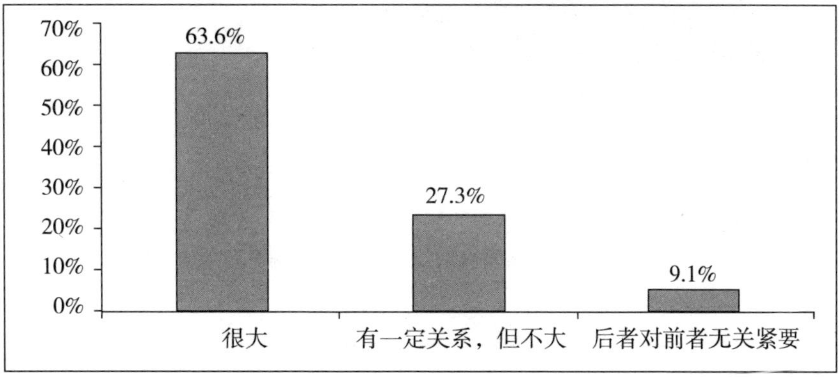

图5－5　国家形象和个人在国外的表现之间的关系

●如何看待出国旅游者在自己国家中的身份和地位？

这一题反映出被访者对出境旅游者的整体感知。一些早年在国外留过学的人认为，20 世纪 80 年代出境的人大部分是留学和访学的人，是精英中最优秀的人，其中很多是知识分子，素质很高，很受外国人的欢迎和敬重。现在出国旅游的人整体是金钱或权力占主导地位的人，人员背景很杂，文化程度较低的暴发户和习惯发号指令的政府官员占了相当大的比重。但外国人依然把他们看成主流文化、核心价值观的代表，这样的影响会很大。如果被对方当成最好的部分表现的却是最差的，就会招致对整个国家或全体国民的否定。被访者普遍认为主要是这两种人败坏了近年来的中国人形象。图中所说的普通百姓更多地被理解成“没钱没权的穷苦百姓”。值得一提的是，大家普遍认为包括白领在内的中产阶级素质较高，但他们假期较短，远程旅游不太可能。

●如何看待出国旅游者对国家形象的影响

该题和下一题形成对照，是被访者对于自身和其他出境旅游者的整体的认知对照。认为中国出境旅游者整体对国家形象有损害的人数占被访者的 63. 6% 。原因与上题中所说的现在出国人员成分较杂有密切关系。

●中国旅游者不良的行为表现

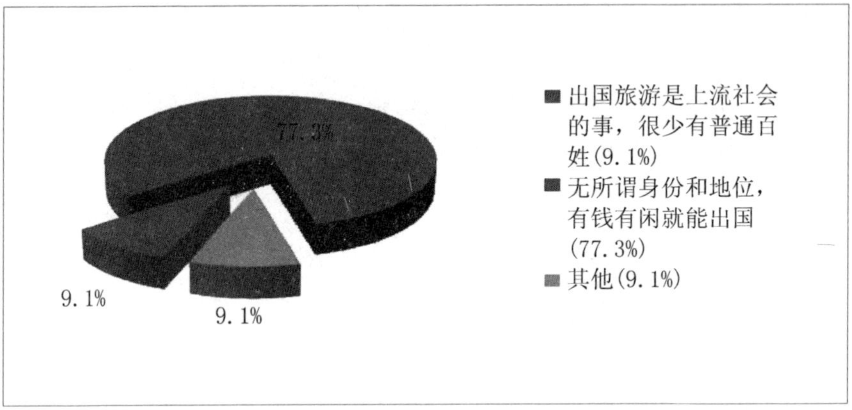

图5－6　出国旅游者在自己国家中的身份和地位

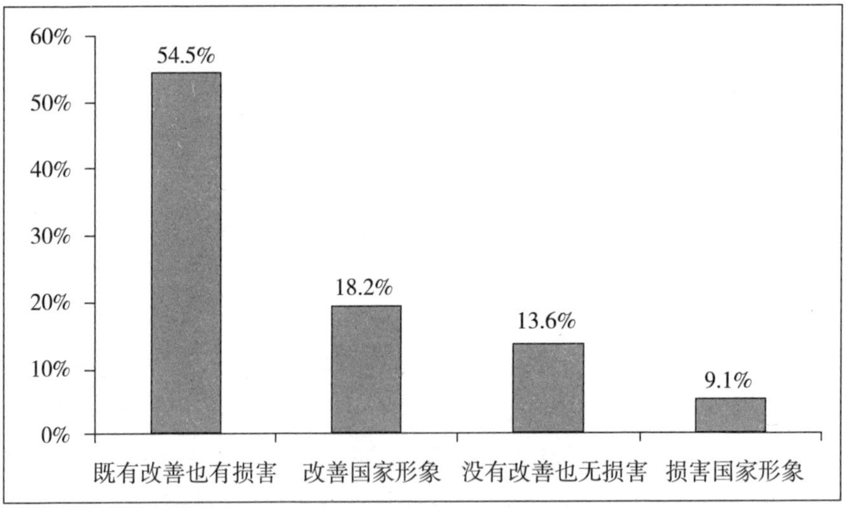

图5－7　如何看待出国旅游者对国家形象的影响

受访者的这些观点主要来自于大众媒介和网络的宣传，以及对身边的旅游者的观察。对于这些问题的认知的另外一个原因，是游客投身于澳洲这个环保意识和公共意识比较强的国家后，在和自身文化形成的强烈对照中对自身文化“幡然醒悟”。

●自己的行为对国家形象的影响？

有趣的是，所有的被访者无一人认为自己的行为将会损害国家形象。这说

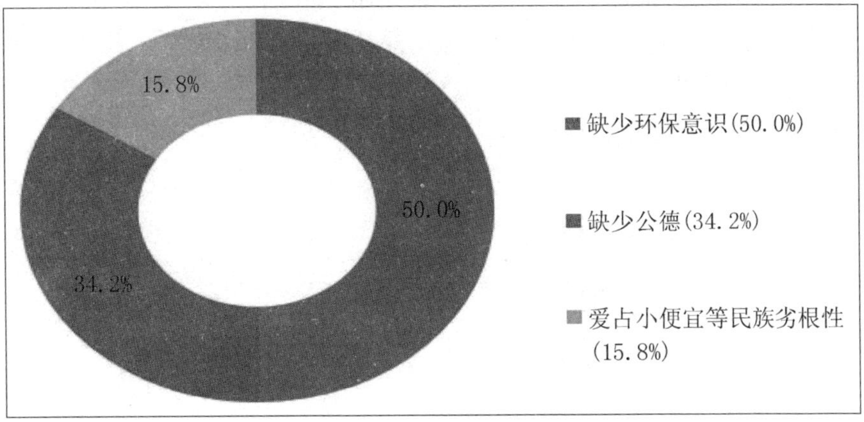

图5－8　中国旅游者不良的行为表现

明，他们后期的很多“不文明”行为很可能是文化中的“无意识”。认为能够提升国家形象的原因是，认为自己很爱国、有集体主义精神，所以在外国很注意自己的行为举止，会注重礼节、礼貌，会热情友善；认为自己会遵守当地的行为规范和当地文化。认为没有提升也无损害的理由是：个体会被对方看成例外，不会影响整体；旅游者和当地人擦肩而过，不会形成很深的印象，会有些看法，但不会撼动他们已有的刻板印象。

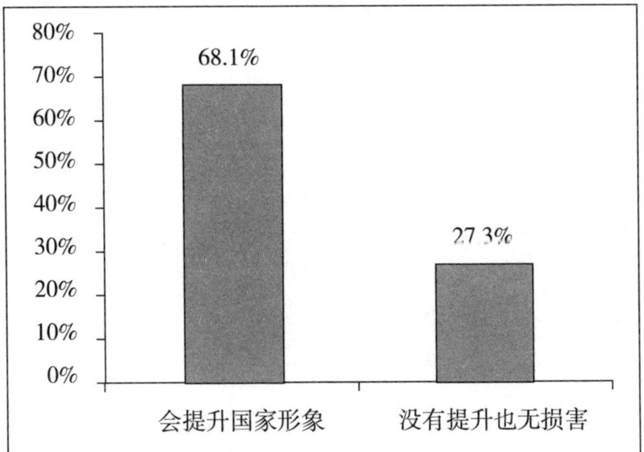

图5－9　自己的行为对国家形象的影响

●出国前培训中有关国家形象的要求和提示能否产生影响？

很多人认为：对官员和企业家无效。对其他人的作用能产生影响，但作用有限，因为下面提到真正起作用的是个人生活自律。这可能会引发我们对“不文明行为”的深层原因的思考。

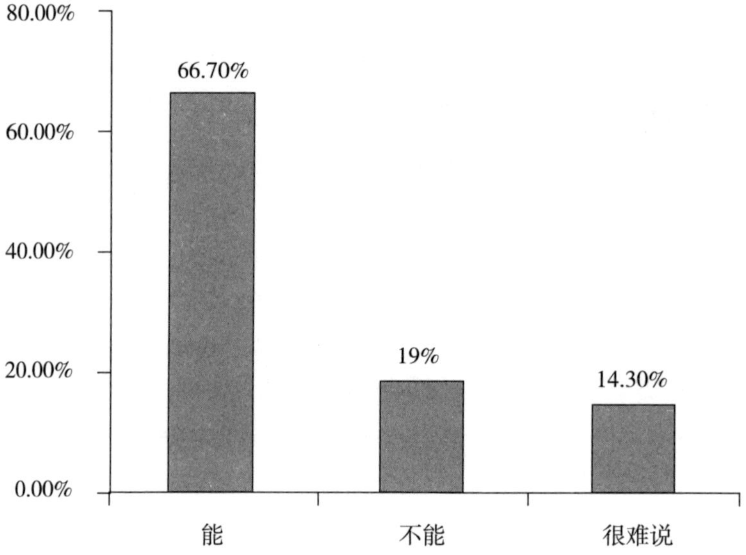

图 5－10　出国前培训中有关国家形象的要求和提示能否产生影响

●在个人行为对国家形象的影响中起决定性作用的力量

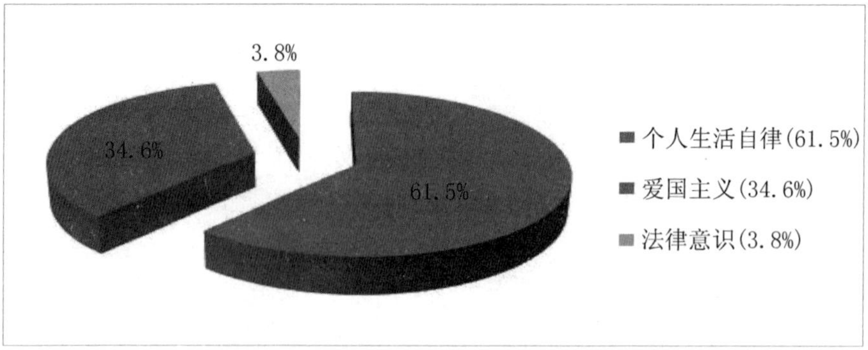

图 5－11　在个人行为对国家形象的影响中起决定性作用的力量

●哪些因素和国家形象最密切相关？

认为普通民众和国家形象最密切的人的理由是国外的大众可能更关心与他们一样的百姓生活，而不是关注政治、外交和大众媒介中的国家到底怎样。普通民众，不经意的行为更能代表国家的真实形象，政治、外交是在做秀。普通民众是真正起作用、也是最后起作用的因素。而选择“国际政治和外交”的人则认为，普通外国人在日常生活中很难经常接触到他国的普通民众，只能通过国际大众媒介等途径了解一个国家的政治和外交的大事。其他人认为经济力量很重要。

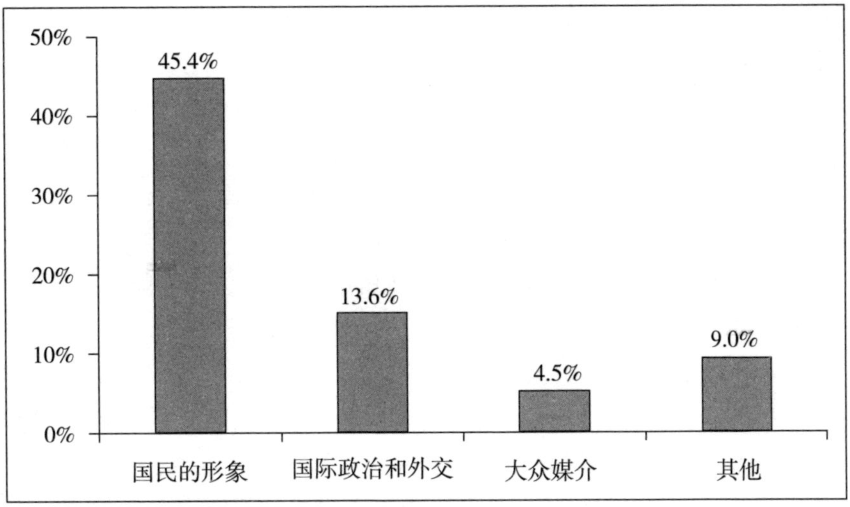

图 5－12　与国家形象最密切相关的因素

现在我们来简单总结一下。调查结果显示，大多数出境旅游者在主观意识中是很注重国家形象的，认为个人形象和国家形象关系很大。爱国主义、集体主义、“要面子”等文化因素是形成此种认知的主要原因。没有人认为自己会损害国家形象。这符合戈夫曼的研究发现：“个体可能会把他的自我深深地卷入同一个特定角色、机构、群体的认同中；同时可能把自我深深地卷入他的自我意识之中，即认为他本人不会破毁社会交往，也不会使依赖这种交往的社会单位感到失望。”① 他们认为现在出国人员的身份杂，各种素质的人良莠不齐，

① （美）戈夫曼：《日常生活中的自我表演》，云南人民出版社，1988 年，第 217 页。

暴发户和部分政府官员是损害国家形象的主要人群。其不良表现主要是，缺乏环保意识和公共意识。个人生活自律和爱国主义被认为是个人旅游行为是否提升国家形象的决定力量。普通国民被认为更能代表国家的真实形象。

那么，在他们的实际旅游过程中，他们到底是如何传播国家形象的呢？

2. 出境旅游者对国家形象的实际传播行为

根据对本旅游团和其他游客的实地观察以及对澳洲居民和旅游业从业人员的调查，有一点最重要的体会就是，要客观地看待、正确地分析出境旅游者对于国家形象的影响，既不要抹杀他们的积极作用，也要正视他们的负面影响，特别是不要无限夸大他们的负面影响。现实，即不像上文中媒体宣传得那样可怕，也不完全符合他们的自我认知。

总体而言，出境旅游者从内心深处还是很在意自己作为中国人的“脸面”的。他们行事比较谨慎，很守规矩（很听从安排），不招惹是非。力图在异国他乡展现一个美好的中国形象，是他们主流的愿望。实际上，他们所展现的中国形象的积极的方面，在澳洲人眼里是很清楚的。

首先，国家形象的物质要素层面。他们的出境旅游，本身就展示了中国经济的迅速发展、人民生活质量提高和生活方式的改善。澳洲人注意到，中国旅游者的穿着打扮十分时尚现代，所使用的手机、照相机、录像机等电子设备很先进，而且很多人会讲英语①，这与他们在本国大众媒介里，特别是美国新闻里以及张艺谋等人的电影里看到的中国人的生活面貌大相径庭。很有意思的是，当问及他们认为更相信哪一种是中国的真实时，他们出人意料地回答说，“媒介总是谈论最坏的和最好的。别相信美国人，美国人的报道总是关注世上最坏的事情。”还有很多受访者说，媒介中的中国人总是生活在苦难之中，看到这些旅游者，你会明白那不是事实，至少不是普遍的事实。尽管他们觉得中国有很多穷人，但他们也必需承认中国人有钱人很多，而且特别富有。很多澳洲居民是非常欢迎中国游客的，认为他们能够促进国与国之间人民的了解、促进澳洲旅游业发展的同时，也会给他们的国家带来滚滚财源（参见图 5－13、5－14）。

其次，国家形象的制度要素层面。在展示中国国家形象物质层面的同时，出境旅游者也使外国人认识到中国政治制度的开明与开放。由于澳大利亚是中

① 特别是年轻人的外语很好，连小孩子也会说英语。调查中，他们经常问本人的问题是，“你们的英语从哪儿、以何种方式学来的？”。

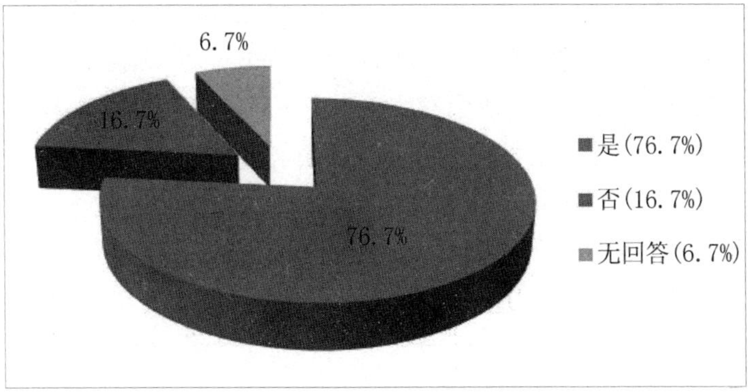

图 5－13　中国游客在你的国家是否受欢迎？

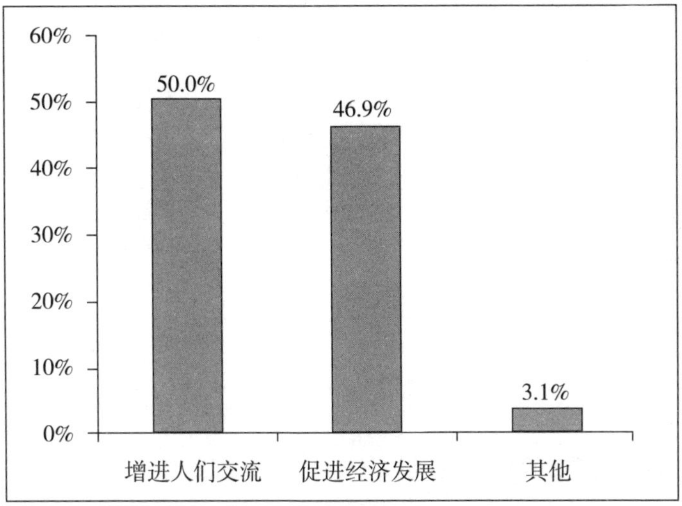

图 5－14　中国游客受欢迎的原因

国出境旅游的远程市场，很多人对中国的感知度很低（澳大利亚人对中国的了解很少，即使回答“有一些了解”的人，也只是知道“中国菜”，“奥运会在北京举行”等简单信息。回答“了解很多”的人中，有的也从未到过中国，只是从大众媒介、中国移民（邻居或孩子同学的家长）、“唐人街”、留学生以及从中国旅游回来的人那里了解到一些信息而已，而且主要是通过大众媒介了解中国（参见下图 5－16）。受访者中的很多人认为，中国政治形象不佳，中国是“共产主义”① 国家，比较专制，人民没有自由（从访谈中得知，澳洲媒体追随美国媒体，对中国的报道，特别是对有关奥运会的报道，很多是负面的）。但中国人的大批出游，使他们认识到中国正在快速走向开放，人民有了更多的民主权利。一个工程师对此的进一步解释是，“媒体可以说东道西，但只要你见了这个国家的人民，其他你可能都不在意了。”受访者普遍认为，相对于政治等其他因素，一个国家的人民及其生活方式，是了解一个国家的最重要的因素（见图5－17）。

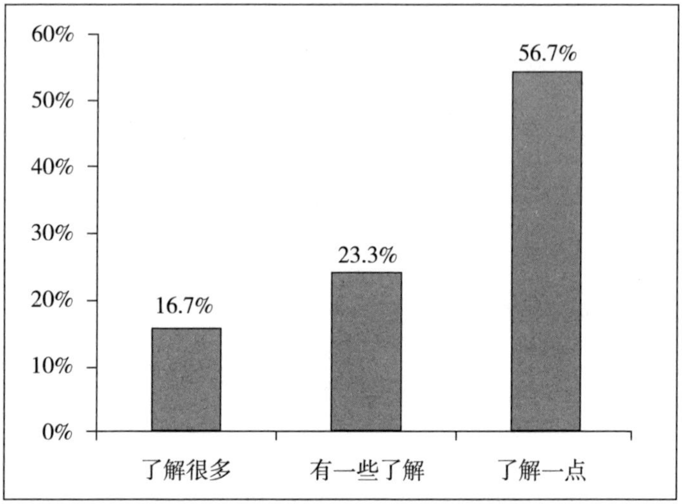

图5－15　了解中国的程度

再之，国家形象的精神要素层面。国家形象的精神要素集中体现为国民的民族性格和精神风貌。正是在一次次实地调查中，在中西旅游者的对比之中，本人在出境旅游者的身上感受到自己从未关注的国民精神的闪光之处。忍耐与克制、愉快而知足②、爱好和平③，被认为是中国人典型的国民性。尽管忍耐与克制被大儒林语堂认为是中国人的“三大恶劣而重要的德行”之一而大加批判，但是在旅游语境中，中国出境旅游者表现出的忍耐与克制，更多地体现了中国人的温良恭谦，体现了对当地文化与规则的理解、尊重与宽容，而这才

① 他们所谓的“共产主义”国家，实际上是指专制和独裁的意义。

② 林语堂：《吾国与吾民》，岳麓书社，2000年，第32~34、50页。

③ 沙莲香：《中国民族性》，中国人民大学出版社，1989年，第81、287页。

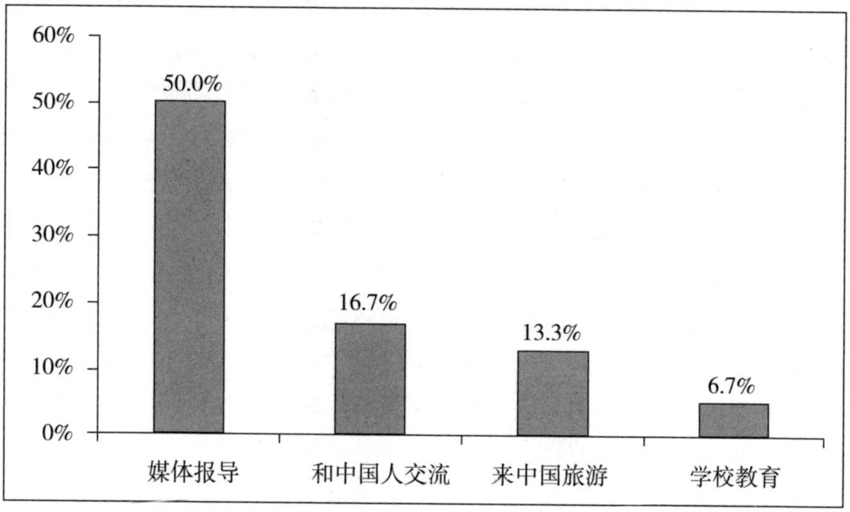

图 5－16　了解中国的途径

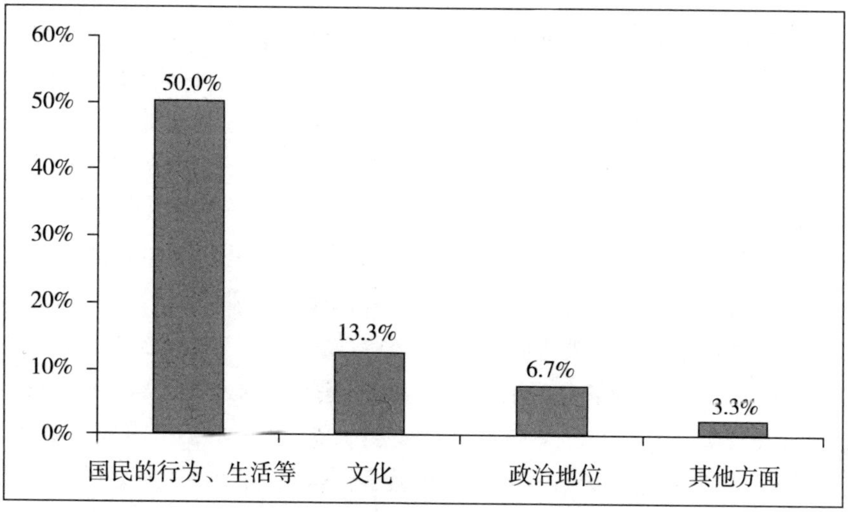

图 5－17　了解一个国家最重要的因素

是旅游作为愉悦体验与和平语言的本质精神之所在。仅举几个例子。一个中国领队很动情地说，他带队去越南，客人好几天吃不饱（特大盘，一点菜），从未要求加菜，特别能忍耐，没有人去为难当地导游。由于澳大利亚对环保的要求极高，而旅行社方面提供的信息又不是很详细准确，在墨尔本机场海关，本团游客所带的由商场包装完好、但未有商业包装的干果类等食品被满脸轻蔑的澳大利亚海关官员没收。迷惑不解的中国游客在得知当地的规定后，除了镇静地解释事先不知情并礼貌地致歉外，没有一句抱怨。据观察，虽然被要求开箱检查的多为中国人，而且程序很繁琐，却发现中国旅游者都相当地合作。当地的地接社，没有按照原计划安排而是一再更改行程，只要和中国游客解释清楚，总是很快得到谅解和配合。特别是增加购物点，因为关系到导游的收入，中国游客对购物的巨大热情暂且不论，即使不购物的游客也会考虑到导游的辛苦劳动而进店，以示对导游工作的理解和支持。但在本人对入境游客的调查中发现，这些都是极其敏感的问题，处理不好会遭到客人强烈的抗议和投诉。同样是在购物点，有的入境游客根本就不下车。中国出境旅游者的团队餐质量之差，是每个出境旅游者人所共知的。但你却很少发现这会对他们的旅游兴致产生影响，更少见因此而去投诉。一般而言，对饭菜的不满会非常影响西方游客的满意度。相反，你会发现这种不满，会在中国人特有的幽默里变成谈笑的快乐，而后烟消云散。翻翻国内旅行社的外国游客反馈记录，实地跟团考察一番，你会发现，即使中国旅游者面临差得多的待遇，也没有像西方人那样易怒、那样爱投诉、爱攻击。林语堂先生说，同一环境下，中国人总比西方人来得知足，“此种愉快而知足的精神流露于知识阶级，也流露于非知识阶级，因为这是中国传统思想的渗透结果”。中国人的乐天主义，“不是贫穷也不是屈辱所能剥夺他们的”①。中国人中庸，以“和”为贵，不去主动攻击别人，不给东道主制造麻烦，让澳人感到“很安全”，得到了澳人很中肯的评价和赏识。此外，他们表现出的礼貌、友好、热情、真诚和爱心，给人的印象很深刻。由于澳大利亚的交通规则是靠左，不经意站在电梯右侧的游客会真诚地向当地人致歉。当有人堵路时，同伴总会相互提醒。澳洲人反应总是很友好，连连说“没关系”。中国人是个热情而好客的民族。孔子曰：“有朋自远方来，不亦悦乎?”即使不通过语言符号，中国游客同样会把民族间美好的情意传递出去。在亚拉河谷的草地上，中国游客主动加入了伊拉克人自发组织的舞蹈活动，与那些男人、女人和孩子手拉手结成圆圈，跟着节奏现场模仿，载歌载舞。虽然只能从震耳的乐曲中听到他们最简单的交流“China”，周围聚集的各色人种的人们足以领略到中国人的友好与开放。在参观墨尔本动物园、植物园

① 林语堂：《吾国与吾民》，岳麓书社，2000年，第50~51页。

时，这些游客对澳洲孩子的兴趣远远大于他们对于动、植物的兴趣。女游客和那些孩子与家长呆在一起的时间远远大于她们实际的观赏时间。她们常常情不自禁地请求抱抱那些天使般的洋娃娃，并和她们留影。她们发自肺腑的爱心、热情和小心翼翼的举止，深深感染了那些孩子和家长，孩子们高兴地和客人留影，家长们纷纷鼓励孩子和客人交流。他们会问，“你们从哪儿来？”当得知客人来自中国北京时，他们马上会关切地说，“喔，北京，中国，奥运会，那你们现在一定忙极了！”中国客人则把全中国人对奥运会的热切的、不懈的努力及时地传达给对方。如果说镜头中中国游客的笑脸和绘着小老虎图案的澳洲孩子的笑脸，紧紧贴在一起，是旅游传播中最美的符号，那么，这些萍水相逢的异国普通百姓之间的亲切而自然的交流，则是对“旅游是普世对话的工具”最好的见证，是人媒介对中国形象的人文内涵最有效的传达。虽然，上述某些传播行为可能是这个由高校外语教师组成的旅游团的特殊表现，但是该团所体现的国民精神却是现代普通中国人的写照。“友好、热心、使人感到安全、对异国文化感兴趣、礼貌”① 是澳洲人对中国入境旅游者的最典型的评价。值得一提的是，虽然带着研究任务细心观察，在为期一个月的旅行期间，本人在新加坡和澳洲的机场、在澳旅游五大旅游区的景区景点很少发现中国旅游者随地吐痰、不排队和乱扔垃圾的现象。本人所在的旅游团，每到一处，都主动把自己的垃圾清理干净。正如国家旅游局的一位官员所说，随着出境旅游的不断发展，国民对外国的了解越来越多，特别是国人旅游经历的不断丰富和对国家形象的日益重视，中国出境旅游者对国家形象的传播正在改善。

但这一切并不能说明所有的出境旅游者都不存在不良行为，更不能成为粉饰某些旅游者的不良表现的借口。恰恰相反，从国家形象传播的角度，我们更应该重视那些“表现出与表演者力图表现的互为矛盾的表演印象”的“分裂性表演”。这首先是因为，出境旅游者在受众那里也被认为能代表或部分代表中国人（参见下图 5 - 18）。其次，这些分裂性表演很多是“无意姿态”。按照戈夫曼的说法，这些无意姿态造成的印象，会在现实和表演者力图表现的印

① 这是个很迷惑人的表述。澳洲人所用的词是 respectful 和 polite，他们认为中国人很尊重人和当地文化，重礼节，而且态度很礼貌。认为中国人“粗鲁”（rude）的澳洲人的理由，是：中国人从来不笑、说话和做事的方式不礼貌，如不说“excuse me，sorry，do you mind，could I”等英语中的礼貌用语。本人一再查证，这其实是语言能力的问题，因为中国大部分人不会讲英语，或者即使会讲，也不会正确地使用某些表达方式。

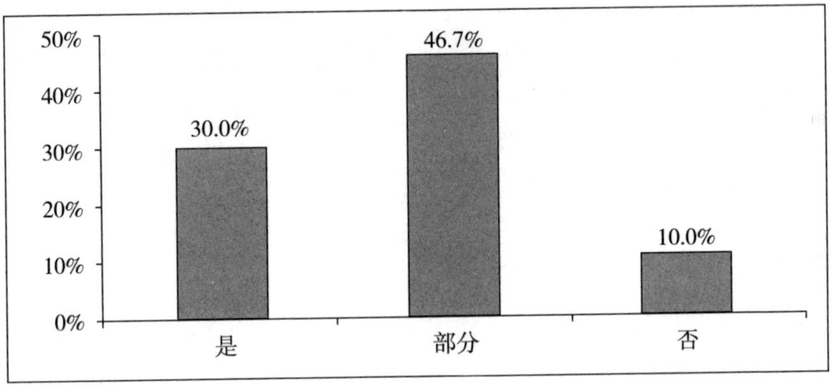

图 5-18　中国旅游者是否能在真正意义上代表中国?

象之间“打上一个令人尴尬的楔子”①，使人们难以相信表演者表现的印象是唯一真实的印象。戈夫曼指出，“我们必须意识到，一种表演作出的现实印象是一个非常微妙的、非常脆弱的事情，任何微小的表演失误都可能把这种现实印象打得支离破碎。”② 小量的分裂性表演造成的损失，是大量的成功表演所无法补偿的。“在音乐演奏中，如果一个音符走了调，整个乐曲的艺术效果就会受到损害。”③ 而且，由于历史的原因，发达国家的人更关注发展中国家的人的负面行为，这也是不争的事实。只是我们自己需要的是尊重事实的科学态度，而不是谩骂和夸大。实地调查显示，普通居民对真正旅游者的传播行为感知度较低，尽管被访者中 83.3% 的人宣称他们曾经遇到过中国旅游者。其中一个很客观的原因是，除了诸如旅游团的队旗、胸牌等标识物和与之交谈之外，他们很难将永久移民、留学生、劳务人员等身份的中国人和短暂停留的旅游者区分开来。实际上，对于很多白人血统的澳洲人，他们都很难将中国人和越南人、日本人、韩国人等其他亚洲人区分开来。换言之，除了密切接触，他们对中国旅游者的认知是和对中国人的认知融于一体的；他们对中国人的认知，又是和对亚洲人的认知难以分割的。比如，在访谈中，一个母亲谈到中国人的不良行为时，举出毒品交易的例子，而旁边的女儿则马上纠正妈妈误将越南人当成了中国人。据悉尼办事处提供的信息，在邦迪海滩（Bondi Beach），

① （美）戈夫曼：《日常生活中的自我表演》，云南人民出版社，1988 年，第 35 页。
② （美）戈夫曼：《日常生活中的自我表演》，云南人民出版社，1988 年，第 39 页。
③ （美）戈夫曼：《日常生活中的自我表演》，云南人民出版社，1988 年，第 35 页。

一个韩国导游欺骗游客，被澳洲媒介报道是中国导游所为，后经中国有关部门查证后才得以澄清。一言以蔽之，考察出境旅游者在外国的传播行为，当地普通民众的感知状况是首先必须明确的前提条件。

戈夫曼提出的分析框架（frame analysis）的理论①，非常有利于我们对这种传播行为的理解。“所谓分析框架，就是对人如何组织自身的体验进行分析。人们借助于框架来识别和理解事件，给生活中出现的行为赋予一定的意义。”按照这种理论，普通居民和旅游者只是“偶遇”（encounter）。很大程度讲，偶遇是在公众场合进行的缺乏焦点的交流过程，“你只是承认对方的存在，并没有对他进行关注”。真正密切关注中国旅游者的，是那些与之“当面相遇”（face engagement）的旅游业内的从业人员。根据大众媒介中的反映和本人的实证调查，这是前文中“中国游客海外不文明行为”主要的信源。值得注意的是，这些信源之中，对中国出境游客的不文明行为最义愤填膺的就是目击这些不文明行为的中国人自己，即中国的领队和打算或已经在当地落地生根的地陪，他们经常在描述那些不文明行为时，加上“外国人如何如何震惊”，再加上他们为此感到的强烈的羞辱感（“想钻地缝”!）。

中国游客最严重的问题就是“粘在一起”、大声喧哗。这与中国人喜欢集体出游的方式是分不开的。文献显示，中国公民全家出游的占23.35%，与部分家庭成员共同出游的占27.8%，与朋友结伴出游的占29%，单位组织出游的占7.4%，单独出游的占11.9%，以其他形式出游的占0.6%②。与家庭、朋友和单位同事这些关系比较紧密的人结伴而行的人高达87.55%。这种集体主义文化传统，同样体现在早已西化的香港居民中。63%的香港居民是参团旅游的③。彼此之间频繁地交流、分享感受，是他们的人际关系在旅游活动的延续，更确切地说在旅游活动中变得更加自由、愉快而活跃。无论在商场、景区，还是在大街上、地铁里，他（她）们都会凑在一起，呼朋唤友、谈天说地，而且往往谈得热火朝天，完全忘记了身处个人主义文化的异国。可以说，这种“喧哗”式的交流，本身就是中国游客旅游愉悦的直接体现。直到招来对方奇怪的目光，她们方才醒悟或者根本就没意识到，这种“集体力量大”

① （美）斯蒂芬·李特约翰：《人类传播理论》，史安斌译，清华大学出版社，2004年，第177～178页。

② 杜江等：《中国出境旅游变动趋势分析》，《旅游学刊》，2002年第3期，第44～45页。

③ Simon Wong & Elaine Lau. (2001). Understanding the Behavior of Hong Kong Chinese Tourists on Group Tour Packages. *Journal of Travel Research* 40: 57

造就的大声喧哗已令对方感到很不舒服。而且越是热闹的地方就越招引同伴的加入。有时为了听得更清楚、更好地分享集体的乐趣，大家索性并排而行，直到看到外国人绕道旁边的草地上、直到不停地听到外国人在后面提高了嗓门说“请让我过一下”时，才知道自己又在堵住别人的路。更有意思的是，几分钟后，大家又会横排前进。如果说这种“集体喧哗”让习惯了在公众场所保持安静的外国公众觉得难以适应的话，那中国人在就餐时的“集体喧闹”真的让他们难以忍受，特别是在专门接待中国游客的餐馆，中国人的喧哗更呈“沸腾”之势。在本人所调查的有中国游客住宿的宾馆中，没有一家的前台不对之反应强烈的：很多西方客人到前台投诉中国人惊扰了他们正常的休息。本人亲眼所见，中国游客凌晨三点赶乘飞机，在走廊里敲门互相提醒、大声交谈，丝毫没有意识到别人都在入睡。还是由于这种集体出游，大家常常挤在一个有纪念意义的标志物前，相互拍照，时间之久，几乎剥夺了同时到达的其他游客的观赏权，而且还会大声喧哗、堵住路口。这也许就是被访者将中国人“粘在一起”列为损害中国形象的行为之一的真正原因，而不纯粹是个人主义文化对集体主义文化的无端的歧视。

最让外国人接受不了的，是中国人随地吐痰和乱扔垃圾等缺少环保意识的行为。他们常用 disgusting（令人感到恶心的）一词，来描述他们对中国游客随地吐痰的深恶痛绝。但悉尼、黄金海岸等地的宾馆服务人员也承认，现在的游客随地吐痰的人比从前大为减少，但还是能够见到有人一早起来就在房间外“咔咔”咳痰。至于乱扔垃圾的现象，虽然较之过去，明显减少，但通过旅游者的反映，该现象依然存在，特别是没有当地人在场的时候，中国人的从众心理就会发挥作用：一个人乱扔垃圾，别的人也会跟着做，只要是澳洲人看不见。在游览悉尼的玫瑰湾时，地陪（广东人）指着一棵大树下的一大片烟头，告诉我们这肯定是中国人所为。尽管我们无从查证这些被踩扁的肮脏的东西到底是谁所为，但如果东道主想发现肇事者，那是很轻松的事情。如果再在大众媒介上加以渲染，后果将是很难挽回的。上述不文明行为，是很多中国人日常生活中的“正常”表现。这些自幼养成的习惯，积习难改。它说明，在中国人那里，旅游中的传播行为是日常生活的延续，是戈夫曼所谓不经意的“自然流露”，是“无意的姿态”，而不是学者所谓的旅游者的责任感松弛的表现。恰恰是对这些中国旅游者认为无关紧要的细节的解读和关注，导致了外国公众对中国旅游者的否定态度（参见图 5 - 19），构成了外国公众心目中中国人的国民形象、乃至中国形象的重要内容。

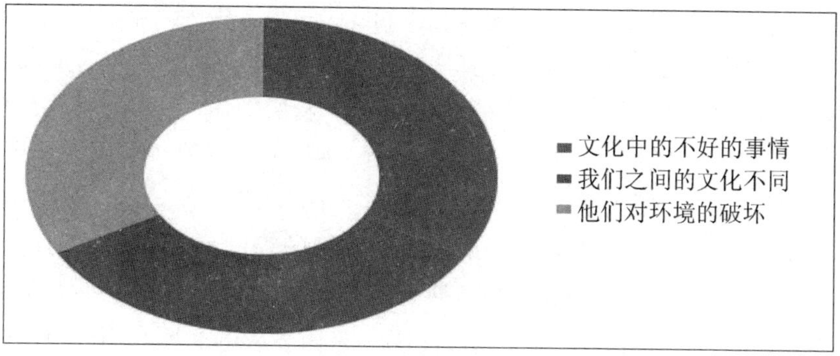

图5－19　中国游客不良的行为表现

除此之外，语言问题也使中国人给澳人留下了粗鲁（rude）的印象。上面提到的广东籍的地陪抱怨说，“有人研究过，在各个民族中，中国人是讲‘请’、‘谢谢’和‘对不起’最少的民族。你问中国小朋友当别人说‘How are you?’时应该怎么说，他们全会回答，但当机场的工作人员给他们用同样的话打招呼时，他们全绷着脸。中国人是不会笑的动物，给外国人的感觉不友善。”澳洲多家宾馆的前台经理告诉本人，不会外语的中国游客，往往在找不到导游的情况下，到前台用肢体语言比划他们的要求，在得不到理解时会非常不耐烦。即使是会外语的游客，很多不会使用他们习惯的礼貌用语和表达方式，只是照中文直译过去，让他们觉得中国人总在指手画脚地命令他们。而囿于语言的原因，只和自己人交流、不和当地人交流，不会讲英语，也是澳人反映的普遍问题之一。从这一点，我们也能看出西方人的强势文化的文化霸权。无论是旅游宪章、旅游者规约，还是联合国通过的世界人权宣言①，都没有规定旅游者必须掌握目的地国家的语言。

中国人在排队时跟得太近，太拥挤，让习惯了保持身体距离的西方人感到“pushy”（咄咄逼人）、“aggressive”（盛气凌人）。而这纯属不同文化间的空间关系学的差异。这种现象，更应该使我们冷静地分析中国旅游者的海外传播行为，而不应该以“中国人素质低下”一概而论。值得一提的是，在上述这些所有的方面，澳洲人认为，中国的年轻游客比中年、老年游客文明得多。

如何看待出境旅游者的“不文明”行为以及由此带来的国家形象的负面

① （法）罗贝尔·朗卡尔：《旅游和旅行社会学》，陈立春译，商务印书馆，1996年，第98页。

影响呢？客观地讲，大声喧哗、随地吐痰和乱扔垃圾等中国人生活中司空见惯的陋习，是中国人缺乏公共意识的真实写照。林语堂早在1934年写成的《吾国与吾民》一书中就国民“公共精神的缺乏”大加挞伐①，指出家族制度与村舍制度是这种国民性的温床。梁漱溟也曾1949年出版的《中国文化要义》一书中一针见血地指出中国人“缺少公德”②。时代的变迁，使得“公共精神的缺乏”，在不同的时空中以不同的形式、不同的程度呈现出来，但直到21世纪的今天它依然还是中国人传统精神面貌的体现。这与中国的发展实际是相符的。在很大意义上讲，所谓“现代文明”是西方人的文明。而所谓中国游客的“不文明行为”，其实是农民依然占绝大数的中国，在西方现代文明的冲击下，其发达的古代文明与成长中的现代文明相互整合的过程中发出的不和谐的噪音。那些在国内司空见惯的、不成为问题的问题，在西方文化的“碰撞”下，却变成了从农业社会迈向现代社会的中国必然经历的阵痛。

另一方面，这种负面影响，充分体现了国家形象的建构性特征。其中对“文明”的定义是观念中的关键。正如孙隆基所说，“中国文化以十分负面的形象出现，那时因为它被放置于一个由他人缔造的‘现代’世局中，一切条件对它来说都是不利的，用来衡量它的所有标准也必然是异化的。”③ 这种形象，是他国受众将中国旅游者的行为置于自身的社会文化语境和对自身文化的认同中而生产出的“文化他者”。于是，“文明”的标准，是按西方人的生活方式和价值判断确立的，而不是基于中国的“仁义礼智信”或者对中国人生活方式的基本理解。因此，群体活动的取向、大声喧哗、身体距离，甚至不会使用英语，都是不文明的表现。如前所述，这种从发展中国家涌向发达国家的“逆流”，对许多发达国家而言几乎是始料未及的。在此情形之下，东方主义的有色眼镜、强势文化的无比优越感，是参与对出境旅游者传播行为解读的重要阐释框架。除此之外，西化了的国人的媚态，在这种解读中推波助澜也是不容否认的。

尽管如此，中西在文化模式、生活方式等社会和文化上的差异，依然是导致中国出境旅游者的“不文明行为”重要原因。而中国人出境旅游经验的匮乏而导致的无知，是这些“分裂性表演”的又一客观原因。而有关部门未对

① 林语堂：《吾国与吾民》，岳麓书社，2000年，第160~164页。

② 沙莲香：《中国民族性》，中国人民大学出版社，1989年，第126页。

③ （美）孙隆基：《中国文化的深层结构》，广西师范大学出版社，2004年，第4页。

出境旅游者可能出现的问题做好出国前培训、实际旅行中指导和监督的工作，直接加剧了这种“无知”引发的分裂性表演的戏剧效果。实地考察一下就会明白，如果结合一下录像指导“如何正确使用西方的卫生间”，就不会有那么多所谓的专用中文写的“便后请冲水”的警示语了。毫无疑问，出境旅游者的形象的改善，必须是以整个国家的国民素质的提高为根基。加强对人的基础教育和日常生活习惯的培养，才是解决问题的关键。

（三）出境旅游者传播的国家形象小结

自1983年广东省率先开放本省居民赴香港旅游探亲，到1997年中国公民可以前往新加坡、泰国、马来西亚、菲律宾、澳大利亚和新西兰等六国旅游，直至今日国人的脚步遍布全球许多国家和地区。可以说，出境游日新月异的发展，使得许多中国游客，在还没有做好对世界的认知、还没有积累好旅行的经验的时候，在外国人也还没有在心理和文化上做好迎接他们的准备的时候，就匆匆上路了。他们根本没有来得及为展示自己作为文明古国的子民和理想的现代公民做好必要的准备和积累。在这种情况下，中国出境者展现了一个经济快速发展、政治日益开放、人民生活不断改善然而公共意识和现代观念远未成熟的发展中大国的形象，一个背负着古老传统的美好与丑陋，奔赴现代文明的发展中国家的形象。

周宁说，“一个民族只有在感觉到他民族的‘注视’时，才能意识到自身文化的意义。”① 出境旅游者所展示的国家形象，正是他民族这种注视的“目光”。而这种目光对于国家形象传播的意义，首先在于，我们要用“平视”、而非西方人的“俯视”或我们对西方文化的“仰视”的眼光来打量自己的国家和人民，而后我们才能比较客观地理解我们在他们心目中的投影并发现问题之所在。其次在于，尊重事实，正视现实，反思自身的文化和传播行为，并通过大量的踏踏实实的调研，找出传播中的症结，尽可能地将出境游客在国家形象舞台上的“分裂性表演”降至最低，并努力寻找在现实中提升这种形象的途径。恰如鲁迅先生在评《中国人的素质》所说的，“看了这些，而自省，分析，明白哪几点说得对，变革，挣扎，自做功夫，却不求别人的原谅和称赞，来证明究竟怎样的是中国人。”

最后的一点或许更加重要。中国出境旅游者给国家形象带来的负面形象值得重视，但不要无限地放大。这个群体，所传播的积极的国家形象，更不能视

① 周宁：《契丹传奇》，学苑出版社，2004年，总序第2页。

而不见。前面的实证调查的结果显示，恰恰是它对国家形象的传播潜力，更应该成为关注的重点。毕竟，旅游传播，是人与人之间的交往。成功的旅游传播，是人与人的理解与沟通。这种心与心之间的理解与沟通，虽没有国家行为的宏大声势，却有着后者无法相比的穿透力与征服力。如果一切处理得当，出境旅游者是国家形象最好的宣传书，当然，也是最有感染力的传播者。

第三节　旅游业服务人员对国家形象的传播：以导游为例

一、旅游业服务人员与国家形象

与面对潜在受众的出境旅游者不同，旅游业服务人员作为国家形象的传播者，直接接触和面对的是亲历中国的外国公众。无论饭店的工作人员、负责旅游出行的司机还是全程陪同的导游，都是身为人媒介的传播者，集信息符号、传播渠道和传播者于一身。他们是旅游者在目的地国家接触最频繁、接触时间最长的居民。与其他目的地居民相比，他们占有交往时空上的绝对优势。因此，他们对对方的影响力较其他传播者往往也就深刻地多。一般而言，旅游者对一个目的地的体验、对一个国家的印象，很大程度上是在他们的引导下完成的。而旅游者体验的满意程度、对国家的印象好坏，是在他们与旅游一线的工作人员点点滴滴的接触中形成的。因此对传播过程的关注，是至关重要的。

那么，我们在对旅游业从业人员对国家形象的传播过程的研究中，到底因该关注什么样的根本问题呢？如前一章所言，他们和旅游者之间所发生的人际传播，属于戈夫曼“分析框架”中的“当面相遇”。“‘当面相遇’可以表现为言语行为，也可以表现为非言语行为，其中所展现出的一些线索是非常重要的，这是因为它们揭示了交流双方关系的实质以及对当时情况所做出的、得到双方认可的定义。”如果说，人际传播的本质和核心是关系传播①，旅游语境种的“当面相遇”更加突出了人际传播中的核心——关系。研究发现，任何传播的信息都包含两个层面：内容层面和关系层面。内容层面说明的是信息的实体，关系层面说明的是这种信息实体如何被解读的。内容层面通常是通过语

① （美）斯蒂芬·李特约翰：《人类传播理论》，史安斌译，清华大学出版社，2004 年，第 275 ~ 307 页。

言符号来传达的，而关系层面通常是通过非语言符号来传达的①。古迪孔斯特举了一个平常的例子。一个学生对教授说："我想和您谈谈我的成绩问题。"在此，内容的意义十分清晰，而这将是一次友好的讨论还是一次充满敌意的对峙（即关系信息），是由该生说话时的声调和语气来传达的。因此，一旦涉及到传播的核心，就会出现"行胜于言"的状况②。在跨国旅游实践中，语言问题可以是"桥"，更多的是"墙"，但眼神、微笑、语气、举手投足等非语言符号所表达的欢迎、热诚等关系层面的信息，是无需传播者的语言翻译过程的介入而直接进入受众的理解并成为"意义"的。这一点，恰恰是人们最容易忽视的。总之，人际传播中的互动性和关系性，是我们考察旅游业从业人员对国家形象的传播的根本立足点。因为最终的传播效果如何，主要取决于传授双方互动中的关系。

更重要的是，这种"当面相遇"不仅仅是一般意义上的人际传播：互动双方的身份，不是两个可以率性而为的自由交流的个体，而是更多地体现出职业的、社会规范的属性。稍微观察一下主客双方在宾馆前台的交流，就会发现：在他们"自由"交流的背后，有一只掌控整个交流程式的手——整个旅游业的运行规则。如果再坐在旅游大巴上听听导游的解说，你就会明白：这种信息只有微量的一点是属于交流双方个体的信息，绝大多数是目的地社会的信息；符号也许是局部地区的，而意义却是关系整个国家的。从这种意义讲，旅游从业人员更多地表现出"媒介"的特性，是媒介、传播内容和传播者的混合。这也同样说明，我们不能采取个体性或个体心理的趋向研究旅游传播中的人际传播或者说旅游从业人员对国家形象的传播。除了以关系和互动的视角外，还要将之置于行业和国家这样不同层面的社会环境中进行考察。

在与旅游者直接接触的旅游业从业人员中，导游和旅游者的接触是最密切的。由于语言、文化和社会背景等因素构成的认知障碍以及旅游活动开展的相对封闭性，绝大部分时间导游是联系身处异国他乡的入境游客和东道主国家的唯一纽带和沟通渠道。旅游业的运作在很大程度上对游客而言都是隐形的，其他人绝大部时间都呆在"幕后"，导游是出现在前台的第一人并且会一直陪伴到他们出境。无论是旅游者对东道主国家的第一印象和最终印象，导游都是其

---

① William B. Gudykunst & Young Yun Kim. (2003). *Communicating With Strangers*. New York: McGraw - Hill, p. 11 ~ 12.

② （美）斯蒂芬·李特约翰：《人类传播理论》，史安斌译，清华大学出版社，2004 年，第 279 页。

中最深刻的部分。美国旅游代理商戴夫·布鲁尔斯（Dave Bruels）认为，“对旅游者来说，导游是目的地国家‘最重要的人物’”①。在旅游者入境到离境的整个亲历的过程中，导游的影响是“无处不在”。导游服务被看成整个旅游过程的灵魂，导游作为一个国家和地区的代表和象征，被誉为“形象大使”②。导游代表国家形象，导游更传播国家形象。这些使得我们选择了导游作为旅游业从业人员的传播者典型。

二、导游对国家形象的传播

（一）导游的角色

尽管导游在旅游业中的重要性为世人所公认，但长期以来中西学术界对导游角色的关注却少得可怜，即使是在旅游学界也不例外。到目前为止，这种情况并没有多大改观。在中国，对导游的学术努力主要集中于实操性的导游业务。在现存的有限的讨论中，著名的社会学、人类学学者科恩在1985年发表的《导游：角色的起源、结构和动态》（The Tourist Guide：The origin，Structure and Dynamics of a Role）③ 一文被视为经典。

据科恩考证，现代导游的前身是领路人（pathfinder）和导师（mentor）。这二者在原初导游（original guide）的角色中逐渐演化成领导者（leader）和协调者（mediator）的功能。导游的这两种角色，在结构上可以分为四种要素：工具的（instrumental）、社会的（social）、互动的（interact ional）和传播的（communicative）。从原初导游到现代职业导游的过渡过程中，传播的要素，最终成为职业导游角色的核心。传播的功能使得包括科恩在内很多学者将现代导游视为旅游者和东道主之间的“文化掮客”（culture broker），即指既熟悉和精通东道主文化、又对旅游者的文化有一定了解的人④。这种传播者的角色，在跨国旅游中表现得更加突出。根据本人对入境旅游者所做的调查，导游是旅游者亲历中国的过程中了解中国的最重要的信息来源（见图5－20）。导游在帮助外国人正确地认识现实中的中国方面，发挥着不可替代的作用。在中国，导游有两个光荣称号：代表国家的“形象大使”、促进民族间交往的“民

① 2006年12月5日，天马国际旅行社的美国和合作伙伴Dave Bruels，应邀在北京第二外国语学院作报告，报告题目是“美国游客对中国的旅游期待”。该报告基于Dave对3000多名来华游客的反馈信息的研究。

② 熊剑平：《导游业务》，武汉大学出版社，2004年，前言第1页。

③ Cohen.（1985）. The Tourist Guide. *Annals of Tourism Research* 12（1）：5～29.

④ Cohen.（1985）. The Tourist Guide. *Annals of Tourism Research* 12（1）：5～29，p. 14.

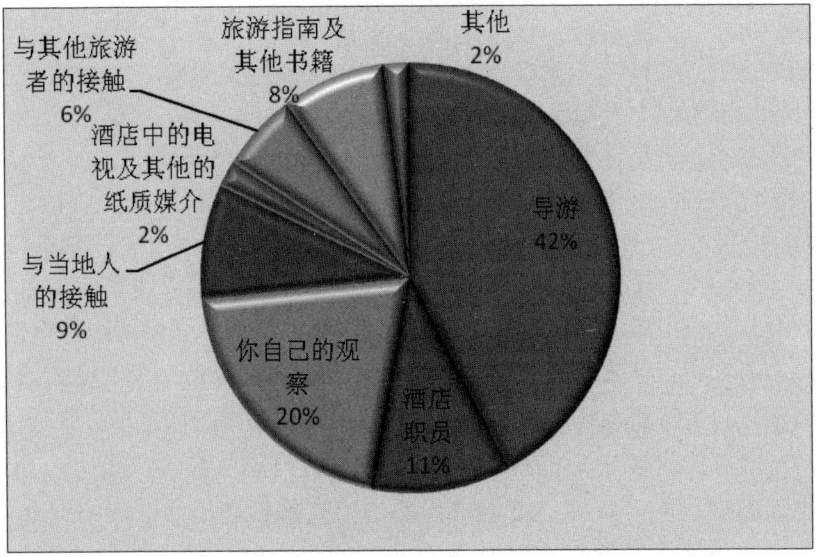

图 5－20　外国旅游者在中国旅游时了解中国的信息来源

间大使”。表面上他们只是旅游业普通的工作人员，实际传达的是国家形象。导游还被认为是目的地居民的典型代表（如图 5－21 所示）。

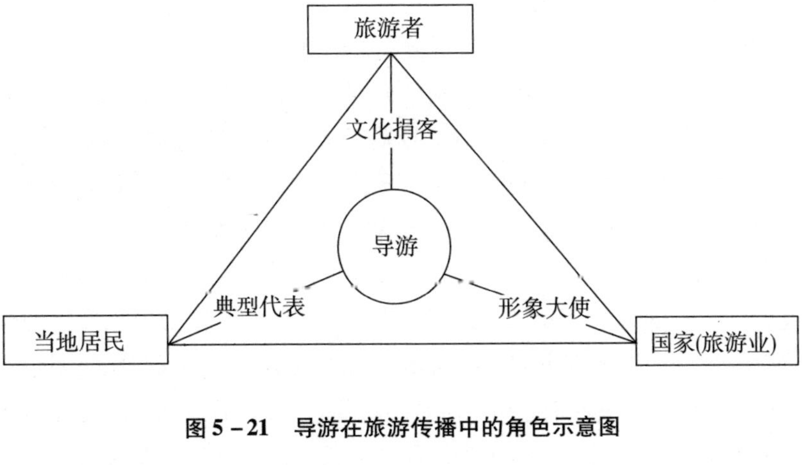

图 5－21　导游在旅游传播中的角色示意图

（二）导游对国家形象的传播：文献研究和实地发现

导游日常的传播活动包涵并贯穿在提供给游客的日常服务中：解说服务、生活服务和市内交通服务。从传播学的角度看，导游的传播活动从整体上可分为语言符号传播和非语言符号传播。实际上，语言符号传播和非语言符号传播是缠绕在一起的，而且是彼此相互影响的。

1. 语言符号的传播

科恩认为，现代导游的传播者角色有四个组成部分：选择、信息（的传递）、阐释和捏造。我们发现，这四个方面非常适用于考察导游对国家形象的语言传播。

a. 选择：所谓选择，最低限度是指导游从影响旅游者印象的信息流中，选出自身认为值得旅游者注意的“有趣的事物”。当然，导游的这种选择是建立在旅游者和旅行社选择的基础之上的。每一个国家都是一个的庞大信息库。旅游者根据自身特点选择旅游产品，确定自己期望获得的信息点。旅行社根据现实情况对具体的旅游线路做出调适性的安排。科恩所说的“选择”，正是在这种框架下进行的。导游“可以根据他的个人偏好和品味、他的专业训练、他的雇主和旅游当局的指示以及事先假定的客人的兴趣来选择‘有趣的事物’”。斯密特（Schmidt）认为，导游的选择会在很大程度上构造旅途中旅游者的注意力：不仅使他们看到他想让他们看到的东西，更重要的是，他们将无法看到他不想让他们看到的东西①。这种对信息的过滤，正是传播理论中的“把关人”角色的具体体现。它在国家形象形成中的对输入信息的控制作用是不言而喻的。需要引起重视的是，导游通常是独立工作，远离了旅行社和当局的“监视的眼睛”，成为旅游者和东道主之间唯一的媒介②，而且由于旅游服务的无形性、旅游产品的提供与消费的同时性，使得导游对信息的把关具有很大的不可控性和不可监督性。实地调研发现，现在很多导游根本没有固定的旅行社作为工作单位，而是在旅游市场上随供求关系的变化而流动。这更加剧了对导游的信息选择这个至关重要的传播环节的监管的难度。

b. 信息（的传递）：散播正确而清晰的信息被公认为导游角色的核心。导游被视为“信息的提供者和知识的源泉”。这也是导游作为国家形象的传播者的实质性内容。实地调查表明，导游需要提供的信息，不仅仅限于对地区性的景区景点的介绍，还包括社会生活的方方面面，而且后者往往更是旅游者最感兴趣、最想了解的信息。如前所言，导游对信息的传递，不是导游可以自己决

① C. J. Schmidt. (1979). The Guided Tour: Insulated Adventure. *Urban Life* 7 (4): 441 ~ 467, p. 458 ~ 9.

② Cohen. (1985). The Tourist Guide. *Annals of Tourism Research* 12 (1): 5 ~ 29., p. 23.

策的程式化的过程，而是更多地表现为导游和旅游者之间的互动。因此，导游常常必须根据旅游者的反应和兴趣，调整事先准备好的讲解内容，而且随时解答对方提出的问题。这些问题，很多与游览观光没有关系，比如，北京入境的客人会问及北京普通民众的收入状况、生活水平、国家的计划生育政策、西藏问题等等。正如曼西尼所说，“渴望了解新事物，是旅游者出游的主要原因之一。”① 这里的“新事物”，在现实的旅游经历中几乎无所不包。总之，导游最终传播的还是一个整体的国家形象。

里彻早在1980年、皮尔斯在1982年②，就关注到导游在学术的外壳和不加渲染的纯信息陈述（背诵与旅游地相关的数据、数字和事件）的表象下，进行的国家形象的“宣传”活动。只是这里的宣传是前面讨论的propaganda的内涵。他们认为，导游提供的信息很少是纯粹中立的，更经常反映的是旅游机构和当局的信息政策，目的是为了传达或维持意欲确立的东道主国家的形象，为了影响旅游者的印象和态度，因此导游的传播成为国家宣传运动（national propaganda campaign）的一部分。客观地讲，这两位研究者，把导游的传播行为归之于背离客观事实的“宣传”，即不符合导游“民间大使”的角色，也不符合旅游传播的现实和基本精神的；把高度程式化的欺世惑众的“宣传”基本上归之于他们所谓的菲律宾等“不民主国家”和前苏联等“共产主义国家”的“突出表现”，更有失公允。至少目前没有证据表明，这种“宣传”活动的存在是以意识形态为依托的。每个国家的职业导游，都有可能为了树立一个富有吸引力的旅游形象而选择一些他们认为的“亮点”进行传播。我在新加坡的两次旅行中，深切地感到地陪对新加坡的“法治国家”和“人民富足”的津津乐道；在澳洲的旅行中，澳洲导游对澳大利亚的“福利社会”和“环保国家”的突出与渲染。但这位学者的视角，对于导游有一个最重要的警示价值：以为你的受众对你的宣讲“照单全收”显然是幼稚的，因为他们带来了“警觉的耳朵”，也带来了他们的先入之见。导游对信息的传达方式，如果不贴近国家的现实而是一味地去美化，或者只讲正面的而回避负面的问题，或者讲解方式不符合对方的接受习惯，都会被认为在将“信息”微妙地转化成对目的地的国家“阐释”，从而达到“宣传”的目的③。“propagan-

① M. Mancini，(1990). Conducting Tours: A Practical Guide. Cincinnati, Southwestern Publishing, p. 63.

② Cohen. (1985). The Tourist Guide. *Annals of Tourism Research* 12 (1): 5~29., p. 15.

③ Cohen. (1985). The Tourist Guide. *Annals of Tourism Research* 12 (1): 5~29., p. 15.

da”一个字，就可以将导游许多天辛勤的传播努力付之一炬。本人对入境旅游者的深度访谈也进一步证实了这样一个观点：偏见来自于一知半解，比无知更可怕。这从另一个方面更加突出了导游传播的重要性：信息全球化的今天，旅游不是了解一个国家的唯一和经常的方式，但却是理解一个国家真实面目的主要方式。

c. 阐释：科恩认为，阐释而不是纯信息的散播，是将训练有素的导游与其他同类区别开来的最重要的传播功能。在跨国旅游中，导游将陌生的异国文化，翻译成旅游者熟知的文化用语。麦基恩将导游比成类似罗马双面神杰纳斯的“两面人”：一面向着异域的游客；一面向着祖先的传统①。阐释是导游“文化掮客”角色的本质所在。科恩认为，对导游阐释技能的挑战，不是来自于那些容易辨识的真实的旅游吸引物，而是那些一望而知的“舞台化”的旅游吸引物。通俗地将，就是导游在阐释中要很好地把握度，否则就会滑向下面所谓的“捏造”。

本人的实地研究，证实了科恩的第一个观点：阐释可以区别出导游的专业素质和传播技能。新手往往死记硬背、照本宣科地传达导游书上的数据和事件，好像全然不知旅游者手中也握有同样完备的信息。而老导游往往深谙传播之道：那些死的数据是无生命的符号，自身无法逾越跨文化传播的种种文化障碍而成为旅游者头脑中的意义。那些死的数据，也不能激发旅游者的兴趣，原因很简单：无人能对自己不理解的东西产生兴趣。导游的阐释是“船”，将这些文化此岸的人们渡向理解的彼岸。而良好的传播效果，正是来源于能够引发人们对“生命意义”的思考和理解，引发在内心深处“他们”对“我们”的共鸣。这就是旅游体验的魅力所在，同时也是导游作为传播者的魅力所在。

与此同时，本人也发现，对导游阐释力的挑战，不是来自于那些“舞台化的旅游吸引物”，而是对社会现实的阐释，特别是那些对东道主来说似乎是人所共知的常识，或者根本就不予关注的事实。比如，一位经验丰富的老导游，在提醒游客最好不要去一些小餐馆用餐时，这样解释到：“这并不意味着这些小餐馆的卫生都有问题，而是它们各种不同的烹饪风格，您很可能一时会适应不了。”还有很多事物，导游书上根本没有现成的答案，而旅游者的提问，又有很大的随机性。这些常识之所以能引起旅游者的兴趣，是因为它们反映的恰恰是东道主和旅游者文化和社会的差异，而且是求异的旅游者认为了解

① Cohen.（1985）. The Tourist Guide. *Annals of Tourism Research* 12（1）: 5～29.，p. 15～16.

一个东道主国家最关键的问题。在本人对入境旅游者进行的参与式观察中，就遇到了很多这样的问题。下面仅举几例。

案例1：对中国社会制度的阐释

（在去八达岭长城的途中，导游介绍了改革开放以来，中国社会发生了巨大变化，中国在经济方面取得了巨大成就，人民生活得到了很大改善，这些得益于市场经济对生产力的解放。一个坐在前面的旅游者突然提问。）

旅游者：你们现在到底是什么样的社会制度？共产主义还是社会主义？

导游（笑）：我们是有中国特色的社会主义。

旅游者：能具体解释一个“中国特色的社会主义”是什么意思吗？

导游（迟疑一下）：中国特色的社会主义，简单地说，就是现在我们名义上是社会主义，实际上是在向你们学习（手向旅游者一挥），是社会主义向资本主义过渡。（大笑）

国家的社会制度问题，是导游应该根据国家的方针政策给予准确阐释的一个很严肃的问题，似乎不能以幽默和玩笑取而代之。外国旅游者一般很少研究中国的政治，他们对中国政治的认知，更多来自于本国政府和大众媒介对中国的负面宣传。而西方所谓的“共产主义”，实际上是独裁和专制的代名词，和中国语境中的共产主义天壤之别。而导游用麦克风面对来自世界各地的游客①如此宣讲，显然没有针对西方游客的文化背景，也没有按照国家的方针政策进行正确地解释。

案例2：对中国教育体制的评价

（旅游车经过（北京）国际关系学院时，有的游客指着国关问是什么地方，由此引发了游客对中国教育问题的提问。下面是一位导游解答游客有关中国的义务教育的问题之后，对中国教育的某些现象和旅游者的对话。）

旅游者：听说中国的孩子上学很苦，中国的有钱人想方设法把孩子弄到国外上学去。为什么？

导游：中国的孩子是很苦，小小年纪就背着很沉的书包（用手比划）。但苦有苦的好处。中国的孩子很刻苦，很聪明，在世界各地的各种学校中都是尖子生。

首先，中国的学生是否在世界各地的学校都是尖子生，尚且是个问题，而

① 该团上的游客来自豪华游轮，这些客人来自世界各地。每个旅游大巴上的旅客，都是随机分的。本人当日所在的旅游车上的客人，来自美国、加拿大、日本、台湾、德国等多个国家和地区。

且这些入境旅游者中很多人都是通过接触他们国家中的中国学生和家长认识中国的，也有不少人在中学和大学与中国人同过学，所以中国学生在海外的表现，他们可能更有发言权。其次，目前中国的很多有钱人把孩子送到海外，不是由于孩子聪明而刻苦，而是他们的孩子在太优越的环境里成长，学习不刻苦，在国内上不了好大学、奔不上好前程。本人在澳大利亚调查时，在墨尔本接触了一批中国留学生，基本属于此类，他们中的很多人在国外的表现并不尽如人意。“留学”的内涵变了，至少这类人代表不了中国青年的精英，导游解释时，也没有考虑到中国人“望子成龙”、“万般皆下品，惟有读书高”的社会心理以及中国人口众多而办学条件有限这样的基本现实。导游对中国教育制度的这种辩护，是很难令动则“人权”、动则“排华”的西方人感到信服的，只能让他们误读到中国教育制度对人的摧残和中国人的民族优越感。

案例3：对弱势群体的生存状况的解释。

（旅游车载着一车的游客驶向颐和园。一对游客夫妻突然指着天桥上的乞丐问导游。）

旅游者：那些无家可归的人（homeless people），为什么呆在那上边？

导游：政府给他们安置了家园，但是他们不愿意呆在家里，就愿意呆在那里，呆在那里自由。（笑）

如同上面的其他案例一样，这个案例，再次说明导游作为国家形象的传播者所面临的知识和智能的考验。这种即席表演，需要导游随机应变、灵活机智的宣传技能。这个案例再次提醒导游在对问题进行解答时，应该注意到问题的上游：游客的本底感知形象。游客提问的很多问题，都是源于他们的本底感知印象。而通过和当地人交流来印证和修正这种访前印象，正是这些问题的价值所在，也是他们旅游的价值的组成部分。此案例中，乞丐是每个国家都有的社会现实。把乞丐说成“无家可归”的人，有很强的人道主义关怀的意味。只有深入调查，才会发现这个问题的真正的源头。提问的是一对年轻的日本夫妻，侨居夏威夷。他们对中国的感知大多来自于大众媒介。而日本和美国的大众媒介对中国形象的扭曲，是不争的事实①。他们来中国之前的中国印象很多是负面的，特别是涉及人民生活状况等社会问题。还有很重要的一点，来自于日本文化中对弱势群体的人文关怀。对其他日籍华人的调查，基本上印证了这

① 李正国：《国家形象构建》，中国传媒大学出版社，2006年，第47页。另参见李希光、刘康等：《妖魔化中国的背后》，中国社会科学出版社，1996年。

对年轻人提供的解释。在日本，关心和照顾弱势群体被视为理所当然的事。小孩是日本人眼中的弱势群体之一，他们对小孩说话时，用“敬语”。这些是这对年轻人关注天桥上那些“无家可归”的人的最重要的原因。因此，导游的阐释能否有的放矢，满足旅游者信息需求的同时，收到好的传播效果，是以了解旅游者的文化和社会背景以及旅游者的旅游期望为前提的。

d. 捏造：科恩认为，如果说阐释至少是以少量的真实为基础，那么，捏造就是彻底的虚构和欺骗。导游捏造的最典型的例子，就是游客在商店里碰到的假货时，导游却能把它说得跟真的一样。这不仅会损害旅游者的利益，更会使国家呈现出“不值得信任却值得警惕”的不良形象。目前，中国正极力展示自己负责任的大国形象。如果这些点点滴滴的细节存在于导游身上，肯定会被旅游者传向世界各地，它蛀蚀的是国家在国际社会的公信力。

在导游的日常工作中，语言符号传播涉及旅游活动的方方面面，这种丰富性是任何研究所无法穷尽的。但这种语言符号的互动中所体现的游客与导游的关系、游客与东道主国家的关系是最为关键的。除了信息的传达，我们更应该注意到这一事实：导游通过语言符号传达对游客的友好、关心、理解、感激与宽容，是建立良好的主客关系、巩固旅游者对目的地国家的美好印象的十分重要的因素。它起到的是润滑剂和黏合剂的作用。在实地调查中，我们发现中国的导游在这方面普遍表现得非常出色。有一位导游，每到一个景点，总是把游客集合的时间具体到几点几分，但如果有迟到的游客，他总会耐心地等待，没有丝毫的烦躁。当两个外国游客终于绕出故宫迷宫般的后廷、很尴尬地出现在焦急等候他们的众人面前时，导游却说：“你们俩差一点就迟到了。”众人不解：导游约好的时间不是在 20 分钟之前吗？这位导游却说：“中国的分钟比你们的长。”中国导游的宽容与幽默，不仅使迟到的人很感激，其他人长时间等待的不快也在哄堂大笑中烟消云散。还有一位导游，被挤成一团、抢着向旅游者兜售旅游纪念品的小商贩堵在旅游大巴的下面，好久上不了车，最后终于上车，拿起话筒向等得颇不耐烦的游客致谢道：“十分感谢您们的耐心对地方经济的大力支持！”一句话使得满车的游客转怒为笑。这种例子俯拾皆是。

显然，科恩有关导游的传播角色的论述，主要是针对导游传播实践中的讲解服务，即语言符号的传播。事实上，导游的工作极其繁杂，在导游与旅游者的接触中，存在着大量的非语言传播活动。而且科恩忽视了一个事实：导游本身既是符号和信息，其穿着打扮、一颦一笑，都是备受旅游者的关注的符号。可以说，导游本身是旅游者心目中印象最深刻的中国符号。在旅游传播中，非语言符号的传播，是我们更应该多加关注的对象。

2. 非语言符号的传播：此时无声胜有声

在跨文化传播中，非语言符号是指“那些有身体所产生的信息和那些从我们对空间、时间和静默的使用中所生发出来的信息”。前者包括外貌与衣着、姿态动作、面部表情、目光接触与注视、身体接触、嗅觉和类语言，后者包括距离与空间、时间和静默①。

爱德华·霍尔将非语言符号称为“无声的语言”，将非语言传播中的无意识现象称为文化的“隐蔽的部分”。这是因为，“语言符号大部分是明确的，经过认知的加工，而我们的非语言行为则是不由自主地、含糊的而且经常在我们的意识和控制之外”②。与语言信息不同，非语言符号镶嵌在交流的“上下文的背景”中，在互动中提供了三种暗示：情境的、关系的和上下文的。这些暗示和语言以及其他暗示一起，帮助人们去解读对方的意思。伯贡等人注意到，“一般而言，‘成年人在确定［对方］的意思时，更加信赖的是非语言符号，而不是语言符号’，特别是当语言符号和非语言符号不一致的时候。”在交流互动中，非语言信息可以重复、反驳、替代、补充、强调语言信息③。在拟剧理论中，戈夫曼称这些自然流露的符号为“流露表演”。这些理论对于传播者的意义，可以用爱德华·霍尔的一句话来概括：“我们必须学会理解“意识之外”的交流内容，绝不要以为我们能百分之百地意识到传递给别人的一切信息。”④

但这一点在导游的传播活动中是最容易被忽略的。正如古迪孔斯特所说，“我们常常对自己用手势、面部表情、语调等非语言符号编码的信息，浑然不觉。然而当我们遇到与我们文化差异极大人们的非语言行为时（比如与陌生人交流时），我们却异乎寻常地关注它们。”⑤ 换位思考一下，我们就会明白，我们自己丝毫没有觉察的非语言信息的传达，恰恰在塑造着我们自身的形象。

实地考察发现，导游的这些非语言符号表达的是友好还是傲慢，是热诚还

---

① （美）萨姆瓦等：《跨文化传通》，陈南、龚光明译，1988 年，第 214 ~ 245。

② William B. Gudykunst and Young Yun Kim. （2003）. *Communicating With Strangers*. New York: McGraw – Hill, p. 246.

③ William B. Gudykunst and Young Yun Kim. （2003）. *Communicating With Strangers*. New York: McGraw – Hill, p. 246 ~ 247.

④ （美）爱德华·霍尔：《无声的语言》，侯勇译，中国对外翻译出版公司，1995 年，第 27 页。

⑤ William B. Gudykunst and Young Yun Kim. （2003）. *Communicating With Strangers*. New York: McGraw – Hill, p. 46.

是冷淡，是尽心竭力还是一味敷衍，在游客的心目中非常清楚，而且非常重要，其重要性有时远远超过语言符号。他们中的很多人对导游的语言表达持相对宽容的态度，即使有的导游因语言水平问题对某些内容表达不清，但只要态度热诚、服务周到，游客基本上在反馈信息中给予充分的肯定。反过来，有些语言很好，但他身上的非语言符号过多地传达了负面的信息，结果却得不到游客的好评。这个的问题的产生根本原因，就在于游客对导游是“听其言，观其行”。根据戈夫曼的理论，其言语表达是其可以控制的“给予表演”，其非语言符号往往是其不加控制的“流露表演”的部分。游客是在运用他的“流露表演”，来检验他的“给予表演”，并由此得出自己的判断。而这些可能会在导游全然不知的情况下进行的。

一般而言，引发旅游者否定判断，有两个基本原因：一是因为导游的非语言符号所传达的工作态度等个人因素造成的；二是因为文化间的差异，不同文化的受众对对方发出的非语言符号的解读不同。调查发现，文化差异是引起游客与导游交流冲突的一个基本原因。下面通过一个实地调查的案例来说明非语言传播在导游角色中的重要意义。

美国旅游代理商戴夫·布鲁尔斯通过大量研读3000多名美国游客对中国导游的信息反馈发现①，中国导游对美国人提出的问题反应迟钝或保持沉默，是一个应该引起足够重视的问题。这种非语言符号的回应，让他们感到自己很不受导游的重视和尊敬，影响了他们的旅游满意度。本人专门就此问题进了实地调查。结果发现，当美国客人说话的语速过快、有地方口音、使用俚语时，有的导游听不懂，又不好意思问，要么眼睛看看别处，要么因别的事情走掉了，要么沉默一会谈起了别的。这看似语言能力问题，其实是文化差异。据学者们研究，中国是高语境文化（high - context culture），美国是低语境国家（low - context culture）。高语境信息和低语境信息正好位于信息连续体的两端。低语境文化中，信息的编码和发送是明确而外显的方式；高语境文化中，信息的编码和发送是含蓄而内敛的方式。美国文化接近于低语境的那端，略高于瑞士人、德国人和斯堪的纳维亚人，而中国文化居于高语境文化的这端②。在这个例子中，按照美国人的文化习惯，导游如果没有听懂游客的问题，无需顾忌

① 2006年12月5日，天马国际旅行社的美国和合作伙伴 Dave Bruels，应邀在北京第二外国语学院作报告，报告题目是“美国游客对中国的旅游期待”。

② L. Samovar & R. Porter. (2000). Intercultural Communication: A Reader. Belmont: Wadsworth, p. 36.

自己的“面子”，应该礼貌地直接告诉对方自己没听清楚，并请对方把问题讲明白，而无须保持沉默或用其他方式回避对方的问题。虽然在中国人的生活哲学“沉默是金”，但沉默往往使美国人感到自己的要求被忽视而非常恼怒。援引萨姆瓦的话说：“静默也作为一种反馈机制，把思想的清晰度及其在全部人际交往中的重要性告诉发信者和受传者。静默的信息可作为同意、缺乏兴趣、受损害的感情或是轻蔑的表示。像嗅觉和触觉一样，静默的信息超越语言信息之外，常常揭示出话语的内涵来。”①

除了明确的信息和及时的反应之外，导游还要知道如何运用目光和外国人交流。虽然在中国这样的东方文化里，“在交谈时盯视一个人的眼睛是唐突无礼的”②，但在别的国家的意义可能恰恰相反。下面的研究揭示出美国人是如何运用目光接触的：

我们更倾向于在听讲时，而不是在说话时，来注视我们的传通伙伴。作为说话者，我们搜索词句，经常地看着空间，仿佛词句镌刻在外部某个地方似的。我们从某一传通对象的信息中获益越多，我们就对他或她的注目愈久。我们力图跟别人建立联系的目光接触的数量，部分取决于我们对其地位的感知。研究者声称，当跟某些被认为是地位高的人们讲话的时候，我们力图运用中等的乃至强烈程度的目光接触。但是当我们与一个地位低的人谈话时，就很少努力去保持目光接触了③。

这段文字叙述给与的信息非常明确：游客可以从导游对自己的目光接触中，读出导游对他的身份定位和态度。本案例中，导游“顾左右而言他”，显然有悖于跨文化交流的基本规律。

这个案例仅仅是导游日常工作中所遇到的无以数计的非语言传播活动中一个最平常的小插曲。其他方面非语言符号，如空间、时间、身势语、面部表情等都是极为重要的非语言符号，因为这种无声的语言直接被受众解读成关系信息，如果处理不好，很容易造成形象的扭曲。前面提到的中国出境旅游者因排队时离他人太近而被澳洲人认为盛气凌人（pushy），就是一个关于空间符号的很有说服力的例子。古迪孔斯特在对低接触文化（low - contact culture）和高接触文化（high - contact culture）研究中，同样发现了美国人和其他东方文化

① （美）萨姆瓦等：《跨文化传通》，陈南、龚光明译，1988 年，第 246 页。
② （美）萨姆瓦等：《跨文化传通》，陈南、龚光明译，1988 年，第 227 页。
③ （美）萨姆瓦等：《跨文化传通》，陈南、龚光明译，1988 年，第 226 页。

人民之间在空间语符上的交流冲突①。如此看来，如果导游和导游所背靠的旅游业想取得游客的积极评价，而解码的主动权又握在游客手中，导游就不得不注意自己编码的方式。

当然，导游的非语言传播行为所形成的积极效果，在其传播实践中更是比比皆是。仅举一例。在本人的实地考察中，一个老年游客在故宫里上洗手间时和团队分开，而后自己绕进了东六宫，好长时间没有跟上团队。此团游客都很着急，而这位将近50岁的导游，在寻找中表现的耐心和辛苦，是由他的面部表情的镇静和和颜悦色，以及他满脸的汗水和被汗水浸透的衬衫来传达的。这位老人后来见到团队时，感动地掉下了眼泪。从很多类似的例子中，我们可以看出，游客对这种非语言符号解读出的意义，真正触发了他们心灵深处的某些东西。中国人的热诚，正是通过这样触动心灵的平凡的非语言互动，成功地播撒在旅游者的心中。非语言符号是无声的语言，但在意义生产中，此时无声胜有声。

总之，导游对国家形象的传播，是通过语言符号和非语言符号这两大符号系统进行的。跟踪旅游团调研的总体印象是：导游为游客提供讲解服务、生活服务等服务项目时，向外国游客不同程度地展示中国的秀美河山、悠久的历史文化、多姿的传统风俗、独特的生活方式，也让他们了解一个有深厚文化底蕴、热情好客、热爱和平、变化巨大的现代中国。对导游传播过程的考查，程式化的信息讲解只是我们关注的一个方面。围绕以关系为核心的人际传播，留意那些语言背后的信息、留意那些无声语言的意义，无疑具有更加重要的现实价值。

三、导游传播角色外的问题探讨

以上是对导游作为国家形象传播者的角色内的探讨。我们还须将导游传播活动置于其角色外环境进行探讨。这里的角色外环境，是指旅游行业管理制度乃至社会大环境。也可以说，我们如何在其角色外环境中找到支持其角色内传播活动的动力因素。我们必须意识到，社会将很多荣誉的光环套在导游头上的同时，也附加了很多“义不容辞”的责任与义务，甚至是苛刻的要求。

导游作为国家的“形象大使”，更是面临着跨国界、跨语言、跨文化传播的“复杂性、多元性及其无限多样性”的挑战。而应对这种挑战，扎实的语

① William B. Gudykunst & Young Yun Kim. （2003）. *Communicating With Strangers.* New York: McGraw – Hill, p. 263.

言功底、对本国文化的透彻理解、跨文化传播的能力以及敬业精神是必须具备的关键素质。对导游来说，仅仅穿越世界各地的旅游者带来的文化篱墙，已经是莫大的挑战了。再翻翻《导游业务》上提到的对导游素质的要求，就会明白，那些诸多“大使”的头衔下导游的压力了。如果没有良好的专业教育和持续、优质、高效的岗上培训，纵然这些导游满腔的爱国热忱和奉献精神，也难以取得语言和非语言传播的理想效果。

而且社会似乎忘记了，让导游履行这些“义不容辞”的光荣角色，也应该“义不容辞”地提供相应的物质和心理支持。这些是保证导游积极发挥“形象大使”角色的基本前提条件。戈夫曼认为，忠诚、守纪律和慎重，从戏剧学意义上说，是剧班成员必须具备的条件①。然而，如何来保证导游这个表演者的集体在传播国家形象时坚守这些品质？很难想象，一个连基本生活保障都不稳定的导游，会始终如一地以饱满的热情、健康的心态去最大限度地提供优质的服务、展现国家的美好形象。援引导游们的话说，他们很多人自嘲为“生活在社会边缘的”的“三无人员”：无基本工资、无基本福利保障、无明确劳动报酬。甚至很多旅行社和旅游公司要求导游出团前交纳所谓的“人头费”。现在社会反映最强烈的以“回扣”为主题的导游薪金制度和整体旅游市场的管理不规范等因素，是导游滑向“导购”的最主要的原因，也是挫伤导游积极性发挥的主要因素②。

除上述物资方面的因素外，本人在实地调查中还发现，现在的导游承受着太多的心理压力。众所周知，无论是出于旅游目的地的何种原因造成的游客不满，导游是首当其冲的替罪羊：面对游客的投诉和旅行社的惩罚，很多时候导游是无法为自己开脱的。另外，来自社会的一顶“黑导”的帽子，成了太多导游头上的乌云。在访谈中，很多导游说，他们现在在社会上很让人瞧不起。不被社会认同的沮丧情绪，混合着经济上带来的不稳定感和心理上的焦虑感，在戈夫曼所谓“台后”（导游聚餐时），在导游的博客中已经鲜明地展露出来。

令人感到震撼的是，他们在“台前”依旧阳光灿烂。尽管压力很大，工作很辛苦，很多导游，是很看重自己作为国家形象的传播者这一角色的，而且在实际工作中也是尽力地向世界各地的游客展示一个美好的中国形象。在对中国、新加坡和澳大利亚三国的导游进行的实地观察中，中国导游的耐心、乐

① （美）戈夫曼：《日常生活中的自我表演》，云南人民出版社，1988 年，第 193 页。

② http：//blog. 3608. com/article/38263. html

观、热诚和敬业，给人的印象最深刻。上文提到，CNN/Synovate 对“2007 年中国旅游取向调查”的结果显示①，中国吸引国际游客的五大因素中，“当地人友善”（43%）排名第三，仅次于“安全”（49%）和“旅游景点”（43%）。这里面，广大导游作为当地人中的典型代表，自然功不可没。

鉴于对与导游相关的管理制度弊端的讨论，不是本文的研究重心，这里只是点到为止，但我们又无法视而不见。毕竟，导游是社会的人，也是个体的人；导游自我呈现与对国家形象的呈现须臾不能分离；导游的角色内传播活动与其角色外环境时刻交换着信息和能量。

四、小　结

导游是国家形象的传播者和人媒介。具体体现在，导游对国家形象的呈现是自我呈现和对国家的信息散播的融合。这种呈现中使用的任何语言和非语言符号，都最终被解读成旅游者与东道主国家的关系。换言之，国家形象的实质内容，不是导游传达的信息本体，而是被旅游者解读后在其心目中生成的意义。传播是在不同的意识层面上发生的②。非语言符号往往是传播者自身所意识不到的，所以更要引起足够的关注。

与教科书展示的程式化的活动体系不同，导游对国家形象的传播是一个互动性极高的传播过程。导游不仅需要把握互动的当下，还要兼顾它的上游（本底感知形象）和它的下游（传播效果）。这种互动，不仅贯穿于语言符号传播，还贯穿于每一次非语言符号传播活动中。

国家形象传播的成败，很大程度上取决于导游的跨文化传播的能力。大众传播学和跨文化传播学研究的成果，应该被及时地注入到对导游的培训中。在以后的导游培训中，邀请外国和本国的文化研究者合作，进行跨文化传播方面的培训，可能是不错的选择。中国有很多精通文化研究的外国人，可以发挥他们的作用。而这仅仅是提高导游作为传播者的内功。鉴于导游是意义的加工器，而导游的传播活动又具有很大的不可控性，从角色外环境中给导游注入动力，显然是不能再忽视的问题。

---

① 亚太旅游协会（PATA）：《充分发挥中国旅游业潜能：对未来发展的建议》，中国旅游出版社，2008 年 4 月，第 45 页。

② William B. Gudykunst & Young Yun Kim.（2003）. *Communicating With Strangers.* New York: McGraw - Hill, Introduction p. 9.

第四节　本章总结

本章讨论了旅游语境中国家形象的三类传播者：国家旅游局、出境旅游者和导游为代表的旅游业服务人员。如果把国家旅游形象的所有传播者，看成一个连续体，这三种传播者的位置可以大体表示如下。

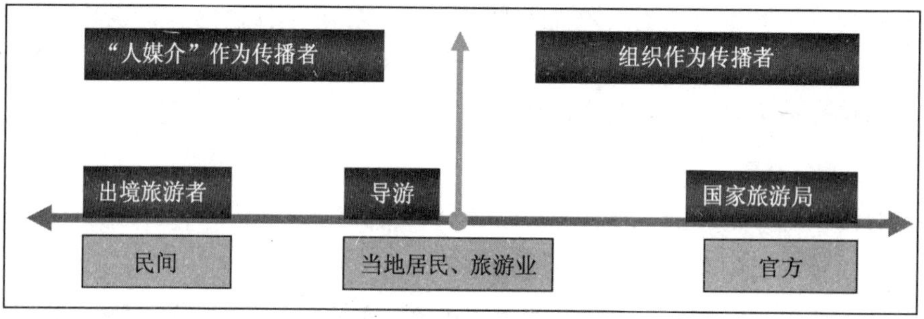

图 5－22　国家旅游形象的传播者示意图

这三种传播者代表了从官方到民间的三个层次。其中，身居旅游者的导游既是官方意志的体现，又是普通民众的代表。

对传播者总体的总结，使我们再次回到戈夫曼拟剧理论的核心——印象管理的思想。既然“维持表演所促成的情景定义，是每个剧班的总目标”①，那么，就传播者而言，国家形象传播的根本问题就是信息控制，即，使受众“无法获得正在为他们确定情景的‘破坏性信息’”②。这就意味着，如果想要取得理想的传播效果，不仅要努力地传达正面的形象，更要防止负面的传播行为（分裂性表演）对已经促成的形象的破坏作用。

首先，传播者内部必须保持传播的协调一致。如果传播者之间对国家形象的呈现出现矛盾和分裂，就会给受众留下一个“后台”的概念。另一个结果“是使受众对表演产生怀疑，因为他们感到，既然那些对该表演最为了解的人都不能取得一致意见，那么，这种表演肯定是非常令人怀疑的”③。换个角度讲，传播者最尴尬、最失败的局面，不是没有能力传达出自己期望传达的（形象）信息，而是已经传达出的自己感到很满意的（形象）信息，因为传播

① （美）戈夫曼：《日常生活中的自我表演》，云南人民出版社，1988 年，第 120 页。
② 同上。
③ 同上，第 186 页。

者内部的传播活动的（不一致）四分五裂，而被对方理解为虚假的“宣传”。这个问题，是对国家旅游形象的传播者研究而言最重要的问题。国家旅游局、出境旅游者和导游各自所传达的国家形象有多大程度的一致性、在那些层面上存在分裂性表演，都是今后传播者研究中的重大课题。从国家形象的整体传播效果来看，国家旅游局作为传播组织，其协调者的角色意义远远大于其信息传达者的角色意义，因为没有任何一个传播者能够发挥它所具有的协调功能。戈夫曼同时强调，忠诚、守纪律和表演时的谨慎是剧班成员必须具备的属性①。这同样适用于对于出境旅游者和导游等旅游服务人员方面的印象管理。与戈夫曼设想的情形不同，旅游环境中国家形象的传播者，不能像剧班挑选演员那样可以进行挑选的，而是带有很大的随意性（例如出境旅游者等人媒介）。这是因为，整个旅游业的运作规律，并非完全符合维护和传播国家形象这个活动的逻辑，也不是以传播国家形象为核心进行设计的。这正是旅游环境中，传播者自身所面临的内部的不可控性。所以如何从内、外环境中保证传播者的忠诚、守纪律和表演的谨慎，进而保证整体表演的一致，是传播者不容回避的问题。

其次，面向受众进行传播时，传播者必须“考虑观众已占有的关于他的信息”②。在本研究中，这个“他”可以灵活地转化为目的地国家。受众已经掌握的有关目的地国家的信息，就是我们上文所指的旅游者访前的本底感知形象的内容。根据戈夫曼的论断，旅游者事先掌握的目的地的信息越多，他们在与传播者互动的过程中得到的信息对他们产生巨大影响的可能性越小；另一方面如果没有事先的信息储备，他们在与传播者互动中逐渐获得的信息，就会相当关键③。由于对很多西方国家而言，中国是远程旅游目的地，大众媒介在塑造他们的本底感知形象中的作用，必须受到足够的重视。而旅游传播的跨国界、跨文化性，使得传播者必须了解决定受众解读方式的文化模式和社会背景。

再次，传播者更需要明白，传播者内部的不可控性和不一致性，不是他们传播中所面临的最大的威胁；更大的不可控性和不一致性来自于另外的群体——受众。传播者可以说得天花乱坠，但最终的解释权在受众。毕竟，信息只有在受众的心中变成意义后，才可生成形象。

---

① （美）戈夫曼：《日常生活中的自我表演》，云南人民出版社，1988 年，第 188 ~ 193 页。
② 同上，第 197 页。
③ E. Goffman. (1959) . *The Presentation of Self in Everyday Life.* London: Penguin Group, p. 216.

最后，国家形象传播的问题，归根结底都是传播效果的问题。成功的传播，是以受众的感知为前提的。因此，传播者必须知道传播什么内容能从内心深处打动受众、产生共鸣。我们外宣中提倡的“三贴近”原则，即坚持贴近中国发展的实际，贴近国外受众对中国的信息需求，贴近国外受众的思维习惯，可以看作是国家形象传播规律的精辟的概括。传播者传达的形象，能不能在二者的互动中得到认同，是国家形象传播的归宿问题。一言以蔽之，受众对国家形象的感知和解读，是很大程度决定传播者传播什么和如何传播的依据。这正是我们下一章讨论的关键所在。

第六章

感知与再造：受众世界里的国家旅游形象

常言道：百闻不如一见。如果说出境旅游者的影响主要来源于零距离的“呈现”，那么入境旅游者的传播威力则根植于他们零距离的“感知”。这些穿越媒介神话、乘兴而来的异乡人，就是来亲身感知与体验一个伸手可及的中国。那么，他们心目的中国到底是何模样？这种形象又是怎样形成的？在揭开这种面纱的同时，我们又能得到何种对国家形象传播的顿悟作为传播者编码的另一半依据？

带着这些问题，我们展开了受众世界里的国家形象研究。此处的“受众”，是信息的接受者，是符号学派所谓的“具有经验、态度和情感的解读者”，是意义的生产者①。这个传播群体，决不是“面目模糊、铁板一块的信息接受者”，而是个无比复杂的社会群体：他们是来自相同或不同的国家和地区，拥有相同或不同的社会和文化背景的个性鲜活的人。他们对国家形象的信息解读过程，即国家的意义在他们心中呈现的过程。他们对“中国”信息的个体性解读，看似是由个体的心理系统决定的，实则是和他们所处的社会文化背景不可分割。因此，我们承袭了莫利“传播是条鲤鱼”的研究理念，即在旅游活动的自然状态下对旅游者的阐释行为进行研究，将形象的生成过程嵌入更为广阔的社会和文化背景的影响中。

其中，对于受众接受分析的研究，内容上可分为两个基本层次：入境旅游者作为受众（传播主体）和入境旅游者头脑中的国家形象的感知与再造过程（信息升华为意义）。其中，入境旅游者作为受众的属性，在很大程度上，制约着形象的形成过程；形象的形成过程，作为一种不断深入的生活体验，也在塑造或改造着旅游者作为受众的角色属性。我们的研究视野中还有很重要的一点，即这两个基本层次是在旅游活动中显现自身的。旅游活动作为语境，是所

① 郭镇之：《传播论稿》，北京广播学院出版社，1997 年，第 163 页。

有传播要素的结合点，意义的产生（国家形象）就在其中完成。而旅游活动本身，又是镶嵌在日常生活暂时的终点和下一个起点之间，是更宽广的社会生活的一部分。

然而，这两个层面考察的最终目的，是为了捕捉到旅游者世界里国家形象的主旋律（意义升华为传播的主旋律），即那些传者世界里的中国形象中显现或被过滤掉的核心吸引力。下面，我们就从这三个方面展开论述。

第一节　国家形象的受众群体：入境旅游者

一、入境旅游者：不同于大众传播中的受众

对入境旅游者的特征考察，可分为横向和纵向两个基本层面：横向，与一般大众传播的受众相比所具有的特征；纵向，与潜在旅游者相比所具有的受众特征。

与莫利等人研究的大众传播的受众群体不同，入境旅游者，明显地浸渍在“旅游色彩”之中。首先，一般大众传播中的受众群体，是相对稳定的，而入境旅游者则是“流动的受众”，基本上是可遇而不可求的。旅游活动发生的随机性、季节性和受众的隐匿性，使研究者在既定的研究时间内，来不及、也很少可能去按照传统的人口统计学特征的比例去选择自己的观察对象，只能“就地取材”。这很容易让人联想起澳洲菲利浦岛上晚间踏着海潮归来的“神仙”企鹅：你知道它们总会出现在夜幕下的海滩，但不知在什么时间、有多少个体、是谁会出现；你只能静静等待。换言之，与大众媒介的受众研究不同，入境旅游者的样本很大程度上，不是研究者可以预设的。因此，你的观察和分析，只是基于某些群体的、某种程度上的反映。这是现实环境带来的研究局限，也是吸引研究者的魅力。其次，与守着固定文本的大众传播的受众不同，入境旅游者加工的是“流动的信息”。他们所解读的信息，很多是在自己的旅游体验中主动摄取的，而且这种摄取因旅游活动中信息的流动性而变动不居。入境旅游者对信息的解读，是基于自己先前的认知结构和旅游体验的，而不完全是基于传播者的主动发出的信息。此外，与一般大众媒介的受众不同，在跨国旅游过程中，入境旅游者对信息的解读，受社会背景、文化差异因素和旅游现实环境的影响较大（有些偶发因素非常影响旅游者的判断）。

另一方面，与国家旅游形象的潜在受众不同，入境旅游者是积极的受众群体。

二、入境旅游者：不同于潜在旅游者的“第三只眼”

根据“对信息的关注程度和内容的范围①”，入境旅游者属于国家形象的专门受众，以区别那些一般的、潜在旅游者。对于中国国家形象的传播而言，这个群体最重要的特征就在于：它是一个“积极”的受众群体。

郭镇之早在1992对电视剧《渴望》的来信潮代表的积极受众进行过研究：他们是“对媒介具有崇拜心理、对电视连续剧具有认同倾向的积极受众”。他们的崇拜心理，是就大众传播媒介的“形象”（知名度、权威性、可信性等）而言的；它们的认同倾向，来自于自身经验与电视剧传播的情节或观念的一致或接近②。

有趣的是，时隔多年，当我们对入境旅游者进行实地调查，我们发现了几乎类似的“积极”的内涵。首先，入境旅游者之所以选择中国作为旅游目的地，是因为在他们心理结构的知识储备、人生经历中，原本就有着对中国形象的肯定性的成分，比如通过各种途径接触中国文化而激发的对中国灿烂文化的兴趣与喜爱、与中国移民和其他中国人接触中产生对中国的好感、好奇和认同等。虽然我们不能以“崇拜”来概括这种肯定的程度，更不能否认这种本底感知中的否定倾向，但他们千里迢迢奔赴中国，其动机和目的（参见下面的对旅游者的调查）里表现出的积极态度，是不言而喻的。

其次，这种积极的内涵，还表现在他们对有关中国的信息积极的寻求上。他们非常想了解中国，无论是在来中国前，还是在中国实地旅游的过程中，他们对中国的信息的兴趣和关注程度，与那些漠视中国的外国公众形成了鲜明的对比。他们中的一些人对中国某个方面的了解的精细程度，完全超出了我的想象：一位法国旅游者在旅游途中，向我展示他手提电脑中保存的中国民间传说中的“魔镜”的文字和图片介绍，这是我闻所未闻的。他们中很多人对中国的小说和电影的熟悉程度，也是普通中国人难以置信的。当然，这不代表他们人人都这样，但几乎人人都有他可以向你讲述的“中国故事”。他们在旅游途中所表现出的兴趣盎然始终如一，即使旅途劳累也无法遮蔽。积极的姿态就写在他们的脸上。

---

① 胡正荣：《传播学总论》，中国传媒大学出版社，2007年，第258页。

② 郭镇之，《传播论稿》，北京广播学院出版社，1997年，第168页。

"积极"的内涵，还表现在他们对本国的大众媒介和主流意识形态话语的批判或对抗式解读上。这在美国人和澳大利亚游客身上表现得非常明显。当然，他们难以彻底摆脱媒介技术神化和主流意识形态的影响，因此对中国有很多的迷茫和困惑，但这更说明了他们是积极的受众：只有急于了解中国的人，才会产生困惑而不是抱着对中国的顽固不化的刻板印象。他们穿越本国媒介和主流话语构筑的屏障，选择用自己的眼睛发现真实的中国。这是"积极受众"的最好的证明。

入境旅游者是积极的受众，最终会落在国家形象的传播效果上。上述所有的积极内涵，都预示了这样一种假设：在其他条件基本相同的情况下，相对于其他外国公众，入境旅游者更容易促成国家形象传播的积极效果。当然，积极的受众，并不意味着他的中国印象在最终的结果上完全符合我们的期望。能否形成最终的积极印象，取决于入境旅游者实际的旅游体验。旅游看似"走马观花"，旅游者却是"精心的来客"（mindful visitors）。

克里普彭德（Krippendor）于 1987 年在他的《度假者：理解旅游和休闲的影响》一书开篇的诗歌中，将"寻找意义与人性（博爱）"的旅游者，比喻成"长着第三只眼睛的人们（people with a third eye）"①，以区别于那些泛泛而游"背着相机的傻瓜"。关键的问题出现了：这些长着第三只眼睛的入境旅游者，究竟如何看中国？我们将在下面的章节里详细探讨这个问题。

第二节　感知与再造：旅游形象的生成过程

旅游者对他国的认识，主要是通过间接感知（本底感知）和直接感知（实地感知）两种方式完成的。萨姆瓦认为，感知是"通过对感性材料的组织和翻码，逐步认识我们周围环境的过程"②。对旅游者而言，间接感知主要是在亲历他国之前形成的认知和评价，这种认识更接近于一种跨国想象；直接感知则是自己亲身的旅游体验的结果和反映。无论是对一个国家何种方式的感知，都是"我们创造了在环境中所遇到的物质事物和社会事物的内部意象。"③

① Gianna Moscardo.（1996）. Mindful Visitors. *Annals of Tourism Research* 23（2）：376 ~ 397，p. 376.

② （美）萨姆瓦等：《跨文化传通》，陈南、龚光明译，1988 年，第 141 页。这里的"翻"码，似乎应该为编码。

③ （美）萨姆瓦等：《跨文化传通》，陈南、龚光明译，1988 年，第 138 页。

这种创造，是“意义的创造”，是对原信息的加工、再造，而不是再现它的原貌。古迪孔斯特 认为，“信息可以被从一个人发送到另一个人，但意义却不能。”意义的生产，是在信息本体、所使用的渠道、发送的语境、发送者和接受者之间进行的创造过程①。信息一旦进入了人类的感知过程，就像一块“生铁”被投入了“熔炉”，而意义就是冶炼后的产品。冶炼的过程是在熔炉已有的内环境和熔炉所在的外环境中进行的。这就是我们为什么强调感知过程中的“再造”的原因。

具体到旅游者心目中的国家形象的生成过程，我们已经在“概述”部分有较为详细的阐述，在此只做简要回顾。

国家旅游形象的形成，首先被作为一种认知活动。本书吸取了概略理论在阐释人类处理信息的方式、特别是处理超载信息的方式时的科学性，将之应用于构建旅游形象的形成过程。但形象的形成决不是简单的个人心理系统所能完成的，因为个体心理系统深深地根植于更为广阔的系统：它所在的社会和文化环境。这个包含个人心理系统在内的大系统，所表征的正是人作为“个体的人”和“社会的人”的综合体（即莫利所说的“社会的个体”）对信息的过滤（选择）作用，它是形成旅游者本底感知形象的一层概略。本底感知形象，被看成实地感知形象的另一层概略。这实际的旅游活动中，这两层概略在参与对新信息的整合。有关目的地国家的信息，在我们所构建的模式的一大一小两个循环中流动不息（参见“概述”部分）。旅游形象的形成是一种认知过程，还有一层含义：一个好的旅游者，应该是一个好的学习者（learner）。一个好的旅游者，应该学会在新的体验中感受自己的国家、自己的文化所不具有的美好与美德，学会接纳和欣赏“他者”带来的生命的“感悟”，学会理解生命的意义与宽广，从而走向人类真正的、共同的精神家园，这才是旅游的终极价值。

旅游者心目中的国家形象的形成过程，还被看成受众对国家信息的积极的解读过程。依据霍尔的解码/编码理论中的三种解读方式，我们可以在更微观的层面上揭示旅游者如何利用自己的“意义结构”、以何种立场进行解读以及解读的结果如何（国家形象的面目）。入境旅游者的三种解读方式，都有可能会在以下两个层面上发生：面对本国的大众媒介、主流话语与面对东道主国家

---

① William B. Gudykunst & Young Yun Kim. (2003). *Communicating With Strangers.* New York: McGraw - Hill, p. 7.

的主流信息与传播期望。旅游者在后一个层面的解读，正是受众研究对于传播者的核心价值所在。

不难看出，上述两个过程，其实是合二为一的。顺此思路，我们将结合实地调查的结果，对以下几个具体问题进行尝试性的分析。

▼旅游者对中国的本底感知形象是什么？通过何种传播渠道获得的？

▼旅游者对中国的实地感知形象是如何形成的？

▼实地感知形象是否体现了旅游传播活动对本底感知形象的再造作用？

实证研究说明：该部分主要使用参与式观察、实地实验（问卷调查结合访谈）的方法，在自然的旅游活动中对旅游者进行的实证研究。有关研究方案，在“研究方法”部分已有较为详细的说明（有关人口统计数据，参见下图），在此不再重复。下面的分析，直接利用了有关的统计数据的处理结果和实地观察的结果。

表6－1　被访者人口统计数据表（注：职业一栏缺失值大多，没有统计在内）

项目	性别			年龄			
	男	女	未回答	24以下	25～64	65以上	未回答
人数	38	45	13	5	63	21	7
合计	96			96			
项目	语言			学历			
	日语	英语	未回答	高中及中专	大学	硕士、博士	其他及未回答
人数	37	58	1	34	36	14	12
合计	96			96			

一、本底感知形象

如前文所论述的那样，入境旅游者的本底感知形象，是形成实地感知形象的一种预先存在的知识结构（概略）。这种本底感知形象，无论看上去、听起来多么逼真，都是旅游者未到达目的地国家之前的一种先入之见（preconception），即成见。李普曼说：“在所有具有支配力的因素中，最让人难以捉摸、最有普遍性的就是创造并维护成见库的那些因素。我们在看到世界之前就被告知它是什么模样。我们在亲身经历之前就可以对绝大多数事物进行想象。而且，除非所受的教育能使我们具有敏锐的意识，否则这些先入之见就会强烈影响到整个感知过程。”① 现在，我们就来看看，入境旅游者在真正开始在中国的旅行之前，是怎样想象中国的，这些想象又是通过何种渠道形成的。

（一）入境旅游者对中国的本底感知形象

问卷中的开放式问题是：“来中国旅游前，你心目中的中国是什么样子的？”欧美等国的被访者的整体本底感知形象，是通过他们对该问题的回答和研究者与他们的交谈发现的。日本游客的整体本底感知形象，是基于游客对该题的回答和研究者对一些日籍华人的深访。

欧美等西方国家被访者的本底感知形象，基本上集中于这样的一种中国图景：

○ 中国地域广大、人口极多，有着古老的传统和悠久的历史；

○ 美丽的自然风光，古老、神秘而诱人的文化，丰富多彩的文化，充满异国情调；

○ 环境污染严重，比较肮脏，卫生条件很差，没有直接的饮用水；

○ 人们居住得很稠密、到处都很拥挤，到处熙熙攘攘，有很多自行车、人力车（黄包车），汽车却很少；

○ 绝大部分是农业社会，很少有大城市，很少有高耸的楼房，（体力）劳动密集型的生产方式，生产廉价商品；

○ 人民的生活方式与西方国家完全不同，人们工作很努力，但绝大数人生活在贫困、落后的状态之中，过着不堪忍受的生活，工人的工资很低，老百姓在警察（士兵）的枪杆下，提心吊胆地活着，生活得不幸福。拥有艰涩的语言，很难与之沟通，人民总是沉默寡言，不友好，思想闭塞僵死，不欢迎外国人，对美国人不友好，不喜欢美国人；

○ 共产主义国家，强硬而严厉、压迫人民的政府，警察国家，到处都是呵斥、命令和镇压人民的警察（士兵），政府官员腐败，人民没有自由，没有宗教信仰自由，很多少数民族，例如台湾人、西藏人（注：他们认为台湾是少数民族）艰难地生活在边疆，没有自由；

○ 一个处在上升中咄咄逼人的民族，发展变化快，但不现代，不繁荣，不发达国家（发展中国家）；

○（其中，有少数人还提到）高科技、奥运会、中国菜、孤儿院、毛泽

① （美）李普曼：《公众舆论》，阎克文、江红译，上海人民出版社，2006 年，第 67 页。

东，文化大革命、迷人的音乐（长笛）、乒乓球和游泳冠军等。

整体而言，这些欧美游客本底感知中的中国，基本上是一个经济落后、政治独裁、人民生活不幸、社会环境很差但文化魅力无穷、自然风光美丽、发展迅速的、不发达的农业国家的形象。虽然使用的词汇不同，但“贫穷”、“共产主义国家”、“丰富的文化”、“不同的民族”和“污染”、“变化”等观念，却有高度的一致性，几乎可以看成这些初访者中绝大部分人的共识。这种共识，是集体意识在个人心海中的沉淀。与此同时，个体形象对中国的再现又是很丰富的：体现出彼此之间的差异性。这种差异性，例如上面提到的对文革、中国乒乓球等方面的感知，是个人的概略模式对中国信息过滤的结果。

欧美游客对中国的感知度之低、感知之滞后、感知结果距离中国当今现实之遥远，会令很多中国人瞠目结舌。就某些方面而言，用“偏见”二字来概括他们的这种本底感知形象，相信很多中国人都会赞同。如果说这些中国形象的积极受众对中国的印象尚且如此，那么，我们可以去推测其他外国公众对中国的认知和印象，肯定会更加偏离中国人的期望。

这种中国镜像，给了我们太多的启示。中国改革开放 30 年，在欧美人眼中，似乎依然还是世界上一个偏远的角落。即使是全球化的信息浪潮，也没有彻底改变西方人长期以来的刻板印象，他们构建的中国形象依然有着浓浓的“东方主义”的味道。这说明，旅游形象，不仅仅由旅游活动、旅游传播来塑造的，人们对于一个国家和人民印象的复杂性和具体程度大部分取决于对一个国家的政治的、社会的、文化的认知以及相互之间的地理距离①。除了意识形态、社会制度和文化的巨大差异之外，地理距离对于人们感知的影响是值得关注的客观因素。西方很多国家是中国的远程旅游市场，由于遥远而无法使他们获得关于中国及其人民的充分信息，是偏见不可避免的重要原因之一。他们自己都承认，西方人对中国的了解非常有限，因为平时很少去关注中国；即使想去了解，也很少得到直接来自中国媒介的报道，再加上语言、文化等障碍，越发加剧了这种理解的难度。大众媒介中被极度扭曲的中国形象、社会上普遍存在的对中国负面评价，对他们的影响很大。两位纽约的游客（母女）说，如果你和邻居谈论来中国旅行的事，邻居们立刻会表现惊讶和不屑一顾，“去中国?！你去那里干嘛?”邻居认为你的行为很荒唐。而把这一切仅仅归结于“文

① 郭镇之：《跨文化交流与研究——韩国的文化和传播》，北京广播学院出版社，2004 年，第 313 页。

化帝国主义”，显然有失公允。中国长期自我封闭，对外开放和宣传的力度有限，是主要原因。韩国学者崔良珠，利用Jonari窗式分析法分析了韩国人眼中的中国人形象，得出几乎相同的结果：中国社会相对封闭于外部世界，缺少与对象国（韩国）进行交流的渠道①，处于“隐藏自我”（自己知道，别人不知）的状态。

值得一提的，其中有少数的重游客（见下图6－1）。欧美游客中的重游客占欧美游客样本总量的5.2%。重游客与其他人的本底感知形象截然不同。例如，他们的访前印象是：“友好而充满活力”；有人干脆用很抒情的语气来概括：“我真的很喜欢中国”。他们几乎都在该题的旁边，详细地加注，这是他第几次故地重游，在何年何月何日去过何地。这些认认真真书写的语言符号，往往比统计数据更能准确地表达个体旅游者对中国的积极印象。按照我们构建的旅游形象的生成模式，这里的本底感知形象，正是前一次实地感知的结果；这样的游客，更是积极受众中的积极分子。

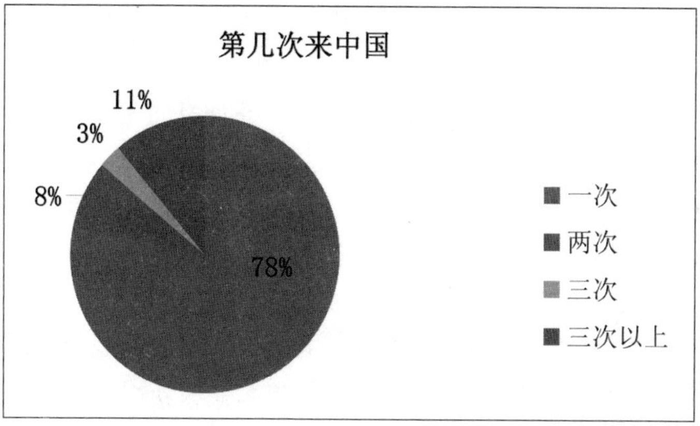

图6－1　旅游者是第几次来中国

针对同样的问题，日本游客回答呈现出这样的中国形象：

○ 幅员辽阔的自然之国，广袤的大地，绝美的风景，大陆国家，人口众多，环境质量有些差；

○ 有着悠久历史的传统国家，（想象中的）北京没有（看到的）这么

① 郭镇之：《跨文化交流与研究——韩国的文化和传播》，北京广播学院出版社，2004年，第324页。

现代；

○ 自行车的王国，道路宽广，崭新的建筑（建筑业，了不起）；

○ 文化之国，灿烂的文化，很多日本的文化是从中国传来的，有很多世界遗产，文化底蕴深厚，长城很长，故宫（木质结构）很了不起，有趣的民族风俗，正宗的中国菜是真正的美味和饮食享受，杂技，功夫；

○ 经济发展迅速，泡沫经济，中国产品、食品的安全性很是问题；

○ 社会主义国家，政治稳定，毛泽东，共产党，“天安门广场”；

○ 贫富差距大；

○ 浓浓的人情味；

○ 变化发展很快，近年来异常显著的发展，发展势头好；

○ （其中，有少数人还提到）奥运会，慈禧太后，《三国志》，王菲。

很显然，日本人对中国的本底感知，与欧美国家相比显著不同。日本人，无论是在社会生活、政治、经济和文化等方面，显然给予中国更多的肯定评价，特别是对“中国文化”和“社会发展变化”的充分肯定。

日本人心中这样的镜像，可能同样让许多中国人感到意外。由于历史原因，中国人“厌日情结”挥之不去，反过来，正如有的学者指出的那样：“中国在日本政府、公众、媒体中都是被丑化的、负面的形象。”① 如果这个论断是客观的话，日本游客对中国的整体解读，为何反而好于中国人争相奔赴的欧美国家呢？根据我们对日籍华人的深度访谈，日本国内对中国文化是持弘扬态度的。日本电视新闻中的“生活节目”有很多是专门介绍中国文化的，比如，介绍四川麻辣烫的做法，真真切切反映的就是现实生活中四川的麻辣烫这种饮食文化。日本的基础教育对中国文化的重视更是非同寻常。国语课本中有很多中国的成语、古诗词、古文等古典文化。很多日本学生会背唐诗、《出师表》等。日本年轻人中很多人很喜欢中国，觉得中国人大方、很重情义。中国女人聪明而且很坚强。这一点恰恰说明了在国家形象传播中，旅游传播作为民间传播相对于政治等其他传播渠道的绝对优势。

形成这样比较积极的中国印象，还有一个数据可能是非常关键的：日本重游客占日本有效样本总量的44.7%。他们此处的本底感知形象，应该是来源于以前比较满意的旅游体验，因此，相对于那些从来没有来过中国的欧美初访客，有着更为肯定的评价。再次，日本和西方文化的差异而造成的表达方式的

---

① 李正国：《国家形象构建》，中国传媒大学出版社，2006年，第47页。

差异，是必须加以考虑的。欧美人更倾向于直接使用“肮脏”、“污染”等贬义词，日本则使用“环境问题”等词汇来弱化贬低的含义。这个问题，还关系着另外一个更重要的问题。多年来，日本一直高居中国的入境客源国的榜首，入境人数远远超过与中国接壤的俄罗斯和韩国。考虑到上文提到的来自政治和大众媒介的负面影响的冲击，这个积极的受众群体，如何在历史和社会文化的大环境和自身的小环境中，形成了近乎抵抗式解读的本底感知形象？可惜，由于语言障碍和其他研究条件的限制，我本人无法利用像和“公主号”邮轮的游客自由交谈的方式获得对这个问题的真实信息，只能将答案留给未来。

与欧美国家游客的情况相似，日本重游客在回答该题时，同样表现出对中国的强烈的好感。其中有人写道：“这是我第四次来中国啦，还想来看看。”还有一点发现，很有意思：同是华裔，日本的华裔游客，对中国表现出更强烈的血缘的维系。其中一位游客在对中国的访前印象中写道：“半个祖国，但水天相隔，距离遥远”，在接下来的针对访前媒介接触的问题中，他在选项的旁边加注：“我妈妈是中国人。”这些简单而朴实的语言符号，传递的是入境旅游者与中国之间特殊的关系信息。

现在我们来简单总结一下欧美游客和日本游客对中国的本底感知形象的共同点、不同点。其共同之处表现在对中国文化的巨大魅力、发展变化和一些基本的社会生活的状况如地域广阔、人口众多、自行车多，环境问题等方面的认知。其中环境问题很突出，这与欧美和澳大利亚的大众媒介在对北京奥运会的报道中对环境问题大肆渲染密切相关。在对政治元素的认知中，欧美游客几乎持完全否定的态度。被中国人认为代表人类美好理想的“共产主义”，成了独裁与专治的代名词。日本游客除了用“社会主义”代替“共产主义”之外，对中国的政治稳定给予了肯定。对经济元素的感知中，两种被访者均不同程度上反映了中国经济的发展变化以及发展中的问题（如对产品质量问题的强烈反应），日本游客似乎更加强调中国经济的发展速度，对中国食品安全比较敏感。那么，这些本底感知形象是通过获得何种渠道的信息形成的呢？其中最重要的信息渠道是什么呢？

（二）入境旅游者的本地感知形象的形成渠道

该部分的问题是：“来中国前，你是通过何种渠道了解中国的？请标出其中最重要的两种。”统计结果如下图所示。可以看出大众媒介在其中的压倒性地位。西方媒介对中国的歪曲性报道，已是被大众传播研究所证明。这和我通

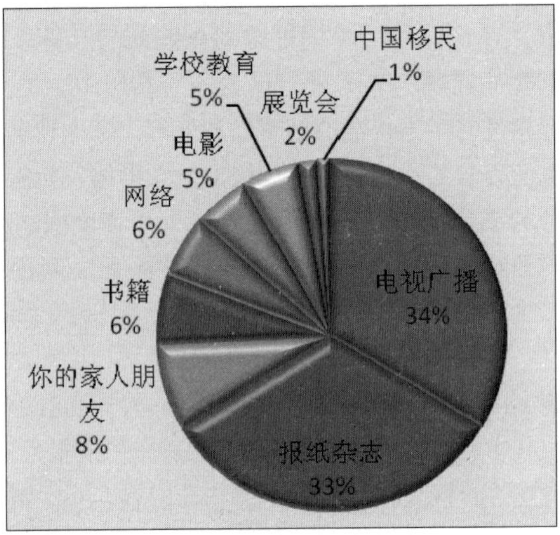

图 6－2　来访前了解中国的最重要的信息渠道

过与游客交谈得到的信息是一致的，特别是美国游客提供的信息。美国游客说，他们在中国国土上看到的现实，比如人们非常友好，生活得很幸福，街道的两边绿化的很美，在美国根本就没有媒介报道。他们整天看到的、听到的“中国”，总是和“天安门事件”、“西藏”、“台湾”等坏消息联系在一起。澳大利亚和英国的游客反映，他们本国媒介对北京奥运会的报道，使人们对中国环境污染很担心。需要补充说明的是，很多信息是问卷无法反映的，只有和旅游者交谈才可以获得，这就是我们把问卷和交谈相结合的原因。比如，很多旅游者是通过中国的电影了解中国文化的。他们过去不知道“紫禁城”是个城市还是个小村庄，看了电影《末代皇帝》以后才知道原来是中国皇帝的皇宫。《大红灯笼高高挂》中展现的中国人的生活方式和建筑风格，使得看过此片的外国人认为，中国人现在依然过着那样的生活：家家挂着红灯笼，住着“乔家大院”，男人可以有三妻四妾。《大红灯笼高高挂》使得一些女游客觉得中国的文化有着一种无以言说的“独特”魅力，比如里面的洞房花烛夜的氛围和中国女人的服饰等等都是非常吸引她们的中国元素。人际传播，同样很重要。一个美国游客（是一所中学房产管理处的经理）说，她来前觉得中国人很不同，很难理解。她所在的学校的中国学生中，有一个孩子的妈妈居然邀请儿子的全班同学来中国，包吃包住包机票，令她觉得不可思议。有一位老年游客，对与中国人交往充满了向往，因为台湾的一位护士温暖的服务，曾经彻底改变了他那顽固不化的丈夫对中国的敌视态度。一个加拿大的游客讲述家境并不富裕的中国移民的孩子如何如何在班里名列前茅……整个调查过程中，只要你和游客交流，随时都能“看见”他们的“中国故事”里的中国。而这种故事大部分不是大众媒介的信息，而是他们乐于与中国人交流的他们的个人经历。这提醒我们，大众媒介对外国公众的影响固然重要，但真正打动他们的却未必是大众媒介。因此，我们不能仅仅凭借统计分析的数据结果做出结论。

除此之外，我们还应该关注，不同国家和地区的人们在了解中国方面所使用媒介方式的不同。欧美和日本的被访者在媒介使用方面有明显差异（见下图6－3）。“学校教育”显然对日本了解中国更重要。美国国家历史仅有200多年，美国中学只开一年的历史课，由此不难想象他们的历史课本中对中国的介绍会有多少。

而学校是日本人、特别是年轻人了解中国的一个非常重要的渠道。日本游客在问卷中几乎都提及到学校教育。日本中学的国语课本有很多中国的文言文，是中、日文对照的。学生们都知道日本的文字很多来自于汉语，日本的文化深受中国文化的影响。历史课本中，也有“分割与被分割的中国”、“日中战争”等细节性的内容。做此类的调查只想强调一点：去深入地了解这些不同国家、不同地区的人们的信息渠道和这些渠道中再现的中国形象，对于传播者进一步理清旅游形象生成的来龙去脉以及未来选择合适的传播渠道方面，确定“有的放矢”的传播战略，意义重大。

（三）入境旅游者本底感知形象的背后：“抽象”的旅游期望

然而，还有一个问题意义更加重大，即，如何去解读这些本底感知形象背后隐藏的信息？我们也可以把这种隐藏信息转换成一系列的关键问题：既然在他们朦胧的跨国想象中有那么多负面的信息，那么，到底是什么东西吸引他们不远万里来了中国？来了以后，最期望耳闻目睹中国的哪些方面？我们提供的信息，是否充分地满足了他们的期望？这种满足的程度与他们的旅游体验有何内在的关联性等等。这些问题看似简单，因为旅游学教材和著作中关于旅游者动机的论述俯拾皆是。但只要你深入到旅游者当中，就会发现这些理论在解答上述问题上的苍白与空洞，而且你的探索越深入，你就越感觉到一种近乎野心的冲动——充实和重构被视为常识的、然而对于旅游形象而言又是十分重要的旅游期望的内涵，而不是仅仅停留在那种抽象的理论概括上。换言之，只有足够“厚实”的描述，才能真正有助于我们研究目标的实现。

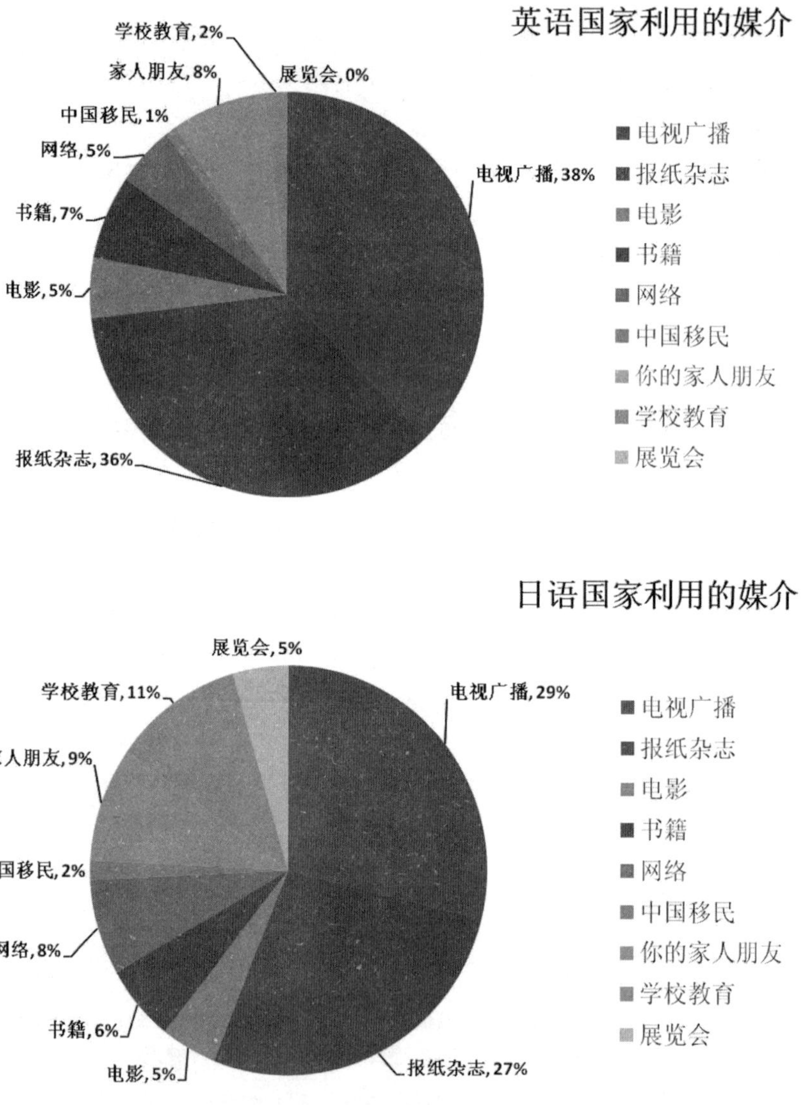

图6-3　英语国家和日语国家的游客在了解中国的渠道选择上的差异与比较

我们决定分三步来寻求上述问题的答案。一是通过问卷测量和交谈，二是对他们的旅游活动进行实地观察，最后对二者进行比较和分析。问卷测量中包括三个问题。第一个问题："来访前，中国哪些方面最吸引你？请选出最主要的一项"。

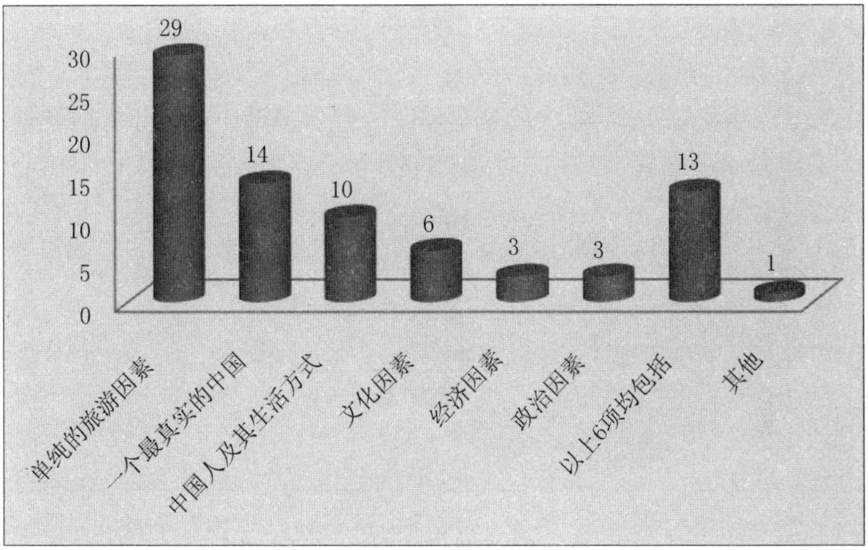

图 6－4　来访前，中国的哪些方面最吸引你?

该题中有一点需说明，“单纯的旅游因素”是指只与他们此行所购买的旅游产品直接相关的因素，包括他们选定的自然和历史景观、各种旅游产品的价格和旅游线路等等。“文化因素”包括民俗、艺术等等方面。这样的选项设计的最初目的是，为了将旅行社宣传的狭义的旅游产品和中国整体及其政治、经济、文化、人民生活等各个侧面对旅游者产生的吸引力区别开来。但由于狭义的旅游产品的内容和“文化因素”的内容是交叉的，而此题又为单选，所以造成了很大程度上的误读和干扰，使得本来很有吸引力的“文化因素”，反而得分很低。这一点，在收回问卷以后，通过和旅游者的交谈得到了及时的反馈和证实。而且文化的“吸引力”在上文开放式问题已经得到证实。可以看出，“一个真正的中国”和“中国人及其生活方式”是吸引旅游者的两个很重要的因素。而这是不是他们真正的旅游期望，或者说在多大程度上构成了他们到达中国后的、现实的期望，是必须在实际的旅游活动中加以证实的。

问卷的下一个问题是，“何种因素直接促成了你的这次中国之行?”“旅游者自身对中国的兴趣”和“亲朋好友的推荐”占了绝大部分的比例。可见人际传播的口碑效应在旅游传播中的重要作用是不容忽视的。值得一提的是，“中国自身的宣传促销”的功绩，得到了某种程度的反映。

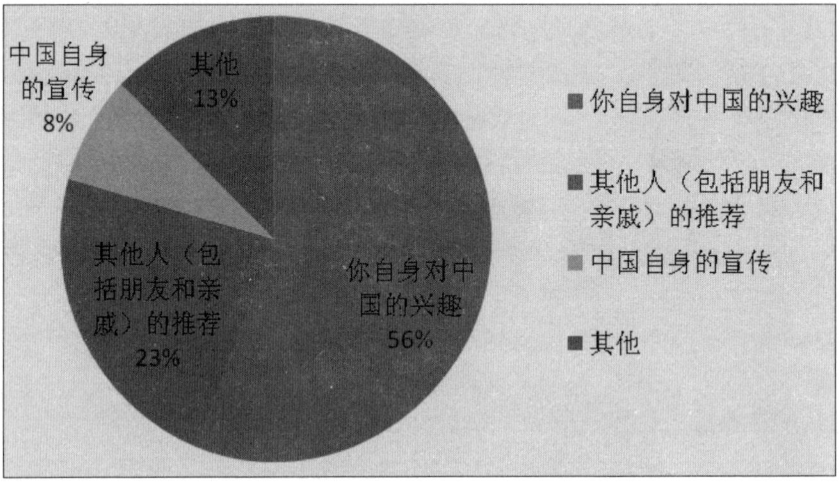

图6－5　何种因素直接促成了你的这次中国之行？

问卷测量，由于受很多人为因素和问卷填写的具体情景的干扰，只能提供一个大概的参考。考察旅游者真正关注什么，即在实际的旅游过程中他们真正吸纳那些新信息与原来的本底感知整合，最有效的方法是了解他们的实地感知形象的形成过程。因为，一般而言，旅游者（特别是初游客）的本底感知形象，无论是在信息量还是对现实反映的准确程度上，都和目的地国家这个客体相差太远，特别是对于中国这样的历史悠久的大国而言。正如基辛格所说："如果你认为你了解中国，恰恰说明你不了解。"更确切地说，旅游者在入境前和入境后对中国的旅游期望是不一样的：一个没有来过中国、不了解中国的人，很难确定他到底在中国的实际旅游过程中应该关注什么。旅游期望，是在一个动态的旅游活动的连续体中，被塑造、被连续创造的：新信息的出现，或许使多年的夙愿成为永远的泡影；新信息的出现，又很可能打开冰封经年的心灵，使之冒出一个接一个期望的新芽。美国游客对中国人的本底感知是"充满敌意的、不友好的群体"，这种感知不会催生美国人渴望和中国人密切接触、交流人生体验的期望；但如果美国人一到中国的土地上，就感到中国人抵挡不住的热情和好客，交往的愿望往往随之萌生。这就是我们上文所说的我们要对旅游期望的内涵重新界定的基本原因。

但这不是说本底感知形象在未来的认知活动中不起作用，而是说，这种过去的知识和经验结构框架下的期待与需求，相对抽象、模糊和空泛；它会在和目的地国家的现实信息的互动中，得到印证、充实和改造。旅游期待（需求）是参与入境旅游者对新信息整合和解读的概略的组成部分，但不是唯一概略。入境旅游者还随身携带了包括他的社会和文化背景的一个更大的概略。这两层概略，会在实地感知过程中，在和东道主的交流互动中，共同决定“选择性注意、选择性理解、选择性记忆”后实地感知形象的内容，共同决定他们的感知和再造的结果：是主控式，是协商式抑或是抵抗式解读。对实地感知形象的深入研究，是理解这些问题的关键。

二 、实地感知的形象

我们借用旅游学中的概念，将实地感知形象的内容分为：人－人感知和人－地感知两部分[①]。我们摈弃其原概念中关于“感官要素”和“感觉要素”的抽象内涵，直接将“人－人感知”界定为“入境旅游者对于目的地国家的人民及其生活方式的感知”；除人以外的对自然景观和社会文化事物的感知，均属于“人－地感知”的范畴。

自从入境旅游者踏上中国的国土，他们就开始了实地感知中国的历程。他们会利用各种渠道来了解一个近在眼前的中国。我们在前面已经提及（参见“导游”部分），他们的感知渠道包括与旅游业服务人员（导游与宾馆服务人员）的接触、自己的观察、与当地居民的接触、与其他旅游者的接触、宾馆的电视或其他纸媒介、旅游指南等。其中，导游是最重要的传播渠道。这一点我们已经在前文的“传播者”部分有较为详细的论述，在此只重申一点：导游的重要性，是个再强调也不过分的问题，这是本人的实地调研一再证实、戴夫的研究报告一再重申的问题。另一方面，旅游者又是积极的解读者，他们会以自己的观察去验证导游信息的可信性。那么，旅游者入境后，在实地旅游过程中具体关注些什么信息内容呢？下面我们就以对“公主号”邮轮的游客的实地观察，来追踪他们视野中的形象内容。

（一）人－人感知

人是活动的符号，对人的关注始终是旅游者信息内容的核心。在机场，游客第一个见到的就是导游。对导游的第一印象与对东道主国家的第一印象密切相关。如前所述，导游迎接游客时的目光、微笑、说话的语气、握手时的力度和自我介绍（特别是能否给出一个让外国游客容易记住的名字），都是第一印

---

① 李蕾蕾：《旅游地形象策划：理论与实务》，广东旅游出版社，1999年，第68页。

象的关键内容。按照戴夫的观点，这些细节看似微不足道，却能够告诉游客东道主是否友好，游客能否在越过大海重洋后立刻拥有与目的地国家的“连在一起”的感觉。西方人喜欢用名字称呼彼此，而不是“某某先生、某某小姐”。细心观察就会发现，一旦导游做到这些细节，游客的反应会很不同，他们会很高兴，很友好，因为他们觉得这样与导游就建立了一种联系。中国导游往往过于专注于安排行李、清点游客人数和叮嘱游客记住即将乘坐的汽车车号，而忽略了这些最重要的细节。此后游客对导游的感知，会随着旅程的伸展而继续，也许会出现与第一印象截然不同的感知结果。但无论如何变化，导游都是国家旅游形象最重要的标志性符号，只要数数导游有多少次进入游客的镜头，就立刻会见证这一点。

当然，对导游的注目只是旅游者对人的关注的一种体现。当我们循着旅游者的目光、旅游者手指的方向以及他们的相机快门对准的目标，就会发现他们摄入视野的人群竟是这样的一些平凡得引不起我们关注的人们。

在机场，首先出来的游客在等待其他游客办理手续的过程中，目光屡屡投向挤在出口处接人的中国人：除了不排队和太近的身体距离之外，他们接到人时所表现出的兴奋与快慰，与旅游者在自己的国家接触的面无表情的中国移民迥然不同。在接下来的日子里，随着交往和接触的频繁，他们愈加发现中国人的真实面目：他们原来是与旅游者一样的民族，会笑、会歌唱、也很幽默。这些他们所谓的“共产主义者”，并不像他们原先想象的那样生活在水深火热之中，而是与自己国家的人民一样生活得幸福、快乐，甚至比自己还幸福、安闲。颐和园里的长廊上健康活泼、嬉笑玩耍的孩子们，马路边身着漂亮的校服、排着整齐的队伍、在老师的细心陪护下行进的小学生，都被摄入旅游者的镜头，象征着中国人不断上升的幸福指数。在各街心花园、天坛、颐和园和其他公园里，悠然自得的老人们，以打太极拳、太极扇、拉二胡、唱京剧、玩空竹、跳舞等各种方式休闲娱乐，使得青年游客驻足、老年游客羡慕。在北京后海附近的金丝胡同进行的家访，更是令这些西方游客激动不已。在那些古雅而幽静的四合院里，方寸之地也能硕果累累，野趣盎然；葡萄架下，金鱼缓缓而游，精致的鸟笼里，鹦鹉放声歌唱；即使是一个20多口人四世同堂的大家庭，居然也能够和谐地生活在一起，相亲相爱，互相照顾；老人们在院外的大树下下棋聊天，悠闲自得。这种中国百姓的生活情趣和家庭观念，使得这些一向居高临下的外国人对中国人的生活方式，惊叹不止。主人并不豪华的房间里，现代化的家庭用具、自来水、天然气一应俱全，更让这些原以为中国普通家庭还在使用煤油灯、井中取水、没有电视的西方游客难以置信。最让他们难以置信的是中国人对他们的友好与热情。被他们贴上“共产主义”标签的国家的人民，不是充满敌意，而是热情地欢迎他们。最让他们感动的是，这种友好与热情，并不是出于商业目的，而是出自真诚与自然。长城上、故宫里，随处可见与他们招手说“Hello”、争相和他们合影的中国游客。他们居然还可以到中国人的家里，和金丝胡同里纯朴的女主人聊天，并受到热情接待，这绝对是他们事先无法想象的。在飞机上，同行的中国游客会对他们微笑；在餐馆里，他们感到年轻的服务员对他们表现出的友好，显然不是为了赚钱，因为她们并没有接受自己的小费；他们所住的宾馆里的服务员，即使不会用英语交谈，也对他们很尊重、很亲切；在天安门广场，很多在老师的带领下排成一队前来参观的孩子们对游客招手说“Welcome to China”。一位老年的美国游客在回忆当时孩子们脸上的真诚的、灿烂的笑容时，非常动情地说：“没想到连孩子们都是那样欢迎我们!”如果和游客交谈，就会发现这样的细枝末节虽然在他们的旅游经历中各个不同，但反映的基本都是这样的主题：他们多年来一直认真地假象的“敌人”，原来是热爱交往与和平的民族。他们在结束白天的行程后，和自己同来的亲朋以及同团的其他旅游者谈论最多的还是此类主题，他们谈到这里的人们的生活、谈到他们在国内的生活，谈到他们过去的道听途说，谈到此次旅行的所见所闻，会聊到深夜。这是他们感受最深、认为最值得珍藏的经历。

无论是欧美还是日本的旅游者，在问卷中列举的他们此次中国之行最愉快的旅游经历时，提到最多的就是中国人的热情与友好。欧美游客使用“友好”、“善良”、“礼貌”、“热心”、“热情”、“极力想让游客高兴”、“讲英语”、“宾馆服务很好”等词语形容他们喜欢的东道主；日本游客，则使用“很善良”、“很热情”、“很亲切”、“微笑”、“很开朗”、“很豁达”、“充满活力”、“朝气蓬勃的年轻人”、“浓浓的人情味”、“和中国人的交往”、“鼓掌”、“握手”等词语描述他们对中国人的实地感知的美好印象。

除此之外，还有更多的普通人进入旅游者的镜头和视野：早晨公共汽车站排队上车的人们，汽车里拥挤的人群，交通高峰期的人流，燕莎店前集训的服务员，长城脚下低矮的民房里的居民，极具惊险色彩、吊在摩天大楼外边粉刷墙壁的工人，天桥上的乞丐，路边绿化带里一丝不苟打扫卫生的女清洁工，专注地给草坪浇水的环保工，零乱的建筑工地上交谈的农民工，景区景点的小商贩，无视行人、气势逼人与别的车抢道的汽车司机，闯红灯穿越马路的行人等，几乎无所不及。其中，中国有那么多的清洁工和环保工在认真工作，中国政府对环境如此重视，是这些外国游客始料未及的。景区景点的小商贩，则给这些旅游者留下了另外一种深刻印象。他们不仅随地吐痰，而且是一支装备着“劳力士”手表等各色假名牌产品的“游击队”，他们具有敏感的嗅觉，会随着旅游者的出现突然冒出，向游客推销那些廉价商品。即使游客一再说不买，他们也会紧紧地尾随死磨硬缠，直至使游客感到极其烦躁不安，非常影响他们的旅游兴致。游客觉得这些人“强人所难、咄咄逼人”。而当工商局的工作人员出现在不远处的时候，他们会拔腿就跑，有时仓皇到粗暴地从旅游者手中夺走他们正在兜售的商品的地步。惊愕不已的旅游者还未回过神来，只见身着制服的“警察”“耀武扬威”地走过来，而这些小商贩已经消失得无影无踪，一幕“政府控制人民、警察迫害百姓”的真实场景就这样落在那些不知内情的旅游者的眼里。在天安门广场，一群销售带有“北京奥运会”字样的帽子的小商贩，在我们乘坐的旅游车门口挤成一团，为争生意互相辱骂，将导游堵在车下，致使司机不能正常发车。周围几辆旅游大巴上的游客，纷纷举起照相机、录像机，将此情景拍摄下来，同车内的游客互相传阅自己的作品，哄堂大笑。这种场景，中国人都习以为常，连导游都很少想起来和旅游者解释其中的真相，更不会关注旅游者的误读，而旅游者本人则觉得一下子看到了中国现实的“台后”。通过短短十几分钟糟糕的旅游经历，旅游者解读的是中国的政治、经济、社会生活的丑陋以及国民的粗鲁。此外，在去八达岭长城的路上，一辆大卡车和旅游车抢道，两车差点相撞，全车人一片骇然。心有余悸的旅游者在问卷中写到中国人“很有攻击性”，特别注明“野蛮的司机”。大街上，汽车不给行人正常让道，行人和汽车胡乱穿行，也让西方人感到中国的交通状况很差，尤其是日本人对中国人如此“不守纪律”感到难以接受。另外，日本人对某些中国人的环保意识差（随便扔垃圾、随地吐痰）、浪费粮食、不守时、任性、商店店员的服务态度差等感触颇深。关于服务员的服务态度问题，日本游客的反感是因为：在日本，服务员是将物品放在盘子里双手、侧身递给客人的；而在中国，服务员不仅只用一只手，有时还漫不经心地甩下就走，而且供客人使用的茶壶、茶碗和餐具有时会是裂口或残缺的。这在日本文化里，都是服务业的大忌。

浸染在自己的文化中的东道主浑然不觉的这些人物图景，却被旅游者的“第三只眼”尽收眼底。无论是在他们心目中生成中国的负面形象还是正面形象，对人，特别是对平民生活的关注，始终贯穿在旅游者的旅游体验的各个组成部分。而且旅游经历越丰富的人，越关注目的地国家的人们的生活和生存方式，而不是十分关心那些同质性很高的旅游产品。他们甚至很想了解接触到的中国人的职业，家庭成员的状况，住在城里还是农村，住的什么样的房子，多少钱买的，是买的还是租的，家里是否有汽车，平时是否加班，加班是否有报酬等生活细节。有的旅游者会告诉你，他们最难忘的旅游体验，是某个晚上坐着出租车观看城市夜景和中国人万家灯火中的夜生活：街边的大排档人们如何兴致勃勃，某个窗口里如何飘出有异国情调的音乐，在自己国家生意冷清的麦当劳如何在中国红火得格外招眼，如何观看某个街头艺人的表演等等。和旅游者近距离交往，会有一种新的印象：他们来中国肯定是想看长城、故宫、兵马俑等风景名胜，但一旦到达目的地，你就会发现他们对人及人的生活方式的浓厚兴趣就会凸现出来，他们接下来的旅游期望也会随之发生变化。与中国人的交流与交往，是这种变化的重要部分，而且这种旅游期望一旦变成现实，就会成为他们旅游体验中最鲜活的部分。比如，一旦和东道主有了一定程度的亲密接触，他们会期望从中国百姓的口中，了解中国人生活中实际拥有的自由与民主、台湾和西藏问题的真实面目，他们也很渴望了解旅游线路以外的中国，特别是中国广大的农村人的真实生活。与目的地居民的交往，哪怕仅仅是泛泛之交，往往会变成旅游者关于该国的珍贵记忆。一位在北京街头以嘴作画的残疾艺人，可能从来就没想过去关注是哪位旅游者买过他的画、拍摄过他、与他交谈什么样的话题，更无从知道他与他的画会飘扬过海成为旅游者书房里的得意之作、他的画拥有了与商场同类商品无可比拟的旅游价值。这往往构成旅游世界中人际交往的独特性：发生在东道主与游客之间的日常交往，东道主可能并没有在意，或者根本就不会意识到自己会作为国家形象的符号沉淀在旅游者关于该国的记忆中，并因此拥有了对于旅游者旅游经历的独特意义。

总之，对人的感知，是旅游形象中最深刻、最具有影响力的内涵，因为对人以及人的生活方式的解读，会反映出旅游者对东道主国家的政治、经济、文化和社会面貌的本质性的、综合性的认识。诚如一位旅游者所说："不管你以前了解到的、现在想了解的是一个什么样的国家，一接触到这个国家的人民，你就会明白其他的一切都不是原来想象得那么重要。"

（二）人－地感知

我们把旅游者对除人以外的自然景观和社会文化事物的感知，列为"人－地感知"的范畴。人－地感知的内容基本上集中于中国独特的自然风光、历史文化资源、以及其他吸引旅游者的社会存在。中国自然风光之秀美，文化资源之丰富，得到了欧美和日本旅游者一致的高度赞扬。

欧美人的人－地感知，明显倾向于传统与现代的两极。北京、故宫、长城、颐和园、天坛、恭王府、胡同等旅游吸引物，依旧是旅游者对传统文化关注的重点。对美国和澳大利亚等一些仅仅拥有几百年发展历史的西方国家旅游者来说，在中国旅游是对“历史”和“文化”这两个概念重新认知的过程。中国历史的“源远流长”、中国文化的“博大精深”是他们在入境前的跨国想象中无法具体化的。而一旦在他们的眼前还原为现实，他们就会感到中国文化的内涵对他们的强烈冲击，而且这种文化力量的冲击，只有与旅游者同行时，才会充分地体味到。当苍茫群山中万里长城的一瞥闪现在旅游者的视野中时，旅游车里顿时安静下来，片刻之后，所有的相机都在噼里啪啦地拍摄，尽管旅游车还是行驶在蜿蜒的山路上，拍摄只能隔着车窗进行。当终于到达长城脚下的时候，激动不已的旅游者只能不停地用“amazing”（惊人的）、“gorgeous”（辉煌的、灿烂的）来表达他们的感受。而当故宫、天坛、颐和园等景点，继续拉开“中国文化”的帷幕的时候，旅游者感受到，中国之“大”，不仅表现在地域之辽阔，更多地表现在文化积淀之深厚。胡同里一个普通的民宅，竟然比他们自己的国家还古老。故宫、颐和园之大、建筑艺术之精湛，远非看过《末代皇帝》、知道慈禧的西方旅游者所能想象。而亲眼目睹的中国茶道之典雅，饮食文化之丰美，景泰兰制作工艺、丝绸加工程序之复杂，更令他们感到中国文化的“精致”。这种精致，居然可以具体到故宫里的一块地砖的烧制过程、一颗门钉的象征内涵，就连宫殿的飞檐上都有各种神奇的动物装饰。美国旅游者认为，这种无处不在的精致，是他们自己的文化中所不具有的，相形之下，他们自己的文化显得粗犷而单薄，这一点是他们在美国无法真正领悟的。他们原以为，天坛只是类似西方教堂的宗教意义上的建筑物。到了实地才知道它所表达的一个伟大文明的宇宙观以及所具有建筑设计上的象征寓意对远东国家的深远的影响。旅游者行走在这些名胜古迹之中，虽然无法完全理解其中蕴涵的文化信息，却能感觉到它们所依托的，是深不可测的中国文化。旅游者对传统文化的强烈兴趣，在景点之外同样显而易见。沿途之中，嘉事堂药店古色古香的店门，曲美家居城深红色的龙凤呈祥图案的外观，前门的老城墙等，都被旅游者视为“中国特色”拍摄下来。最受旅游者欢迎的传统文化中，中国的饮食文化是不可或缺的。除此之外，还有戏曲和杂技等等。随着旅游经历的变换，这些符号在旅游者的脑海中不断汇聚并逐渐生成“文化之国”的中国形象。

当然，在对这些传统的事物感知过程中，旅游者的解读还包含一些独特的信息。比如，对长城的解读。或许是受到大众媒介对中国的环境问题的负面报道的影响太深，欧美的旅游者认为中国的沙漠化很严重，长城应该是横亘在秃山大漠之上。而他们去长城的途中，一路都是树木掩映，群山吐翠，长城在绿色中伸向远方。不仅是长城之“绿”，长城之“世俗”色彩同样是在实地感知中形成的。在很多旅游者的想象中，长城是为“上帝”建造的带有浓厚宗教色彩的圣物，根本想不到它是一项伟大的防御工程，更想不到人人都可以登长城，而且“不到长城非好汉”是中国人尽人皆知的民族精神。还有，由于缺乏对天朝大国的等级制度和讲究九五之尊的中国帝王文化的基本理解，旅游者觉得故宫和颐和园太大，实在是对空间的巨大浪费。此外，旅游者对天安门广场的感知也很独特。他们心目中布满士兵、阴森恐怖的“天安门广场”，居然是如此地美好：阳光普照下的天安门广场一片祥和，欢乐与微笑荡漾在每一个欢度国庆的大人和孩子的脸上；中国人对外国旅游者的欢迎与友好的态度，使之很快融入到那种欢乐的气氛之中；各种花卉构筑出长城造型与奥运精神、壮观的人工喷泉等无不展示了中国人的智慧与匠心独具、现代中国的勃勃生机。

人－地感知的另一端，是旅游者对中国现代生活的关注。自行车流在旅游者的想象中淡出，代之以视野中的川流不息的汽车流。旅游者拍摄的汽车流，代表了中国的现代化程度和交通拥堵两种内涵。其次，那些设计时尚、风格独特而雄伟的办公大楼（例如保利大厦、中海石油大厦等）、成片的居民区的楼群（例如鹿港、金隅国际等）、一些优雅的别墅区、基础设施以及随处可见的正在紧张施工的工地，也成为他们见证中国迅速发展的重要组成部分。对环境的关注，是旅游者关注中国现代性的另一个侧面。很有意思的是，在相同的目的地旅游，欧美的旅游者和日本的旅游者对环境的感知总体差异很大。除了前面提到的清洁工、环保工之外，各种图案的草坪、街道两旁的争奇斗艳的花草树木、各种雕塑以及崭新的垃圾桶，这些被认为发达国家才有的环境，一并进入了欧美旅游者的眼中。北京整洁的街道和干净的城市，得到欧美游客的一致认同，因为他们本来认为会非常肮脏。但烟雾和北京上空的淡黄色的云朵，依然被认为是环境污染的证明。而来自岛国的日本人，对中国街道之宽广异常敏感。但他们认为中国的城镇很脏乱，大气污染极其严重。环境污染、交通拥挤、厕所的卫生差，是欧美游客和日本游客一致评价，欧美人对景区内缺少西式风格的厕所尤其失望。北京奥运会，也是旅游者关心的重要主题，他们很多次向导游问起奥运村和“鸟巢”。他们认为主办奥运会是见证中国发展的最有力的证据，但同时认为主办奥运会中国会面临基础设施、交通和环境等方面的压力。在对社会其他方面的感知中，值得一提的，日本人感到中国的物价低，生活很舒服；欧美人感到中国的政治稳定，社会安全。简言之，经济快速发展、社会不断进步、环境逐步改善和人民生活水平日益提高，是旅游者实地感知的现代中国的主流信息。当然，环境、交通与卫生等负面信息使得中国作为发展中国家的形象同样十分鲜明。

总之，旅游者实地感知的中国形象，是关乎社会方方面面的国家形象，其感知范围远远超出其购买的旅游产品的范围。其中，无论是人－人感知还是人－地感知，无论是对传统还是对现代的关注，人以及人所在的文化都是中国形象最主要的元素。我们同时注意到，旅游者带着自己心理文化和社会文化的概略模式，带着自己的本底感知形象，投入到目的地国家的旅游环境中，在旅游经历中选择自己期望感知的新信息，重新塑造出仅仅属于他们自己的国家形象。日本国土狭窄，非常注意环保，遂感到中国的道路宽广、污染严重。美国人把中国想象得过于冷漠与邪恶，遂对中国人实际的热情与友好感受极深。那么，这种实地感知形象，对于东道主国家的形象传播的真正价值何在？显然是在于它是旅游活动或旅游传播对本底感知形象修正的结果。一般而言，旅游体验中的传播活动基本上都对本地感知形象有修正作用，但这不意味着，实地感知形象一定会好于本地感知形象，即旅游未必能带来国家形象的改善。然而能否改善，却是我们最关心的传播效果问题。上面的实地调查结果，已经部分显示出旅游对于旅游者的本底感知形象的改善作用。下面我们将从另一个角度，对此问题作进一步的探讨。

三、旅游传播对于本底感知形象的修正

按照霍尔的解码理论，旅游者的实地感知形象的生成过程，可以看作是旅游者作为受众借助于已有的“意义结构”对新信息解读、对旧信息重新解读，并融合解读结果的过程。其中旧信息，即是本底感知形象，特别是旅游者接受的来自大众媒介和主流文化的信息；新信息，即是旅游过程中接触的来自目的地国家的信息。在上述的调查结果中，我们发现，旅游者无论是对新信息还是对老信息的解读，均体现出霍尔提出的三种解码立场。这正是国家旅游形象的丰富性与复杂性所在。我们仅从上面的陈述中摘取几个例子，略加说明。其一，主控式解读。工商局的工作人员打击无营业执照、买假名牌的不法小商贩，本来是为了维护正常的市场秩序、保护旅游者的利益，却被游客解读成“政府对人民的控制、警察迫害百姓”。这种主控式解读，充分体现了旅游者直接从本国的主导意识形态对中国的“共产主义国家”、“警察国家”的宣传

中获取了编码者的参照符码来解释新信息，从而造成了对新信息的误读。其二，协商式抑解读。欧美旅游者对中国环境问题的解读，关注到了中国在环境保护中所作的努力，同时依然指出天空的白云所代表的污染。这种“部分同意，部分否定”①，即是对本国大众媒介围绕北京奥运会报道的中国环境问题的协商式解读。最后，抵抗式解读。美国旅游者对天安门广场的实地感知，与美国大众媒介对“天安门广场”的呈现完全背道而驰。在金丝胡同的家访，也使他们明白了现代的中国人并没有在水深火热中苟且偷生，而是生活得跟他们一样地自由、幸福、快乐。这种实地感知形象，可以看成抵抗式解读的例证。这三种情况，同样适用于他们对来自东道主国家的新信息的解读。

但无论旅游者采取的是何种解读立场，东道主国家都期望产生与自己的传播期望相一致的传播结果，即产生、修正并减少本底感知中的负面信息，增加正面信息量及其影响力的效果。但国家形象内涵的丰富性和形成过程的复杂性，使得检验这种修正的整体效果变得很困难。为了进一步相对完整地获取这种修正的结果，除上述的参与式观察与交谈之外，我们采用了实地实验②中前测和后测的方法，对旅游者访前的本底感知和访后的实地感知形象分别测量。我们将大众传播研究中总结出的西方国家的中国形象的要素，作为测量负面国家形象的变量，而将这些成果总结的中国的自我形象以及中国期望传播的国家形象，作为测量正面国家形象的变量。其中，正面形象包括“理想的旅游目的”、“开放、现代、国际化”、“适合居住（理想的生活地）”、“独立、负责任”、“经济持续、快速发展”、“各民族平等、团结”、“热爱和平、维护和平”、“政治稳定－社会安全”等8项要素。负面形象包括“问题重重的目的地”、“贫穷、落后、衰老”、“具有攻击性且对世界构成很大威胁”、“政治环境不佳”、“糟糕的社会环境”、“卫生条件差”、“严重的环境污染”等7项要素。中国国民的形象包括：“勤劳”、“聪明”、“诚实”、“可以信赖”、“理性”、“有礼貌”、“攻击性”、“守法”、“合作”等9项要素。具体测量的结果如下：

（一）对中国的正面印象的提升

在对中国的正面印象评价中，在“理想的旅游目的地”、“开放，现代化，

---

① 黄顺铭：《一个诠释典范：霍尔模式》，《新闻大学》，2002（冬季刊），第17页。

② 有关实地实验的研究方法，参见刘燕南：《电视传播研究方法》，北京师范大学出版社，2003年，第152～161页。

国际化”、“经济持续快速发展”这三项上，国外游客来中国旅游前和旅游后的态度有显著性差异。

（1）旅游后，认为中国更加开放、现代化、国际化。

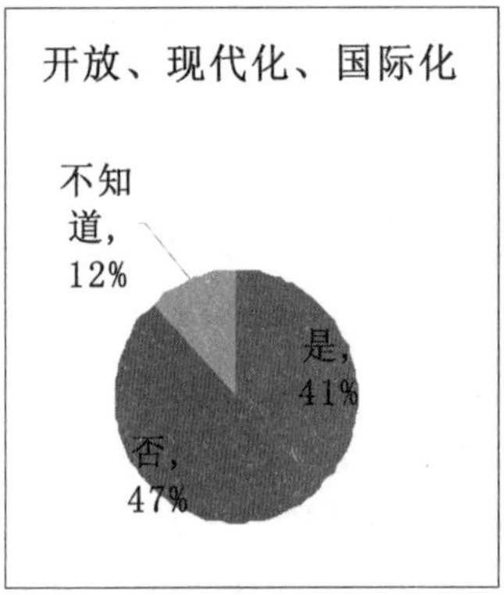

图 6－6　旅游前

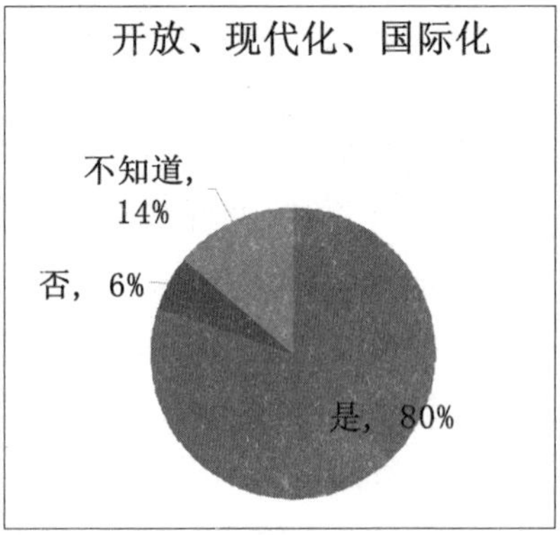

图 6－7　旅游后

（2）旅游后，更加认为中国是理想的旅游目的地。

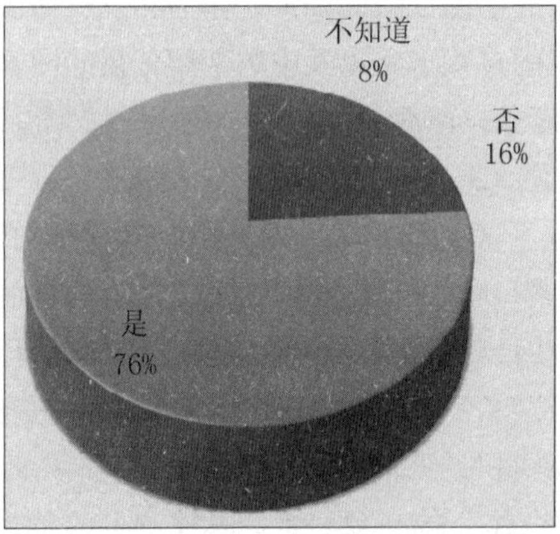

图 6－8　旅游前

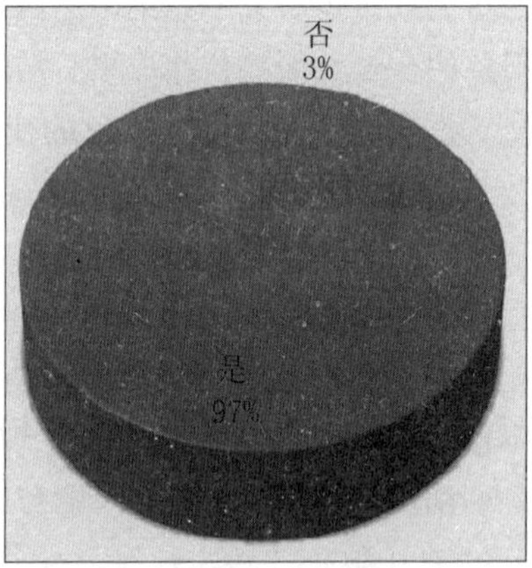

图 6－9　旅游后

（3）旅游后，认为中国经济持续快速发展。

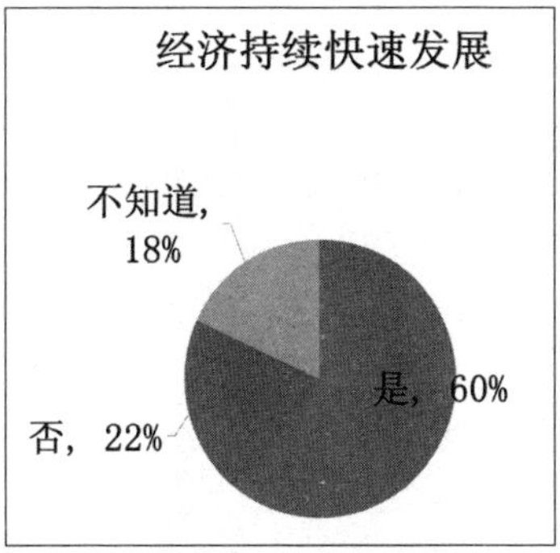

图 6－10　旅游前

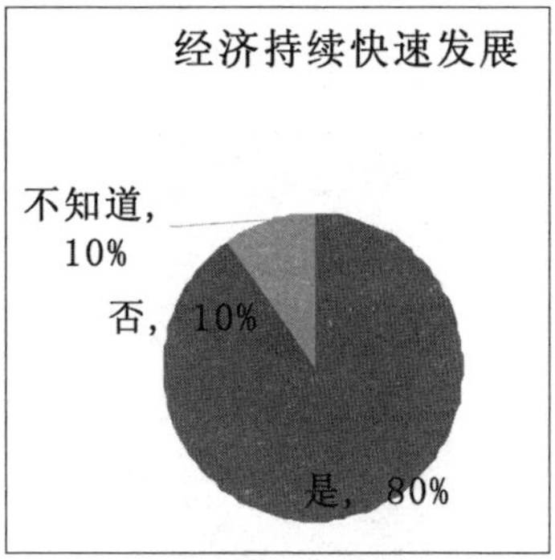

图 6－11　旅游后

（二）对中国的负面印象的修正

在对中国的负面印象评价中，在“落后、贫穷、衰老的国家”、“具有攻击性且对世界构成很大威胁”、“政治环境不佳”和“卫生环境恶劣”这四项上，国外游客来中国旅游前和旅游后的态度有显著性差异。

（1）旅游后，认为中国是“落后、贫穷”的国家比例大幅减少。

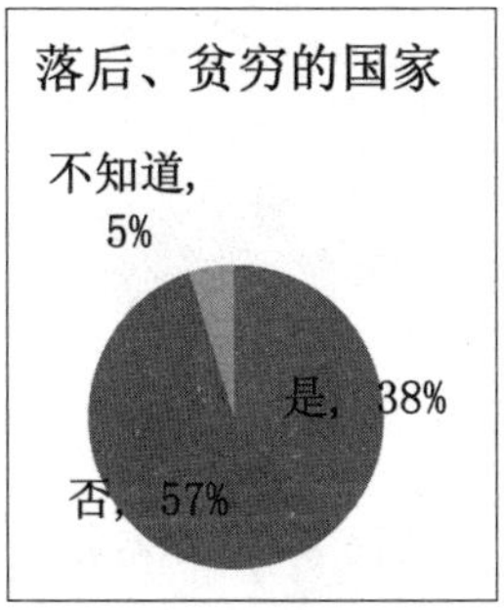

图 6－12　旅游前

图 6－13　旅游后

该题中的统计结果有一个需要说明的地方。如图 6－12 所示，访前不认为中国是落后、贫穷的国家的旅游者占样本总量的 57%。这个结果是包括英语国家的旅游者和日本旅游者在内的总体上的反映，而不是仅仅针对欧美等国家的旅游者。事实上，日本旅游者的样本中几乎无人认为现在的中国是贫穷、落后的，而欧美国家的被访者恰恰相反，他们中绝大部分的初访者都认为中国依然是贫穷、落后。从这种意义讲，旅游对欧美等远程国家的旅游者的这一认知，修正的效果较日本游客会更明显一些。

（2）旅游后，认为中国具有攻击性、对世界造成威胁的人数下降明显。

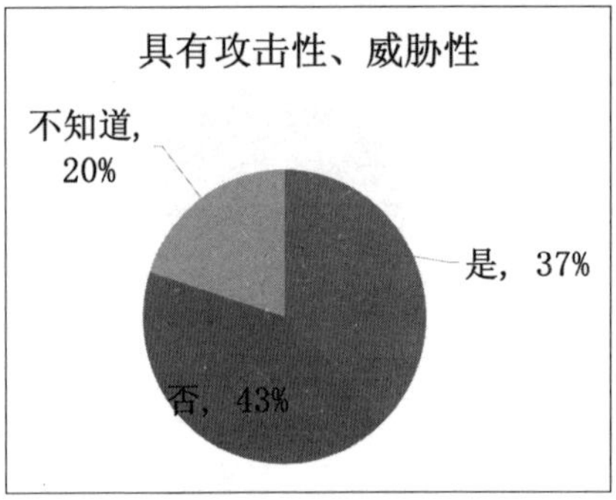

图 6－14　旅游前

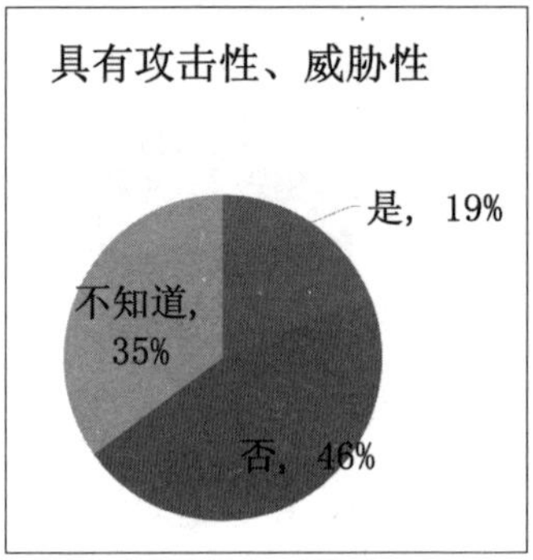

图 6－15　旅游后

（3）旅游后，认为中国国内政治环境不好的人数减少明显。

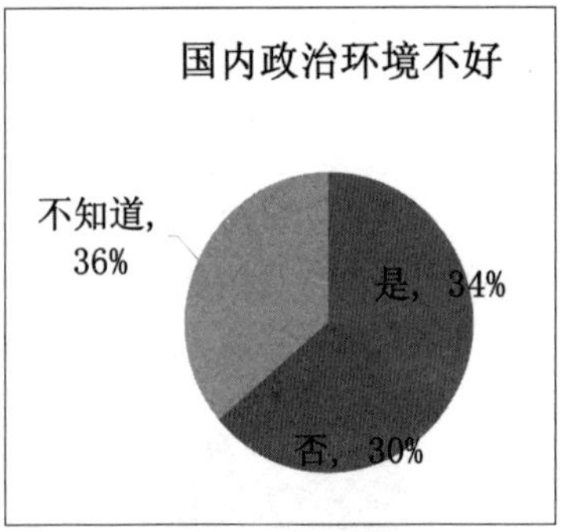

图 6－16　旅游前

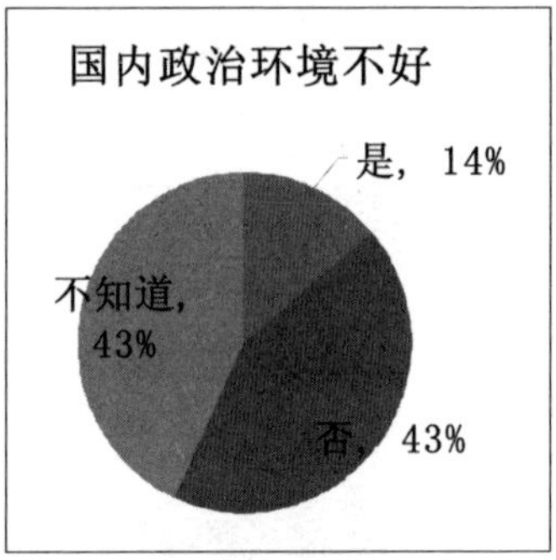

图 6－17　旅游后

（4）旅游后，认为卫生条件差、环境恶劣的人数明显减少，但选择“不知道”的人数也有所增长。

（三）对中国人印象的修正

在对中国的负面印象评价中，在“聪明”、“诚实”、“可信赖”、“有礼貌”、“善于合作”这五项上，国外游客在旅游前和旅游后的态度有显著性差异，而且都是正面的转变。

（1）旅游后，认为中国人聪明的人数增长明显。

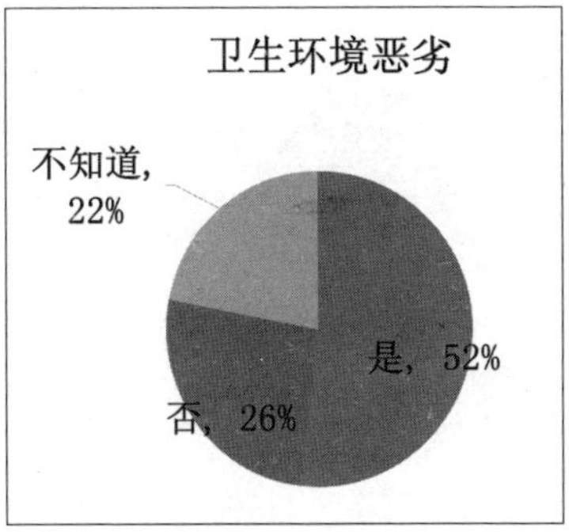

图 6－18 旅游前

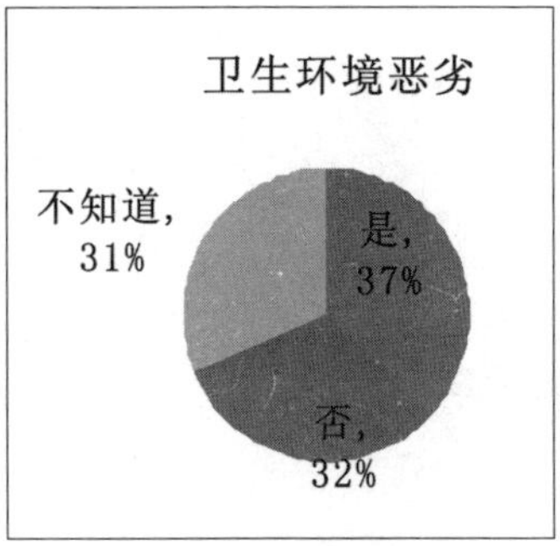

图 6－19 旅游后

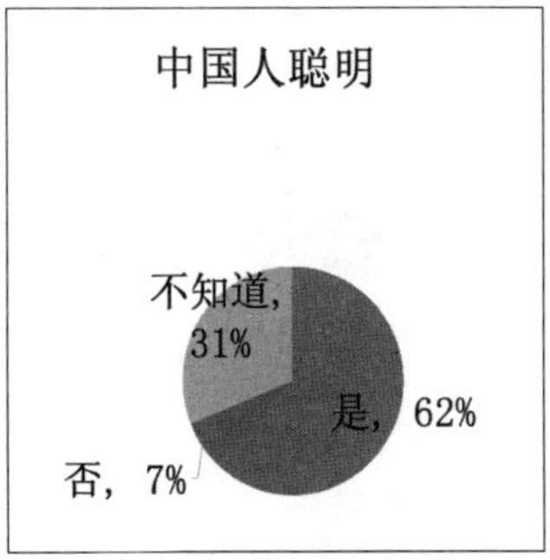

图 6－20 旅游前

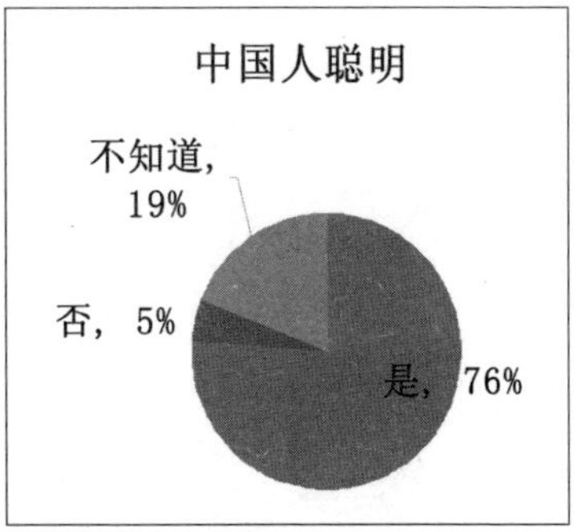

图 6－21 旅游后

（2）旅游后，“诚实”这一项，赞同比例增加，态度变化明显。

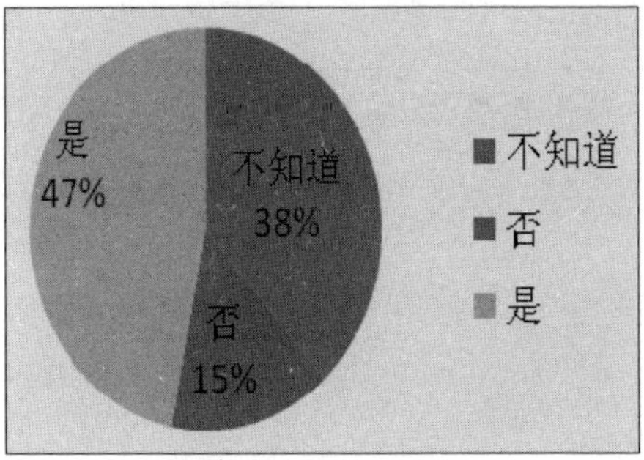

图 6－22 旅游前

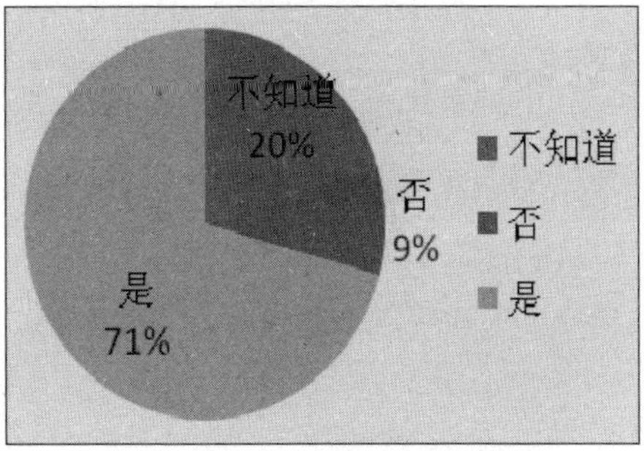

图 6－23 旅游后

（3）认为中国人“可信赖”的人数增长明显。

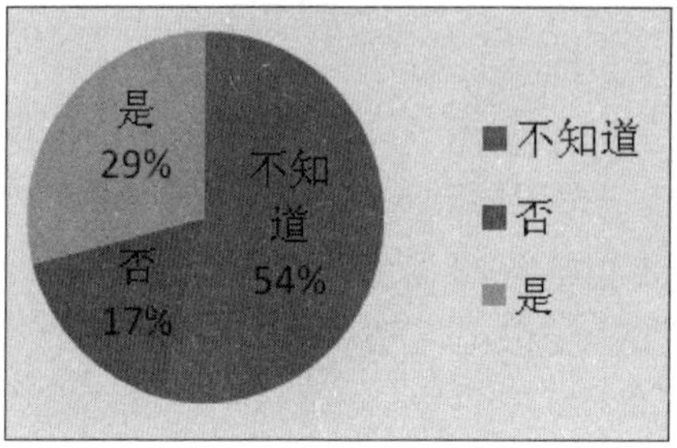

图 6－24　旅游前

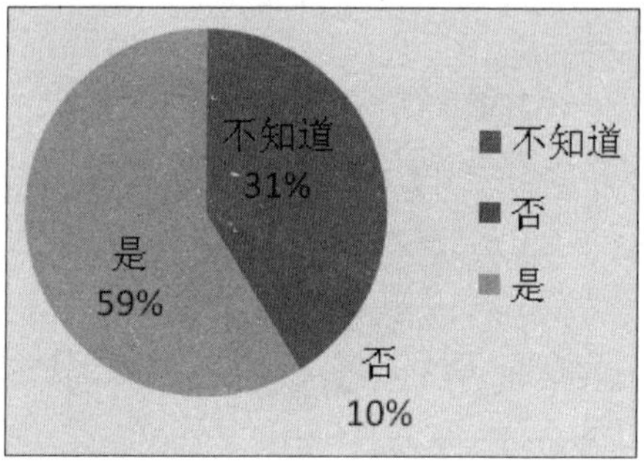

图 6－25　旅游后

（4）旅游后，对中国人“是否有礼貌”这一变量的态度变化明显，赞同态度增长明显。

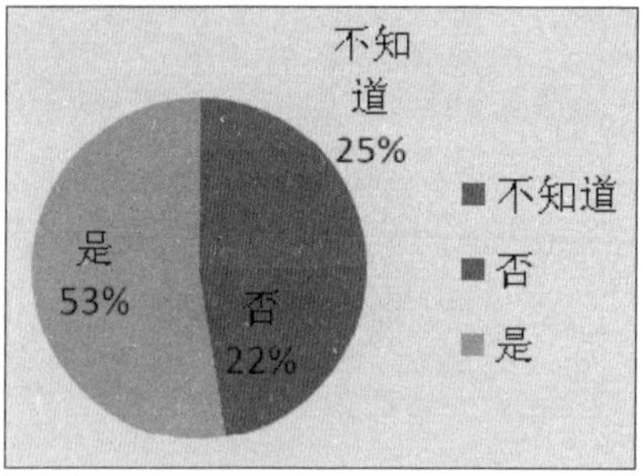

图 6－26　旅游前

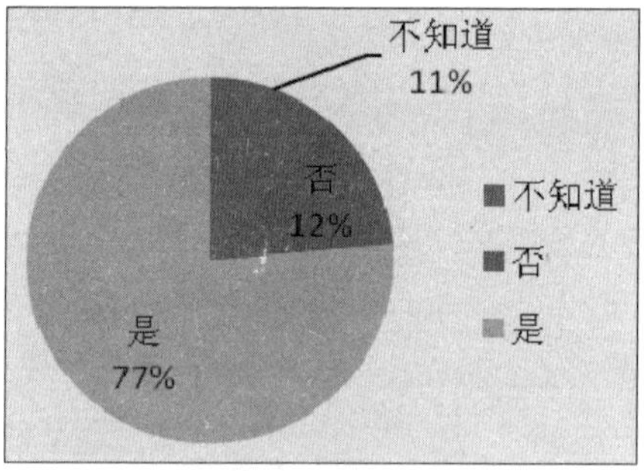

图 6－27　旅游后

（5）旅游后，对于“善于合作”这一项，赞同比例增加，态度改变明显。

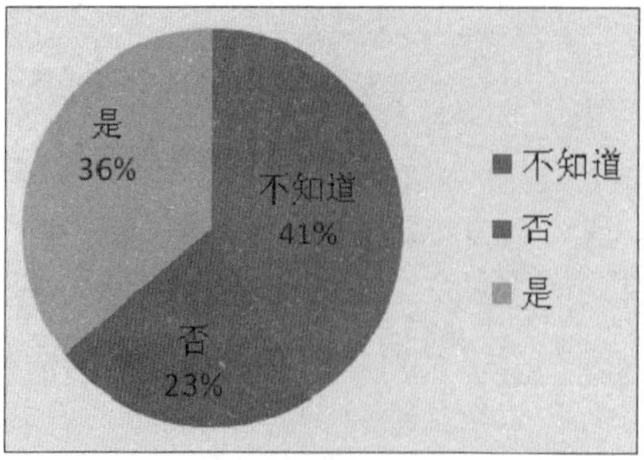

图 6－28　旅游前

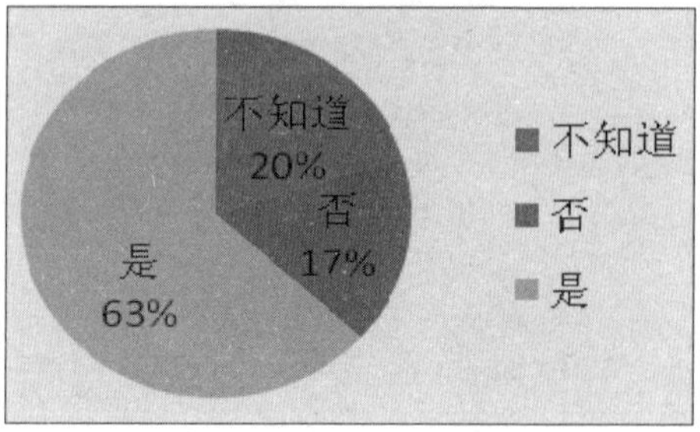

图 6－29　旅游后

显而易见，西方旅游者在中国的实际旅游经历中，通过导游的讲解和自己的亲身观察和体验，加深了对中国的理解，在理解中不同程度上修正了原先的本底感知形象。值得一提的是，问卷测量有一个意外的收获，发现旅游者在旅游后很希望、很乐意把自己对旅游经历的感想和建议，与东道主分享。下面是一个美国的老年游客写在问卷空白处的对于目的地国家的感想。它进一步佐证了旅游传播、旅游活动中人际传播对于改善中国形象的作用。

我和我的夫人及朋友在北京度过了一段美好的时光。这个国家正在为环境做好事：植树造林，道路的两边到处都是树木与鲜花，非常美丽。这里的人们非常友好。我们还结交了一个很好的中国朋友，某某，她使我们学到了很多关于中国人民、中国的风俗习惯和中国人的政治见解方面的知识。我们很愉快，回国后将向我们的朋友推荐来中国旅游。中国是一个非常友好、不断前进的国家。我们希望有一天再来，了解更多的东西。或是我们回来观看 2008 年奥运会。

以上这些结果显示的，都是中国旅游形象在旅游者的旅游经历中得到改善的方面。必须说明的，虽然旅游形象是否得到改善，在哪些方面得到了改善，是东道主国家最为关系的问题，但同等重要的、或者说更重要的是，去关注那些旅游传播对旅游者本底感知形象所作的负向修正，即导致旅游者在旅游后对中国的印象远不如访前。我们要充分意识到旅游者作为受众的积极性，往往是一把双刃剑。本来乘兴而来，对中国的印象中至少有着美好的内涵；但败兴而去，不仅会把仅有的好感破坏掉，而且也会“积极地”向四方散布旅游经历中的坏消息，这样情况下，旅游者会从积极的受众，一下子变成极具颠覆性的传播者。正如上面很多的调查结果显示的那样，我们所说的旅游者是积极的受众，并不意味着他们会按照东道主国家的传播愿望去感知与解读旅游经历中的信息。前面提到，旅游者于天安门广场争先恐后地拍下在旅游车门口挤成一团、互相谩骂的卖纪念品的小商贩，恰恰是因为他们认为一下子窥视到中国形象的“台后”——中国最下层老百姓的真实的生存状态。他们认为这是他们旅游体验的一个自然的组成部分，但却对“表演者”构成了一种极大的挑战。戈夫曼对此有很精辟的论述：

作为观众，我们自然觉得表演者所力图表现出的印象可能是真实的，也有可能是虚假的；可能是真诚的，也有可能是虚伪的；有可能是证据确凿的，也有可能是“冒牌货”。正如上文所说的，这种怀疑是非常普遍的，以至于我们对表演者不能轻易操纵的符号特征予以更多的关注，以便更好地判断那些比较容易出差错的暗示符号具有多大的可靠性……我们不会轻易地允许处于某种地位的表演者得到他所希望的特定待遇，相反，我们却时时刻刻准备着为揭穿他的假面具而攻击他盔甲上的裂缝①。

这就是我们上文所说总是以独特的视角观察东道主国家的旅游者的“第三只眼”：既能看到你自身感觉不到的美好，也能看到你最不留意的丑陋。因此，从旅游形象的正向和负向修正中得到启发，是我们做好旅游传播的关键环节。

至此，对旅游形象的生成过程的描述基本完成：从本底感知到实地感知，实地感知对本底感知的印证或改造。旅游者对中国方方面面的关注，尤其是对中国灿烂的传统文化和中国普通民众及其生活方式的关注，已经十分突出地呈现在他们的中国形象中。这种调查的贡献在于：它呈现了在我们视野所及的有限的时空中国家形象的零部件在团体环境中被加工、组装的动态过程。然而，这只是本书实证调查的一个组成部分，因为随着调查的深入展开，我们无法对那些“成品”——那些完整展示旅游者的中国形象的文本——视而不见。这些文本带给我们的惊喜是：它们在更广阔的时空中、以更深刻的方式验证了我们在上述实地考察中得出的重要的假设和结论。通过它们，我们看到了在更普遍的层面上，那些在旅游者心中扎了根的中国符号、那些深深触及到旅游者的心灵和灵魂的意义。下面文本研究，使我们从那些被旅游者带走的中国形象之中，更自信地感觉到已经触摸到“旅游者世界里的中国形象”的最关键的东西：在旅游活动所反复奏响的中国乐章里，在那些浩瀚的符号海洋里，中国形象的主旋律，即核心吸引力。

第三节　文本中的继续追踪：捕捉中国旅游形象的灵魂

一、旅游形象传播的灵魂：触摸真实

旅游形象的深入探讨，始终贯穿着、总是绕不过一个本质性的老问题：旅游者翻越万水千山，到底是去中国寻找什么？“逃避现实的压力和枯燥、探新求异（体验文化差异）”是耳熟能详的答案。如果我们接着问：在现代传媒技术如此发达的今天，这些需求足不出户、人不出境就可以轻松得到满足，为什

① （美）戈夫曼：《日常生活中的自我表演》，云南人民出版社，1988年，第42页。

么非要舍近而求远？对这个问题，却很少有令人信服的回答。

为此，我们继续寻求旅游者的寻求，特别是地球那一端的旅游者的寻求。20 世纪 90 年代初英国知名导演、独立制片人艾格兰德（Phil Agland）花了两三年时间拍摄的系列性纪录片《云之南》，首先出现在我们的视野之中。严格来讲，艾格兰德不是我们界定的旅游者，但用中国导演郝跃骏的话说①，艾格兰德用镜头记录下的云南、中国，震动了欧洲，享誉世界，为丽江、云南，也为中国做了一次无法用金钱来估量的义务宣传。包括挪威国王和王后在内的全世界成千上万的旅游者，寻着《云之南》的故事，到了丽江，认识了丽江，也认识了中国，丽江从一个鲜为人知的边陲小镇，转眼之间便成了中国最有名的旅游品牌之一。在西方，这部纪录片获得艺术上、商业上的巨大成功。它在英国和美国获得多项影视大奖，全世界有 80 多个国家和地区购买了它的播映权。在西方，“凡是看过这部纪录片的人无不为之倾倒，无不为丽江所感动”。那么，是什么样的传播内容，打造了如此了不起的传播效果？答案很简单：中国普通的乡村小镇丽江，以及小镇上四个普通家庭的普通的故事，外加李奶奶等一群老街坊。问题是，如此普通的信息为何在心灵的深处征服了欧洲人？答案简单得同样让我们吃惊：这五个普通家庭浓浓的亲情、酸甜苦辣以及悲欢离合的真实故事，全景式地展示和浓缩了一个让西方吃惊的真实的中国现实。玉龙雪山下丽江小镇的美景与市井生活，教师、屠户、医生、木匠等人的家庭和社会角色编织出的平凡中国人的生存状态与生活方式，揭开了西方人闻所未闻的真实中国的一角。在西方人的眼中，《云之南》的丽江是美好的、动人的，首先因为它是真实的，在时间上最靠近自己的真实。西方人关于《云之南》的诸多评述中普遍证实了这一点。

触摸真实，见证真实，是旅游者旅游期望和需求的主旨，更是旅游体验的灵魂。正是对触摸目的地国家的真实的渴望，使得旅游者不远万里奔赴他乡，旅游活动因此成为必要，旅游体验因此成为人类精神家园中的奇葩，特别是对于远程的跨国旅游而言。也只有体验到在他们看来是真实的信息，旅游者才会感到超越道听途说和大众媒介传播的快感，才会为自己突然间的发现或顿悟感到震憾和快乐。这种震撼和快乐，不仅是旅游体验中值得保存的东西，也是旅游者作为人的价值的体现。无论旅游者以何种方式解读旅游经历中的信息，都是在印证自己心目中的国家形象的真实性，哪怕这种真实只是自己眼中的真

① http：//blog. sina. com. cn/s/blog_ 4a05a471010006cl. html

实。即使是观看古风俗表演，也是期望向历史的真实靠近一步。这就是为什么我们认为并不具有观赏和娱乐价值的垃圾清理工、路边脏乱的早点摊，甚至用过的火车票、华山简易旅馆里的旧床单，会被记录在法国旅游者的《一封中国来信》(2005) 和澳大利亚旅游者的 Chunks of China (2006) 之中，并成为他们宝贵的旅游经历的原因。我们发现，大众传播技术的突飞猛进带来的认识活动和认知方式的丰富，不仅没有消灭旅游，而是在很大程度上对旅游推波助澜。《冬季恋歌》和《大红灯笼高高挂》的广泛传播，使得旅游者纷纷涌向韩国和山西乔家大院的拍摄现场，去寻找影像背后的真实。正如有人所说的："生活越是被凭空制造的视觉符号所充斥，人们就越渴望与自然、他人真实地交流。"①而旅游正是旅游者与现实世界中的目的地国家真实交流的通道。发现了真实，才能被真实所感动；触摸到真实，才会将信息深植于心中。这一点只要打开外国人手中的中国旅游指南《探索中国》(1995)、《孤独的星球——中国》、只要看看《一封中国来信》和 Chunks of China 就会明白，旅游者带走的中国、深深地扎根于那些旅游者的记忆中的中国，是他们用自己的眼睛发现的真实的中国。他们来找寻的真实的中国，有两个核心的内容：中国人及其生活方式和在现代文明中日渐消失的中国传统文化。

二、旅游形象传播的核心之一：草根文化中的人文主义关怀

人的主题是旅游形象传播不朽的主题。对异国的人及人的生存状态的关注，是旅游体验的不可或缺的组成部分，也是旅游形象的最重要的内容之一。正如上文中提到的那样，我们发现，在西方旅游者的中国形象中，对平民及其生活方式的人文关怀，在旅游者最深刻的旅游体验中占了相当大的比例，主要原因是他们认为草根文化中的中国，更能代表真实的中国，更能体现真实中国的魅力、吸引力。无论是寻找旅居漓江 27 年 (1922 ~ 1949) 的冒险家约·弗·洛克的传奇故事，还是寻找旅居丽江 9 年 (1941 ~ 1949) 的顾彼得笔下《被遗忘的王国》，抑或是踏着《云之南》的引领而来、奔向丽江的旅游者，在期望体验丽江的奇丽的自然美景之外，更重要的是渴望前人曾经记载下来的情感体验——体验纳西族独特的民族文化，体验后工业化时代的人们难以想象的那些最基层的纳西平民的淳朴善良、热情友好。这是丽江对于这些不同时代、不同背景的行者的共同魅力。丽江真正触动西方人的心灵深处的东西，是

① http://www.bundpic.com/link.php?linkid=764

它所代表的人类在工业化、现代化的发展进程中丢失的“童年”以及人性的回归。与此同时，它带给西方人前所未有的震撼。这种震撼，可以从英国的《每日邮报》对艾格兰德的评价中窥见一斑：不容置疑，埃格兰德获得许多奖章，他还应该获得诺贝尔奖，因为他揭开了一种文化，并向我们西方表明，在现实中的中国人绝不是不可思议的，直到现在，我们还未正确地看待他们①。

如果我们将时空延展到不远的过去，就会发现，这种深切的人文主义关怀，在西方的旅游指南《探索中国》（1995）、《孤独的星球——中国》（2002）沉淀的中国形象中，一脉相承。在《探索中国》（1995），大多数插图都是在表现中国的平凡人物以及生活方式的。

无独有偶，在接近10年之后出版的《孤独的星球——中国》（2002）的大约100幅彩色插图中，也有50多幅表现同样的主题。其中35幅人物图景，从背篓里的婴儿，到垂暮之年的老人，从澳门趴在台阶上写作业的小学生，到河南坐在门口打哈欠的农民，从新疆卖烤馕的小摊主，到广东渔船上织网的渔民，全部是普通百姓。另有20多幅表现中国人的衣食住行等生活方式，既没有满汉全席的奢侈，也没有星级宾馆内的豪华，都是百姓生活里的平凡与普通。

《一封中国来信》和Chunks of China里则从西方背包游客的视角，进一步证实了我们的这一发现。《一封中国来信》里的中国孩子，有的留着“八岁毛”，有的光着背和同伴嬉戏，有的走累了和妈妈一起坐在地上吃东西。而诸如大街上卖包子的小摊主和帮助解答问题的交通协管等平民百姓的举手投足，也被这位法国老年游客展现得一清二楚。一直梦想寻找中国和日本之间的差异的澳洲青年行者，在他的Chunks of China里，也将无数镜头给了同行的中国游客以及虎跳峡、西安、上海等地的乡村和城市的普通民众。

这些在中国人眼里几乎算不上旅游产品的符号，却在外国旅游者的眼中变成旅游体验中的不可或缺的中国印象。也许，有人质疑这些作者（同时也是多次来过中国的旅游者）的真正目的会不会是故意丑化中国形象，但从旅游指南所指向的旅游吸引力和这两位迷恋中国的背包游客来看，这种属于政治领域互相攻喧的行为存在的可能性很小；即使是存在，也是他们发现和体验真实中国的一部分。这似乎更多地表现的是旅游色彩，而非政治意图。然而这正是我们需要关注的旅游者的“第三只眼”中的中国，与作为东道主的我们“认

① http：//www.ynok.com/web/ltqw/ljqw/2004－05/1083910975.html

为值得外国人了解的中国”之间的巨大差异。

其实，旅游者关注这些草根文化，归根结底是在寻求一面认识自我的镜子。人对自己的生活方式、生存方式、生命意义的理解，只有借助于“他者”这面镜子才能变得深刻，因为“文化所掩盖的东西最能瞒过的竟是浸淫在这个文化里面的人”，而“了解自己最有效的方法就是认真重视别人的文化。这会促使你注意是哪些生活细节使他跟你不一样”①。正如把大自然作为镜子，人会感到造化的神奇、自己的渺小和脆弱；旅游活动中人心相照时，人会感到自己民族的傲慢与偏见。这一点我们在前面的实地感知形象部分，有很多论述。除此之外，真正了解中国的西方旅游者，会在中国人身上看到他们本民族不具有的很多美德。寻找《云之南》里的丽江的西方旅游者，很多人是在寻找其中真实记录的一群令西方人深受感动的普通百姓：唐医生，在自家开的诊所里尽心尽责、默默无闻地为百姓治病；同样甘于在清贫和简陋中兢兢业业执教的小学教师；坚忍不拔、充满爱心为患了小儿麻痹症的女儿治病的母亲；为外甥被害一案奔走劳碌的屠户；精心办案的民警……前面多次提到的戴夫，自1989年先后来过中国46次，他对中国人的重家庭、重集体感慨颇多。他了解到，在中国，无论是乡村还是城市，中国人甘愿为其他家庭成员做出奉献和牺牲，是很普通的事情，特别是中国老人对家庭的奉献。在漓江的一个渡船上，一个瘦弱的卖花生的老人，令戴夫永生难忘，因为通过她，他想起了那些为家庭不断奉献自己的无数中国老人，无论他们是在卖花生、帮助儿女看孩子、煮粥，还是缝缝补补。在贫穷落后的四川东巴的一个只有一条街的小村庄里，戴夫被这个小村庄里一群会说英语的孩子惊呆了。当问及他们是如何学说英语的，回答竟然是他们的老师在北京念完大学就回乡教他们英语了。这种奉献精神令戴夫难以置信。他认为这些是奉行个人主义的美国文化所没有的，是中国人应该展示给西方人的。还有，北京大街上的一个失去双臂、以嘴作画的残疾人，令他见识了中国人的坚强与自力更生。这些点点滴滴中体现的草根精神，是超越了文化界限的、全人类共通的东西，是令西方旅游者在内心深处受到感动、肃然起敬的东西，并因此构成了旅游者不同寻常的中国体验。这种体验，反过来加深了旅游者对自己的民族与文化，甚至自身对于世界的认知方式的新认知。这是旅游传播中的辩证法，也是旅游的深层魅力所在。

---

① （美）爱德华·霍尔：《无声的语言》，侯勇译，中国对外翻译出版公司，1995年，第28～29页。

草根文化中的人文关怀所带来的旅游的深层魅力，还在于它表征了旅游者心灵深处对于交往的渴望。从最简单的意义上讲，旅游体验就是一种旅游者和东道主国家建立的连接，是人与人之间、人心之间的连接。正是与纳西族结下的深厚情谊，使得旅居漓江 27 年的美籍奥地利探险家洛克在生命的弥留之际，依然怀想着能长眠在丽江，使得因《被遗忘的王国》而闻名遐迩；旅居丽江 9 年的俄国的顾彼得找到了他心目中的“香格里拉”。无论是旅居还是旅游，在与他民族草根阶层的人民的交往中对生命意义进行的探索和思考，总是异曲同工的。戴夫在先后组织过 3000 多美国人来中国旅游后，从游客的反馈中深切地感悟到，西方旅游者来中国，有一个最重要的旅游期望：与中国人见面、结识中国人、了解中国人是如何生活的，而且能亲身体验这一切。一旦拥有了这方面的体验，旅游者就拥有了回国后进行人际传播的精彩的“中国故事”。中国人如何友好是他们传播的精彩的旅游体验中最有吸引力的部分。戴夫给出了美国旅游者所谓的“精彩”的例子。有一个旅游团，因为路上出了点问题，无法按时到达指定的地方就餐，只好临时改在路边的一个小餐馆。导游忙着去里面确认餐馆的卫生状况是否适合旅游者就餐。旅游者看到的则是店主鸡笼里养的活鸡，转眼之间就不见了。上厕所的人回来说，鸡在锅里，主人杀鸡以待客。旅程结束后，戴夫问大家感到最满意的中国饭店是哪家，所有游客一致认为是这家游客露天就餐过的小餐馆，因为他们在那里亲身结识到为他们炖鸡、上菜的人，以及餐馆主人的家人，特别是那些可爱的孩子们。这顿“野”餐，远远胜过他们在中国星级饭店享受的奢侈与豪华，主要原因是它提供了旅游者和东道主之间真诚而自然的交流机会。还有我们上文提到的漓江渡船上卖花生的老太太。在刚刚见面时，她很和善地对戴夫微笑了一下，并没有任何强求对方购买的意思。戴夫不仅买了她的花生，还和她合影留念。这张照片至今挂在他的书桌旁。照片里老人的微笑和那袋花生以及当时为中国老人奉献精神而心潮澎湃的他，变成了他漓江之行永恒的记忆。而这种人与人之间的连接，不仅仅表现在正在旅游的旅游者与当地人之间的联系，还将旅游者过去的生活经历拉回来，与当地人的生活融合在一起，在彼此的心灵中形成共鸣。这种共鸣是旅游传播的高潮。戴夫回忆说，10 年前，他在四川与一位因村里通电而兴奋不已的妇女的交谈至今历历在目，好像就在昨天。当戴夫告诉她，他的祖父母过去也没用上电，他的奶奶在用上自来水时也是同样地兴奋，而且他本人 15 岁才看上电视，这位妇女很吃惊，因为她一向认为美国生来就有电灯、电话。旅游使自己了解对方，也让对方了解自己。这样的交流令旅游者感到很愉快。

我们必须再次加以强调，这些平凡百姓的平凡交流，对于旅游者心目中的中国形象的意义，远非我们所能想象。他们认为，正是因为有了它们，才和中国真正地“连”在了一起，他们才算见到了真正的中国。

三、旅游形象传播核心之二：现代文明中日渐消失的中国传统文化

在上面提到的西方人使用的旅游指南里，中国被称为“世界上幸存的最古老的文明”①，“中国的历史是艰难时代伟大力量和韧性的源泉”②。毫无疑问，亲身感受一个延续五千年、历尽艰难而没有中断的文明古国，是西方旅游者来中国的另外一个主要的目的。戴夫说，美国人喜欢古老的东西。这句话似乎适用于所有来中国旅游的西方人。中国传统文化的永恒魅力，在上文提到的所有文本中分外突出。与急切地从传统文化的旧壳中挣脱出来、热切地拥抱现代化的中国人不同，他们对中国古老文明的注视，一方面包含着对本民族从未拥有的人类的智慧和创造力的欣赏与惊叹，另一方面深深地印着对来自现代西方文明侵蚀的惋惜和担忧，间或参杂着些许意识形态上的沾沾自喜：中国传统文化的消失明显被看成资本主义对共产主义的胜利③。也可以说，中国的现代文化，在旅游者的眼中更多地是作为侵蚀传统文化的背景符号再现的。但无论如何，中国的古典文化都是来自现代文明中的西方旅游者唯恐错过的精彩。因此，这也是被西方旅游者的瞳孔放大的中国形象的强光区（high light）。

这种放大，与旅游指南对中国其他方面的“再造”、与东道主对自己文化的司空见惯形成无比鲜明的对比。在政治方面，这些旅游指南对中国的民主、中国特色的社会主义制度、人权等充满否定和质疑；在经济方面，对城乡差距、沿海与内地的差距、经济发展速度趋缓、失业率增长、腐败猖獗、贪官酷吏统治下的苛捐杂税导致的农民日益高涨的反抗的描述几乎是信息的全部；在人民生活方式方面，对中国人的关系网（走后门）、计划生育政策、妇女地位、缺少隐私权等问题的抨击，以及对环境污染、破坏等状况的描述，使得“中国”被罩在他们心中的阴霾之中。但对中国传统文化截然不同的态度，给中国形象带来了难得的亮色。毫不夸张地说，被中国传统文化的丰富与独特深深吸引、征服的旅游者，是用近乎凝视的眼光，将这种丰富与独特的每个细节

① Lonely planet《孤独的星球——中国》，第 18 页。

② Exploring China《探索中国》，第 10 页。

③ Exploring China《探索中国》，第 11 页以及第 14 页有关美国协和公司的广告、第 50 页和王府井大街上麦当劳的巨大标志的插图说明。

尽可能多地摄入脑海。无论是使用文字符号，还是借助于图像，旅游者对中国传统文化再现的具体、细致和全面程度，在时空跨度上的广阔程度，是令身在其中的中国人难以想象的。旅游指南《探索中国》和《孤独的星球——中国》里，对中国文化的整体变迁，从史前文化到文化大革命前后，均有涉及；从书法、音乐、绘画、陶瓷、建筑、园林，到武术、哲学与宗教，从汉民族到边疆各少数民族地区的文化，几乎面面俱到。普遍使用特写，是西方人对这些传统文化发自内心的表达方式。从普通百姓鳞次栉比的屋顶，到皇家园林匾额上飞翔的仙鹤祥云，从西安兵马俑的面部表情，到西南少数民族的民族服装，再多的特写镜头，也只是表达了中国传统文化的一角。背包游客更是这种精神投入的典型。在北京酷暑的8月拍下的《一封中国来信》和澳洲人的Chunks of China，将胡同人家的鹦鹉笼子、门前的小石头狮子、门旁挂的脸谱、皇宫里的龙凤和麒麟、各种亭台楼榭的雕梁画栋、各种灯笼、花墙和瓷器上的花草虫鱼、中式餐馆里的屏风、寺庙里的香火、香客和僧人、池边喷水的“龙头”，花园里各种不同形状的门（月牙形、方形、花瓶状）、甚至狮子模样的垃圾桶，一一精心记录、鲜活地展示出来。

我们发现，无论旅游者是通过何种符号来表达他们感知到的中国，这种对传统文化的浓墨重彩，总是西方旅游者的一种普遍的自觉，并且通常伴随着激荡人心的内心体验。传统文化纬度，打开的是旅游者重新审视中国的新视野、新的理解渠道。通过其他民族文化中的辉煌，旅游者意识到的不仅仅是属于其他民族的智慧和创造力，而是属于全人类的生命的痕迹和价值实现。旅游活动中每一次震撼和激动，都是对狭隘的民族主义和偏见的超越。人类正是在这种超越中，产生了“共通的意义”上，走向了相互之间理解，走向旅游“普世对话”的宗旨。通过人内心深处的“意义共享”，民族的传统文化，变成了世界的文化遗产，不同地域人民创造的知识、思想和智慧才能在旅游传播中交流、碰撞、融合。这就是我们为什么将这种文化传播视为旅游形象传播核心的主要原因。

我们还需说明一点，我们没有将自然景观单独分离出来并确定为这种传播核心的组成部分，并不是故意忽视它们在旅游形象中的位置，而是基于这样的事实：对西方旅游者最具有吸引力的形象要素应该是中国的传统文化。除此之外，在中国最富盛名的自然景观中，传统文化的人文气息主宰了其旅游魅力，换言之，是历史中人的介入使之具有了超越其本体的旅游价值，这就是它们的中国特色。泰山是文化之山，黄山是中国山水画的灵感的源泉，大西北是丝绸之路，西南的经典旅游线路则是少数民族文化的集聚地。在中国，单纯的山水风光，除了满足少量的探险需求，似乎很难成为旅游者的圣地。

简言之，我们在文本中试图继续追踪的是中国旅游形象中最靠近旅游者心灵的符号组合，也就是像磁石一样吸引外国旅游者的部分。

总之，无论是在实地观察寻求，还是在文本研究追踪，我们对旅游形象的实地感知探索的结果，最终都会回到一个根本的问题上：如何加深对被称为旅游内核的“旅游文化”、“旅游体验”与“旅游形象”的理解，特别是它们在中国语境中的内涵。我们所有的实证研究，都印证了这样一个很重要的学术观点：旅游文化，首先是指“一种交流过程而产生的文化现象”①，是“旅游客源的社会文化和旅游接待的社会文化通过旅游者这个特殊媒介相互碰撞作用的过程和结果”②。而国家形象传播正是这种文化传播的结果。对于传播者而言，一个国家的旅游文化，重要的不是它拥有了什么，而是旅游者从它的拥有中获得了什么的意义，即旅游者形成的经验和认同。因此，让旅游者走进目的地国家，体验历史与现实的交织，也让目的地国家的历史与现实活起来，走进旅游者对生命意义的感悟之中，是旅游形象传播成功的关键。其次，作为旅游形象传播核心的旅游文化，归根结蒂都是一种人与人的连接方式。旅游体验是旅游文化传播的载体。而好的旅游体验，必定包含着这种连接，特别是旅游者与目的地国家普通民众之间的连接。剥离了人的交流的旅游体验，等于将一大堆“死的符号”堆在旅游者面前，任其处置，是最失败的旅游传播，因为它背离了旅游活动最基本的宗旨；也是一种巨大的浪费，因为它根本没有启动旅游的功能。再次，对实地感知形象的实证研究，也揭示出旅游形象传播中最关键的问题之一：传播者的传播期望与旅游者的旅游期望、旅游体验之间的矛盾。我们认为的“负面形象”，恰恰是旅游者认为旅游体验的重要部分，即他们眼中的“真实”；我们认为的有损自己国家形象的信息，不一定就是他们的不好的旅游体验；我们认为不能表现我们的精华的“寻常”，恰恰是能够感动他们的“精华”。

第四节　本章总结

无论是作为间接感知还是直接感知的结果，旅游形象只是目的地国家在旅

① 章海荣：《旅游文化学》，复旦大学出版社，2004年，第14页。
② 同上。

游者心中的“镜像”，而不是现实。即使是被旅游者认为可以成就真相的实地感知形象，也不是完全的真相，而是一种掺杂了某些想象的现实。旅游者需要“真实性”，但不必是“现实性”，“‘真实性’是一种社会结构，它部分地由个体本身的知识及其参照系决定的”①。概略模式结构了旅游形象生成和传播的整个过程。

对本底感知形象的探索，证明了一个基本事实：中国改革开放将近30年，西方旅游者，特别是处于远程市场的欧美旅游者对中国认知的贫乏、滞后和扭曲，依然非常明显；中国的旅游形象传播在深度和广度上，还在起始阶段，尚有漫长的道路要走。

对实地感知形象的研究，作为国家旅游形象生成过程的继续，一方面展示了旅游者“第三只眼”中的中国形象，另一方面在更加广阔的时空框架下、在各种不同情景的旅游体验中，挖掘中国旅游形象特有的核心吸引力。在很大程度上，实地感知形象就是一面镜子。与其说这面镜子映出了的是东道主国家的现实，不如说映出了客源国自己的文化和社会心理；与其说映出了传播者的信心输入，不如说映出了旅游者自己的解读方式以及这种解读背后的旅游期望。这面镜子对于传播者很有价值的启示就在于：旅游形象虽然包罗万象，但却不等于国家形象；国家旅游形象传播，也不能与国家形象传播相提并论。比如现代风貌，是中国国家形象的主要内容，却不是吸引浸淹于现代性之中的西方旅游者的核心内容，因为中国的现代性的旅游价值在于：它是古老文明的古老躯干上长出的新芽，这种“老树吐新芽”形成的新旧对照，表征了这种古老文明的生命力的延续，历经沧桑却依然生机盎然。离开了老树，它就不可能成为异国人眼中的“风景”，毕竟“现代性”滥觞于西方而鼎盛于西方，西方人万里迢迢决不是为了观看自己熟悉的事物。“旅游者世界里的中国形象”这面镜子，可以帮助我们发现在纷繁芜杂的旅游形象的世界里，最能触动旅游者心灵的符号丛。如果想把把我们期望的形象深深植入旅游者的心中，首先必须了解什么东西能在旅游者的心里扎下根去。这样的东西，能够拨动旅游者内心深处的那根弦，能够触及旅游者灵魂中的感动，能够使他们经历一次就永生难忘。“中国”之大，不可能把所有的符号都纳入传播的内容。只有找到了这样的东西，我们才知道我们“应该”传播什么，而不是仅仅知道我们“想”传

① （加）麦克切尔、（澳）克罗斯：《文化旅游与文化遗产管理》，朱路平译，南开大学出版社，2006年，第45页。

播什么。正如前面所证实的，这样的东西，往往不在他们的跨国想象中，而是深埋在他们实际的旅游体验中。从这种意义上说，旅游体验的灵魂，即是旅游形象的灵魂；寻找旅游形象需要传播的精华，必须从旅游者既有的旅游体验中寻找。当然，这面镜子，还有一个很重要的警示功能：传播者一定要关注的是旅游者的“第三只眼”所观测到的属于“分裂性表演”的内容。

旅游时空的局限、认知对象和认知环境的复杂性，特别是传播者和受众在社会文化上的巨大差异，在很大程度决定了旅游形象与中国现实之间的巨大差异，也决定了旅游者心中的形象与传播者传播（或期待传播）的形象之间的落差。这种差异是对国家形象传播效果的体现。因此，我们有必要在下面的章节，对该问题展开讨论，从而回归本文的主旨。

第七章

认同与错位：一种传播效果的探讨

在揭开了国际旅游中“传者世界的中国形象”和“受众世界里的中国形象”这两种镜像的面纱之后，我们终于走向了它们之间的接点：在传播研究中被称为“与传播实践结合得最密切”①、“最有现实意义的”部分②——传播效果。

在大众传播学中，传播效果，狭义上是指传播活动在多大程度上实现了传播者的意图或目的；广义是指传播活动对受众和社会所产生的一切影响和结果的总体，包括有意的和无意的。前者指具体传播过程的具体效果，即传播的效能（effectiveness）；后者指综合的传播过程所带来的综合效果（effects）③。

在本文中，对传播效果的探讨，是在承袭了霍尔对传播效果的理论阐释的基础上，从伯克的“认同”理论的视角来展开的（参见“理论”部分）。

一、旅游形象传播中的认同与错位的内涵

认同（identification）和错位（disjuncture）的基本概念，在前面的理论部分已有较为详细的论述，在此不再重复，我们只需进一步明确这一组概念在本研究理论脉络中的内涵。

如前所述，国家形象是符号的集合。国家形象传播，在现象上表现为符号的交流，而实质上是意义的交流。当传受双方（旅游者和东道主）在旅游传播中拥有了符号的共享意义、取得了对一个国家认知上的一致性（或称之为“同一性”）或者是拥有了共同的立场时，传受双方才算达到了认同。而只有达到了这种认同，才可以说国际旅游传播对于国家形象具有了传播的效能（effectiveness）。传播双方因“传”而“通”，不仅是认知上，而且还在心理和

① 郭庆光：《传播学教程》，中国人民大学出版社，1999 年，第 187 页

② 胡正荣：《传播学总论》，中国传媒大学出版社，2007 年，第 295 页。

③ 郭庆光：《传播学教程》，中国人民大学出版社，1999 年，第 188 页

情感上连为一体。这正是本文中认同概念的内涵。

这里的认同，并不意味着传者和受者观念的完全重叠，即相同，而是“相通”。相通，更经常地表现为“和而不同”。伯克认为，不同的人之间不可能实现完美无缺的交流，因为他所谓的同体性只是部分重叠，即交叉的概念。实际上，旅游者对于东道主国家的任何方面的接受、理解和欣赏，都是认同的范畴。比如，去澳大利亚旅游的中国游客对其“海滩文化”的解读，很难在短期内与本土人的理解一样，更不用说“相同”：像他们一样拥有穿着比基尼或裸晒、近乎贪婪地享受热带或亚热带强烈的阳光和大海的恩赐的感受。但当我们愿意把澳洲居民看成作为人类大家庭一员，把他们的海滩文化看成“天人合一”的另一种方式加以理解、认可或赏识时，我们实际上是在一个更广阔的阐释框架下和他们达到了认同。这就是伯克认同概念的另外一层深刻的含义。约翰·柯克（John Kirk）认为，很多学者对伯克认同概念的内涵的解释流于肤浅，因为这个概念不仅仅包含学者们所说的过程（process）的内涵，它同时还作为整个过程的组织结构（structure）而存在，这就是在社会行为背景下认同的层次性结构的功能。认同这种功能是赋予过程以秩序（order），该秩序建立在通过发现冲突双方的共同的源泉从而解决冲突的基础上。“冲突是通过找到一个更大的、能够包含冲突双方的概括性命题（generalization）得以解决的。在这种结构中，真理的获得不是通过消灭冲突的一方使另一方存在，而是通过找到一个既定时间描述（整个）冲突状态的名字。”①

伯克的认同理念，为我们考察国际旅游中国家形象的传播效果问题打开了新的研究视野。正如导言中所说，中国国家形象传播的最关键的问题在于“自我形象”（self image）和“他者的形象”（other’ s image）认知上的差异，即东道主期望展示的、实际传播的国家形象和旅游者希望看到的、实际感知的国家形象之间的认同问题，这也是中国国家旅游形象传播的最主要的矛盾。如果解决不好，这种冲突就会使得对国家形象的传播和对国家形象的解读变成两张皮，难以构成一种连续的、和谐的、有机的传播过程，当然很难有理想的传播效果。而冲突的解决最切实可行的方式，是二者之间认同的形成，即整个的传播过程能在一个超越单个国家和个人狭隘利益的更广阔的框架下进行，超越单个民族价值判断的武断，使之回归到人类这个多元文化共存的大家庭中。在

① John Kirk. (1969). Kenneth Burke and Identification. In Rueckert, W. (Eds.), *Critical Response to Kenneth Burke*. Minneapolis: University of Minnesota Press, p. 347.

这个更大的结构下，人与人之间共享的人性和普世价值——对交往的需求、对文化和历史的尊重、对生存方式、生活质量的关注、对美的追求等等，这些使旅游活动得以发生的元素，同时变成了使旅游传播活动顺利进行的条件：传播者只有真正找到它们，才能和旅游者真正共享国家形象的意义；旅游者也只有在这种结构中求同存异地组织自己的解读，才能真正和东道主达成认同。这时候，我们才可以说，旅游传播对于国家形象的传播效果在认同中诞生。

在传播效果的另一端，当旅游者对一个国家的解读的意义与传者意欲传达或实际传达的意义不能达成认同时，传播就出现了错位。错位是传者的国家形象和受众的国家形象之间出现的明显的分野和断裂。错位是对两种形象无法匹配（mismatch）时的状态的描述。

在国际旅游环境中，传者传播的国家形象和受众感知的国家形象，很像两面可以相互映照的镜子。下面我们就握住这两面“镜子”，以共通的意义为考察线索，对国家旅游形象传播中的认同与错位的具体表现进行进一步的分析。

二、认同和错位的具体表现

通过前面两章的研究，我们可以清楚地看到传播者和受众各自建构的中国形象，在很多的细节性的信息都涉及到这两种形象的认同和错位问题。在此，我们将从较为宏观的视角进行讨论。为使传播者更好地镜鉴，错位部分我们将重点讨论。

这两种国家形象之间的认同和错位，具体体现在两个层面：传播内容的错位和传播角色的错位。其中传播内容的错位，又包括两个方面：符号的选择和意义的理解。传者和受者各自选择的国家形象的讯息内容（符号）不同，因而有不同的意义产生，即使面对同样的信息符号，传播者和受众的解读不同，因而有不同的意义产生。

首先，在传播内容上，中国文化的古老厚重、东方神韵、丰富与灿烂显然引起了旅游者的强烈共鸣。旅游者只要置身于北京、西安等文化古都，这种认同即可水到渠成。对团队旅游者的跟踪调查、对西方人使用的旅游指南和背包游客的 DVD 所作的文本分析，都明确地见证了这一点。还有，尽管对个别司机、小商贩和商店服务员有抱怨，但瑕不掩瑜，中国人的热情好客，总体而言在旅游者那里得到了异乎寻常的认同，认同程度甚至超过了传播者的想象。此外，中国的经济发展速度快，社会环境的改善，也得到了不同程度的认同。这种认同，就是霍尔所谓的主控式解读。莫利认为，一个节目能否成功地传送主控意义，取决于它所接触到的受众所具有的符码和意识形态是否与节目中的一致①。而在旅游语境中，旅游者能否按照主流传播者的意愿构筑这个国家的形象，不仅仅取决于他们已经具有的符码，很重要的是他们在实际旅游中所接触的信息。与莫利研究的大众媒介的受众不同，旅游传播中意识形态尽管非常重要，但在实地的旅游交流中并不是决定认同的因素。旅游者的意识形态尽管与目的地国家的传播者不同，但在某些方面依然能达成认同。实地感知形象的研究中，美国游客对中国人的态度转变，即是普通的一例。旅游传播的宗旨，就是要穿透文化的屏障，超越国家和意识形态造就的隔阂，从而达成对生命意义的共通的理解。

当然，我们必须认识到，这种认同，是伯克所说的“程度大小”的问题，认同的程度，取决于理解的程度和交往的质量。中华文明的博大精深，即使对生活在其中的大多数中国人而言，倾其一生，也只能理解其一鳞半爪，我们又怎么能期望那些远方的旅游者能与我们达成认知的完全的一致？所以说，旅游者对传播者传播的中国旅游形象的认同，只是“部分意义的沟通”。王政挺在《传播：文化与理解》一书中，将“部分意义的沟通”，分成三类②。其一，通其表面的意思而不同其深层的用意。大多数旅游者对故宫的感知是空间上的超乎寻常的“大”和建筑上的富丽堂皇，而很少能理解这种“大”的背后所蕴含的天朝大国的泱泱气度和天子的九五之尊等深刻内涵。只可能了解那些“金砖”复杂的烧制过程，却很少通晓它背后的帝王文化。其二，通其字典的意义而不通其延伸了的高度个人化的体验。《探索中国》里对主要是现代中国的“农业色彩”（rural character）的解读是：在中国，没有人想当农民；城里人通常看不起他们的农民兄弟，而近年来的经济改革使得农民进入较富有的社会阶层；大城市的露天市场以及自行车、卡车和驮着新鲜蔬菜水果而来的牲畜，依然是城市生活的组成部分；中国人可耕种土地如何稀少、如何在食物上自给自足，中国农民如何精耕细作等等。这种隔岸观火的表层解读，对中国农业文明中与现代工业文明形成鲜明对比的乡土精神、天人合一、“那种人与土地的息息相通，中国人那种乐天知命的生活方式”、“人之本性的欢畅流泻”③等等属于中国农民的个人体验，则毫无涉及。只有极少数和戴夫一样多次深入

① （英）戴维·莫利：《电视、受众与文化研究》，史安斌译，新华出版社，2005年，第98页。

② 王政挺：《传播：文化与理解》，人民出版社，2004年，第159~160页。

③ 姜智芹：《文学想象与文化利用》，中国社会科学出版社，2005年，第17页。

中国农村进行旅游体验的旅游者，才可以体验农家的乐观豁达与自由快乐。其三，通其局部的意思而不通其整体的意义。我们这里所谓的局部，是指某个符号所在的或某种现象所发生的具体环境，而整体是中国整体的社会和历史文化环境。例如，有些旅游者对中国人重家庭的观念非常认同，却不认同家庭所依托的集体主义文化，更不了解儒家文化的精神；对中国政府为改善市区环境做出的努力认同，但却不理解中国政府为何不解决景区景点的厕所问题。他们无法想象，在一个有着13亿多人口、农民占绝大多数的农业大国，每一项小小的改革措施的实施所面临的实际问题。以上三点的认同程度，都是基于对目的地国家的理解为基础的。另一方面，认同也是交往的质量的结果。旅游形象传播，不是符码在空气中的游走，归根结底，都是人与人之间的传播，体现的是人与人之间的互动关系。这就是我们一再强调的“人媒介”的原因。

其次，在内容的背后，传播者对受众的“说话方式”映射的彼此角色定位上的深层认同。莫利认为，在分析节目时，不能只看其中的内容，还要看清楚内容后隐藏的对受众的假设，即把受众当成什么人进行说话①。这一点至关重要，因为它在某种程度上决定了受众能否认同传播者的主张和看法。换言之，传播者是把旅游者当成“客人”（guests）、“消费者”（“受众即市场”）还是当成“长着第三只眼的积极的解读者”，传播结果的认同程度会很不一样。我们发现，那些深受旅游者喜爱的导游，绝不会让旅游者觉得他们只是一群走马观花、大把花钱的“消费者”（“受宰割的傻瓜”），而有头脑、有见识的尊敬的客人。他们对旅游者，热心、耐心、周到，更重要的是让对方觉得处处为他们着想，而不是一心惦记着对方的腰包的“导购”。游客对导游传递的信息的认同，直接来源于他们对导游人格和人品的认同以及导游对他们的角色定位。而那些没有特定的传播目的和商业意图的纯朴而热情的普通居民所提供的信息，显然更容易被旅游者不加防范地接受。

另一方面，两种形象的错位也相当明显，突出地表现在以下两个层面。

首先，在形象内容上，二者的符号组合在深层结构上有显著差异。按照索绪尔的观点，符号的联结、组合分为“横组合”与“纵聚合”两种。简单说来，横组合是符号的表面结构，它表明符号与符号之间的关系；纵聚合则是一种看不见的深层结构，它提示我们什么符号出现了，而什么符号缺失了，通过这种“在/不在”的对立审视，发现符号组合的深层结构，甚至有时候，没有

① （英）戴维·莫利：《电视、受众与文化研究》，史安斌译，新华出版社，2005年，第95页。

出现的、或是被省略/遗忘的符号对于意义的读解反而更加重要①。传者形象和受者形象彼此对照下的信息的在场与缺失，正是形象认同与错位的突出表现。在受者形象的映照下，无论是国家旅游局，还是导游，都倾向于使用表达国家积极的、正面形象的符号，直接剔除了不利于自己的传播期望的负面信息。用莫利的话说，这是“由于希望进行有效的传播，（传播者）注定要提供具有‘方向’或‘封闭结构的信息’，使之成为若干可能解读中的‘倾向性或主控式解读’”②。然而，有趣的是，作为受众的旅游者，不仅关注到传者话语中的“盲点与缄默”，还会验证那些“在场”的信息是否在某种程度上构成了虚假的印象。结果，这样的传播活动，使得传者的表达处于戈夫曼所谓的“台前”，而那些“缺席”的信息，正是构成旅游者眼中的“台后”。对于旅游者而言，“台后”不仅使形象的完整性成为可能，更能代表中国的真面孔。于是，我们发现，那些在传者形象里被故意忽略或熟视无睹的现象，却始料未及地出现在旅游者的国家形象中。前面在实地观察和文本研究中描述的所有在传播者看来属于有关中国的负面的内容，无论是冠以“自然流露”，还是“分裂性表演”，都是对错位的表征。

在所有这些错位性的信息中，最典型、最不能忽视的是对人民及其生活方式的密切关注，特别是对基层的普通百姓。亨特早在1975年就注意到，“对当地人的感知，是整个旅游产品的非常重要的组成部分。他们既能成就旅游目的地的成功，又能阻止（游客）来访”③。霍夫曼（Hoffman）和落（Low）发现，“旅游者对当地居民的感知是决定重访的最最重要的因素。一旦发现他们在目的地不受欢迎，他们就不会重访，而且会把不令他们满意的经历告诉别人”④。正如我们在前面的调查结果中所显示的那样，对东道主国家人民的生活方式的关注，则是旅游形象中不可或缺的要素。虽然，旅游局在对外的宣传片中，也有对人民的展示，但那些都是精心选择、精心包装的符号。尽管有可能在潜在旅游者的头脑中留下传播者认为的美好印象，但最终的实地感知形象会对这种“舞台化”的宣传效果做出评判。虽然在某些旅游产品中，也有导

---

① 李颖：《历史话语里的《激情》与现实视界中的目光：从文本到观众》，未发表的学位论文，中国传媒大学，2003年。

② （英）戴维·莫利：《电视、受众与文化研究》，史安斌译，新华出版社，2005年，第94页。

③ Yvette Reisinger and Lindasay W. Turener. (2002). Cultural Differences between Asian Tourist Markets and Australian Hosts, Part I. *Jounal of Travel Research* 40 (1): 295 ~ 315, p. 300.

④ 同上。

游带领游客家访的安排，但这种安排，更像一个“噱头”，不仅有急匆匆的时间限制，而且交流的方式局限于主人的简单陈述和客人小心的提问。这些似乎都局限在旅游产品之内；在旅游产品之外，旅游者对目的地国家的草根文化有广泛的注视和体验空间，而且注视之深入，体验之深刻，解读之独特，往往会超乎常人想象。而这正是传者形象里缺失的部分。

即使传者和受众的国家形象呈现的某些信息（符号）相同，但各自所拥有的不同的意义结构，使得最终的解读结果是错位的。例如北京大街上的私家车的车流，是东道主引以为自豪的中国现代化的脚步，但在外国旅游者眼里，这恰恰是交通拥堵、环境污染的病灶之一。无处不红火的麦当劳，对传播者而言同样是中国现代生活方式和对外开放的体现，但却在旅游者的眼中，变成了“中国的经济解放的象征”，当然，解放者不是中国自己，而是充满优越性的资本主义制度、价值观念①。被中国的旅游宣传奉为经典推介内容的五星级豪华饭店，是中国的“门面”，却被旅游者评价为：昂贵、奢华并缺少特色。即使设计独特的长城饭店，也颇受挞伐，旅游者对它的批评是：外表惊人却无灵魂②。而我们认为那家令旅游者激动不已的路边的小餐馆，肯定是不能登国家形象的大雅之堂的。同样道理，那些让他们肃然起敬、永生难忘的漓江渡船上卖花生的老人、路边以嘴噙笔作画的残疾人，毫无疑问，也不能让我们认为能给我们极力打造的国家繁荣富强、百姓安居乐业的中国增添丝毫的亮色（我们不用“抹黑”这个词，就不错了）。中国导游“以和为贵”的沉默，不仅没有体现我们热爱和平的民族精神，反而被误解为对旅游者的不尊重、不重视而使得对方恼怒异常。还有，中国的政治形象在旅游者那里表现出严重错位。前面所述的旅游者把工商局的工作人员对不法商贩的监管看成政府对人民的控制、旅游指南里更是以“无处不在的警察”来再现西方人眼中的这一“共产主义国家”的压迫人民的机器。西方人对我们引以为自豪的人民警察的威严的误读，可以从那些拍摄警察的旅游者身上频频得到证实。我们发现，在这些相同的表层符号的深层结构里，隐蔽着不同的操纵符号意义的社会态度和价值观念。而这种深层结构里的错位，即显性信息相同而隐性意义错位，最容易为一厢情愿的传播者所忽视。这种错位的危害性在于它的隐蔽性：如果不是深入地了解，传播者对自己得到的南辕北辙的传播效果依然浑然不觉。

---

① Exploring China《探索中国》，第 50 页。

② 同上，第 70 页。

然而，这只是错位在内容上的表现。在传播角色和“说话方式”上，国家旅游局的形象宣传中把对整个国家形象的传播，落脚在能够满足旅游者“吃住行游娱购”的承诺上，显然没有跳出“受众即市场”的小圈子。而那些一心把游客当作消费者的导游，只能引起旅游者对自己钱包的防范和对导游传递的信息的警惕；那些把游客当成“无知的小学生”的宣讲者，只能遭到旅游者对其传达的信息的拒斥。毕竟，他们不远千里而来，不是为了给目的地国家的旅游经济和导游收入的提高作贡献的，也不是听别人的教导的。实践证明，他们要兑现的不是经济上的交换，也不是他们购买的旅游产品的狭小区域内的中国，而是一个更大、更完整的中国梦。从这种意义上，他们更像寻梦者，装备着已有的认知和探索欲望的寻梦者。

三、对认同与错位的反思

认同与错位，作为一种效果研究，表面上关系传播者和受众的中国形象的分野与融合，实际上指向的却是传播学中一个最基本的问题：如何选择我们的传播内容和编码方式，才能在受众那里实现我们想要的主控式解读，或者退一步讲，尽可能地增加认同、缩小错位的面积。

在比较这两种形象的认同与错位的时候，我们发现困扰传播结果的一个最大的问题：旅游者的期望和传播者认为的旅游者的期望之间的矛盾①。传者急于传达自己想说的，不一定是旅游者想知道的，而旅游者想深入了解的，传者要么没说或者没有说清楚。有一点，我们需要牢记：在旅游传播中，资料罗列得全面而准确，并不等于满足了对方的信息要求。事实上，我们掌控的只是编码的权利，而不是编码的全部依据。

或许，我们现在需要的，不是按照我们自己的假象，在那些汗牛充栋的文化典籍中寻找能够表征中国形象的符号，而应该是认真地思考那些旅游者带走的中国形象所折射出的东西，并从“他者”的镜子里反观自己传播的形象。这不并意味着，我们会在信息的选择上一味迎合、依附于“他者”的判断而失去独立传播的权力，恰恰相反，在了解对方的基础上，反思到自己信息的某些盲点和某些传播方式上的武断，可能会赢得更多的传播上的主动和清醒，即我们不会在受众的窃笑和不屑一顾中依然陶醉于自己的宣讲。更重要的是，对认同和错位的深入研究，会帮助我们重新发现自己，发现在对方奉行“认知

① Yvette Reisinger and Lindasay W. Turener. （2002）. Cultural Differences between Asian Tourist Markets and Australian Hosts, Part I. *Jounal of Travel Research*40 （1）: 295 ~ 315, p. 300.

节俭”的概略模式下，如何传播自己文化里具有普世价值的东西，如何传播自己文化里西方所缺失的东西，如何传播最能触动他们心灵的东西。与此同时，我们还可以从这两种形象的比较中，尽可能避免“借助他者形象的同时，也误解了自身”①，从而陷入“他者”形象的陷阱。这是认同与错位的研究可能带给我们的传播自觉。

对认同和错位的探讨，再次警醒我们，国家旅游形象，不等同于国家形象；国家旅游形象传播，不是、也不应该降格为一个国家的系列旅游产品的推销，更不是针对别国旅游者的“布道”，而是人心对人心的平等的理解和沟通，只有这样才能真正实现传播者想要达到的传播效果。

可以看出，我们没有按照传统的思维模式对认同与错位的原因继续按部就班地分析，而是代之以对这个命题的意义的思考。这首先是因为，旅游文化学和跨文化研究的成果中，已有很多旅游活动中文化差异的探讨，我们无需再做总结性的重复。其次，我们在旅游形象的生成过程中，已经将这种错位的地理距离、社会文化心理、大众传播等社会文化因素的影响融入具体的传播语境中进行了阐述。更重要的，我们更加关注明白这些影响因素后，我们能反思到什么，又能做些什么。这里的反思，只能算作旅游形象研究的开始。至于我们从这种探讨中，获得哪些可能会对国家旅游形象传播起到某些建设性作用的理念，我们将在结语中简单概括。

① 姜智芹：《文学想象与文化利用》，中国社会科学出版社，2005 年，第 251 页。

第八章

结　语

国家旅游形象的传播学研究，将旅游形象置于其发生和生成的自然环境——旅游活动中，抽离出其形成过程的基本规律，这是我们的思维对经验现实进行整理的结果。然而，任何国家的旅游形象都是个体性的，都是在特定社会文化生活的现实中被结构的产物。因此，我们在试着对旅游形象进行理论上的把握的同时，也试着在实地观察和调查中、在力所能及的范围内，“还原”中国国家形象应有的现实的丰富性，从而完成了一次从理论到实证的探索过程。

我们研究的最终目的是在于它对中国旅游形象传播的现实意义。在这个很稚嫩的探索性研究中，有几个与现实密切联系的观点需要重申。

中国旅游形象的传播，不是“白纸上作画”，而是在外国受众对中国的本底感知的基础上的“画上作画”。每一份在我们看来煞费苦心的信息输入，都要经过重重“过滤网”才有可能进入受众的心目中，而能否扎下根、结出我们想要的果子，要取决于很多文化、社会和传播环境等因素博弈的过程。因此，我们无数个日夜精心筹备的热闹非凡的大型活动、我们为之激动不已的旅游文化宣传，能否在热闹过后收获我们所期待的东西，是极其复杂的传播过程。成功的旅游形象传播，注定要首先“溯本求源”，关注旅游形象的上游。“关注上游”，可以使传播者把握好形象生成的来龙去脉的同时，利用人们通过共享想象性主题而形成的认同感，挖掘并利用现实社会中所蕴含的文化“潜流”①。云南利用《云之南》的影响所做的宣传，正是“顺流而下”的杰作。当然，也可以“逆流而上”。本文中提到的旅游者对金丝胡同的家访后的震撼，可以看成旅游传播的一次成功的安排：海外媒介恶意呈现的或者旅游者

① （美）斯蒂芬·李特约翰：《人类传播理论》，史安斌译，清华大学出版社，2004 年，第 188 页。

自己想象的生灵涂炭的中国图景，可以不攻自破。

对“人”在传播活动中的关注，无论是作为传播者，还是作为国家形象的符号与媒介，都应该引起足够的重视。鉴于中国国家形象在历史时空中和当今复杂的国际传播语境中所面临的种种困境和挑战，中国旅游形象传播很有几分突出重围，以星星之火期燎原之势的味道。凭心而论，我们不能否定中国国家旅游局和各省市、各地方在海外的传播绩效，但我们更需要关注的是这样一个事实。就中国旅游传播的实际传播能力和实际传播效果而言，抓住那些送上门来的积极受众（入境旅游者）的眼球和心灵，对目前中国的旅游形象的传播，具有非同寻常的意义。“不要舍近而求远”，或许是当下我们国家的旅游形象传播最需要牢记的一个观念。高度重视对这个群体的传播，首先符合经济的原则和天时地利人和的战略观。更主要的是，实地感知对旅游形象有着决定性的影响。针对访前所做的宣传再好，都只是吸引对方而来，它不能保证最终的传播效果，甚至有这样的可能性，访前的传播效果越好，把旅游者的旅游期望撩拨得越高，对实地的旅游传播造成的压力越大：稍有不慎，就能带来更大的失望、更坏的形象。旅游者会验证传播者的传播效果这一事实，几乎人人都知，但很少有人重视。华盛顿大学的鲍勃·谢泼德（Bob Shephard）教授在访谈中说到一句话很重要：旅游宣传可以说好的，但一定要符合事实，即“兑现”宣传中的一切承诺。当然，如果能胜于承诺，收获的将是传播期望之外的惊喜。

除了这种观念上的警觉之外，当下最需要做好的还应该包括两项基本工作：深度传播和印象管理。

一、深度传播

关于深度传播，我们以 BBC《中国花园》为例谈到过（参见“国家旅游局”部分）。《中国花园》把国家形象的跨国、跨文化传播，成功地转化成一种客源国国内、文化内的传播，从而大大减少了传播的阻力。它体现了国家旅游局在邀请外国记者采风等传播渠道的建设方面所做的可贵的探索。在此，我们想就深度传播的其他方面，着重说明。

（一）深度传播，首先是一种对传播内容的深度编码。

这个看似老生常谈的问题，在我看来是现在的旅游传播中存在的最严重的问题。它实际上包含是对传播内容和编码方式的选择。在传播内容的符号选择上，传播者必须清楚，旅游形象不等于国家形象，因此，国家旅游形象的宣传，应该“有所为”，“有所不为”，不能和国家形象的宣传混为一谈①。“有所为”，是指这种宣传应该突出中国旅游形象的主旋律，抓住那些可以集中表现“中国特色”的符号群，传达出中国形象的核心吸引力。“有所不为”，是敢于舍弃那些貌似给旅游形象增添亮色、实则增添“杂色”、模糊主色调的符号。这些符号，会使本来清晰而鲜明的形象变得模糊。在符号选择上，还有一点非常重要：国际旅游形象在不要“升格”为国家形象的同时，也要谨防“降格”为仅仅针对旅游产品的宣传促销，谨防成为“悬浮在旅游产业之上”的“文化盆景”②，特别在旅游产品日趋同质化的当下。那些弥漫着浓重的商业气息、涂抹着刺眼的消费色彩的文本，是否真正能激起旅游者的旅游期望，是否是传播目的地国家旅游形象最好的文本，实在是值得商榷的。这一点会引发我们对旅游宣传中随处可见的“旅游资源”③ 这个基本概念的深层思考。本文一再强调，哪些符号最能造就中国旅游形象的核心吸引力，不是传播者自己可以解决的问题，答案的另一半隐藏于受众的中国形象里。换言之，我们编码的依据，要更多地接近旅游者旅游体验中感觉最好的部分，接近于他们回去乐于去说的部分，而不仅仅是我们认为的国家形象的精华。在强调中国悠久、灿烂的传统文化的基础上，中国人民的淳朴、热情、友好与诚挚，应该是被深度挖掘的特色资源。我们这里的深度挖掘，是指在表现这一主题时在符号选择上下功夫，是尽可能地去挖掘现实生活的旅游魅力，而不是去制造一些虚假的民俗和舞台化的好客表演。比如，意欲表达中国人的热情好客，是抓拍游客亲自体验到的中国人日常生活中的待客镜头，还是找来一群穿戴整齐的“演员”对着镜头热情地挥手？何者更能达到传播的效果，必须通过大量的旅游调研来判断。成功的传播策略的设计，意味着传播者能够将敏感的触角深入到旅游者的内心世界里。被称为“目的地博士”的斯坦利·帕洛格（Stanley C. Plog）对40年旅游咨询成功经验的总结④，对我们如何选择深度编码的符号，很有启发性。

这种深度编码，除了对传播内容的深入挖掘之外，同时会通过对编码方式

---

① 参见本文“第六章”部分。

② 章海荣：《旅游文化学》，复旦大学出版社，2004年，第210页。

③ 李天元教授认为，“凡是能够造就对旅游者具有吸引力环境的自然事物、文化事物、社会事物或其他任何事物，或者这些因素的综合，都可以构成旅游资源。参见：李天元：《旅游学概论》，第89页。

④ 斯坦利·帕洛格：《旅游市场营销实论》，南开大学出版社，2007年。

的选择，将深度解码的钥匙交给受众。这意味着，对内容的深度编码，是对“意义”的深加工，而不是对符号的简单地罗列。在选择了合适的符号后，我们更需斟酌的是，能以什么样的符号组合方式让旅游者理解并接受这些符号的意义。我们需要再次强调，传播者不是“材料专业户”。数据和资料的罗列，无论多么全面和准确，都不能代表意义，更不能代表受众的理解。当作为东道主的我们面对中国这一符号海洋时，我们可以很轻松地读懂这一巨幅画卷、很轻松地理解其中每一朵浪花的涵义。而当我们转向了旅游者而企图让他们理解时，我们实际上面对了一海的珠子：得有一种精神将所有的事实穿起，而不是将一堆珠子堆在他们的脑子里，任其自由组合拼凑、生产意义。另外，旅游形象的基本特点是整体性，旅游形象组成元素的基本特征是“镶嵌”。对于有五千年积淀的中华文明而言，只有在时空组合清晰的历史脉络中，“镶上”传播者想要传达的信息，那些异域的旅游者才不至于被那些千头万绪的人物和事件搞得晕头转向。否则，我们给他们提供的只是一些“文化的碎片”。如果传播者不告诉他们如何将这些“碎片”镶嵌在中国旅游形象的整体语境中去获得意义的话，他们很可能就会把它们拿去镶嵌在他们已有的中国想象中，误解和扭曲很可能随之而来，这是由国家形象生成的概略模式决定的。在我看来，宣传片《2008 北京——中国欢迎你》在面对外国公众，飞速展现遍布大江南北无数旅游名胜时，在编码上至少还需要添加和整合以下三样东西：能够引领各项旅游资源的鲜明的文化主题、能够和这些资源的空间位置建立一一对应关系的完整的中国地图和一张简洁地展示中国历史进程的历史年代序列列表。然后，通过先进的视频技术将各种名目的旅游资源镶嵌在主题和时空架构的整体框架下。这样做，很可能比按“观、听、抚、乐”的感官分割更能让那些遥远国度的人们容易理解、理解得深刻。再比如，导游在对古都北京的传统文化进行讲解时，如果能在途中利用车载移动电视和现代传媒技术，将中国自秦汉以来形成的以儒家思想为主导的伦理文化的源流和“以夏变夷”发展路线①，以声像的方式简洁地呈现给旅游者，而后再将长城、故宫等具体的符号在这个整体框架中点出来，就可能比单纯地就景点讲景点效果要好。至少，旅游者可以对中华文明的延续5000年而从未中断、中国帝王文化中体现的等级结构和中国文化对异质文化的同化能力等深层问题的了解会容易得多，这些景点也会在旅游者的理解呈现出不同的文化魅力。

① 赵林：《中西文化分野的历史反思》，武汉大学出版社，2004 年，第 1 ~5 页。

（二）深度传播，涉及的是对“旅游文化”的深层理解。

旅游文化是人与人之间交流、文化与文化碰撞的结果，旅游形象传播的过程是交流中的理解过程。而一切对于异文化深刻的理解、偏见的消除，无不通过“人媒介”，通过人与人之间的心灵沟通。增加旅游者和东道主，特别是和普通民众交流的机会，减少那些“强迫性”的“扎店”，提高旅游的传播质量，显然是提高传播效果的良好契机。满足旅游者交往的需求，回归旅游本质，是对旅游者作为“客人”的旅游权利的尊重。这种最基本的尊重，同时意味着我们不以牺牲国家旅游形象的高品位为代价来发展旅游业。我们在前面的传播主题的角色部分和说服性传播部分已经讨论过，在此不再赘述。

（三）深度传播，涉及到一个国家旅游传播的整体传播格局。

目前，国家旅游传播的整体架构没有确立，传播合力无从显现。北京的导游讲北京，上海的导游讲上海，条块分割的情况居多。国家旅游局发放的也是针对各省市、各地区、各旅游产品的宣传资料而缺少针对中国整体形象的传播，各省市旅游局到海外单兵作战，推销自己地盘内的旅游资源，更是前赴后继。这样的传播格局虽然呈现出中国形象的丰富内涵，也是一种被肢解的丰富。一轮巨浪无论多么惊人，都构不成大海此伏彼起的波澜壮阔。对于国家旅游形象而言，这种呼应中的整体性，就是一种传播深度。

然而仅仅关注深度传播还不够，对旅游形象的受众研究表明，印象管理对于传播效果有多么重要。

二、印象管理

如果说深度传播是主动的信息输出，是“攻”，那么，印象管理则是“守”，是“守成”。深度传播，体现的是传播者作为信息传达者的角色；印象管理，则要求传播者（特别是旅游管理部分）充分发挥其协调者的作用。传播者不仅要关注那些成功地促成了自己的传播期望实现的传播行为，更要关注旅游者的“第三只眼”中的中国图景，更要瞩目那些属于“流露表演”的社会现实，更要警惕那些起破坏作用的“分裂性表演”。印象管理，简单地说，就是对传播效果的管理。

（一）印象管理，首先要协调好传播者内部的关系和传播行为，保证他们协作一致地向受众呈现一个“表里如一”、“前后一致”的国家形象。国家旅游形象的可控性和不可控性，同样会体现在传播者内部。

对出境旅游者进行思想教育和警戒措施是必要的，但目前最关键的，应该不是这些，而是解决他们在旅游经验上的“无知”，包括对异国风俗文化和一些旅游常识的无知，特别是一些生活上的细节。本文实证调查的基本结论是，国人出境旅游对国家形象造成的负面影响，主要不是观念上不重视国家形象，而是不知道在陌生的外国如何维护国家形象。我们前面说过，中国出境游的快速发展，是在中国人和外国人都没有做好充分准备的基础上开始的。比如，前面提到的正确使用卫生间的问题。那些飞机上西式卫生间，初次出国的游客之前根本就没见过，如何知道正确地使用。里面标注的英文，连一些大学里教英文的人都要仔细看才会明白，更何况那些不懂英文、旅游经验欠缺的同胞们。还有，西方一些国家基于环保和垃圾处理等方面的要求，其卫生间里的要求，根本不同于中国国内的情况。因此，通过播放录像等视频、分发指导手册等手段，加强对出境旅游者生活常识和旅游经验的细节性的培训，才是解决问题的关键。当然，这方面是和平时国民基础教育的加强和良好生活习惯的培养分不开的。出境旅游者形象的改善，必须是以整个国家的国民素质的提高为根基。然而，旅行社，特别是全陪导游在此环节中的关键作用，亟待得到进一步的加强和落实。

对传播者内部传播效果的协调，更重要的还是对导游的传播活动的重视。导游作为最有影响力的传播者之一，同样体现出很大的不可控性。目前，加强和提高导游的业务素质，解决的只是导游角色内的问题。而加强导游队伍管理的内涵，不应该仅仅是规范他们的“规定动作”。从传播效果的意义上，更在于给他们提供角色外的社会支持和保障，解决导游的待遇问题，才能保证他们对“剧班”的忠诚度，才能最大限度地启动这个团体作为传播者的积极作用。

（二）印象管理，还包括整个社会范围内的协调与合作。

国家旅游形象，是旅游者和潜在旅游者感知的国家形象。国家形象的可控性和不可控性，具体表现在在国家形象传播的“台前”与“台后”不同的区域。国家形象是“易碎品”，管理好国家形象的“台前”与“台后”同样重要。

国家形象的传播与塑造，是一个全社会共同参与的大工程，而不是旅游界单独所能完成和胜任的。这正是国家旅游形象的不可控性的根本原因。我们藉此理解国家旅游局等管理部门在可为与不可为之间的无奈。正是因为如此，发现那些“可为”的东西，才显得更加有现实意义。加大对外国旅游者经常光顾的重要景区、景点的管理力度，势在必行。调查发现，旅游行车路线的选择和设计，对信息的控制极为重要。这是旅游者沿途拍摄最多的地方之一。还有，前文提到的天安门广场、故宫、天坛、长城等外国旅游者必去的地方所发生的不法小商贩的兜售行为和普通民众随地吐痰、坐在地上拖鞋子休息等不文明行为的“分裂性”表演，理应受到有关管理部门的高度重视。不要轻视这些中国人习以为常的细节，它们对国家形象某些方面的影响，用“千里之堤，溃于蚁穴”并非危言耸听。此外，还要跟进时代的节拍，及时捕获旅游者世界里所关注的中国形象的最新信息，重点监测一些重大事件发生的地点及附近地区的社会现象和事物。比如，奥运会前后的“鸟巢”，就是这样的地方。这方面大众媒介的议程，是最具参考价值的风向标。如此看来，国家部门与其他社会职能部门的通力合作，将是保证中国旅游形象传播的大合唱成功上演的必要条件。国家旅游局的协调者角色比其信息传递者角色在国家旅游形象传播中，更具有意义。本书认为，作为官方传播者的国家旅游局等管理部门，在现有条件下，似乎应该淡化说服者的角色，充分发挥政府宏观调控的职能，积极调动其他的民间传播力量，集中做好协调者的角色。

总之，深度传播和印象管理，在国家旅游形象传播效果中，相辅相成，缺一不可。遵循国家旅游形象传播的基本规律，密切关注国家旅游形象的上游，牢牢把握其中游，紧密跟踪其下游，是传播者视野中应有的战略高度。

最后，对全书的研究做一个简单的总结。“国际旅游传播中的国家形象研究”，是国家旅游形象传播研究中的一个很稚嫩的探索性研究。本研究无论是核心概念和理论框架的确立，还是研究方法的设计、后来实际调查的开展，都只是一种初步的尝试。在这片近乎处女地的研究领域中，本书试图摸索出国家旅游形象传播的一些基本规律和关键问题，以期能给业界和旅游管理部门提供一些有价值的参考。尽管研究者饱蘸着热情苦苦求索，但该研究的局限性是显而易见的。这种局限性，主要不是来自于研究者主观努力的欠缺，而是在于国家形象这种选题确实需要动用相当规模的资源，包括来自国家旅游局和旅游业的全力支持，方可实施一个比较完备的研究计划。可以说，国家形象研究，需要的是国家层面的技术支持。这显然超过了一个博士生的个人能力的范围。尽管在研究过程中，由于旅游活动的特殊性和现实条件的限制，留下了诸多的遗憾，但研究者在这几年艰辛的耕耘中，亲身体验了旅游传播这片充满了生机与活力的研究领域所特有的巨大研究潜力与价值。或许，在不远的将来，当更多的耕耘者加入，当更好的研究条件成为可能（至少不再成为困扰研究者的主要问题），我们会更有理由期待它在旅游学和传播学研究中的美好前景。

参考文献

中文文献

程金龙、吴国清:《我国旅游形象研究的回顾与展望》,《旅游学刊》2004 年第 2 期。
程曼丽:《国际传播学教程》,北京大学出版社,2006 年。
陈加喻:《台湾大众媒体的旅游传播》,《亚洲传媒研究》,2003 年。
陈卫星:《传播的观念》,人民出版社,2004 年。
陈力丹:《精神交往论》,开明出版社,2002 年。
陈阳:《符号学方法在大众传播中的应用》,《国际新闻界》,2004 年第 4 期。
杜江等:《中国出境旅游变动趋势分析》,《旅游学刊》,2002 年第 3 期。
杜江:《快速发展的中国旅游业》,《旅游调研》2007 年第 11 期。
杜江:《在 2008 年初驻外办事处主任会议上的讲话》,《旅游市场》,2008 年第 1 ~ 2 期。
管文虎:《国家形象论》,电子科技大学出版社,2000 年。
郭建斌、吴飞:《中外传播学名著导读》,浙江大学出版社,2005 年。
郭庆光:《传播学教程》,中国人民大学出版社,1999 年。
郭镇之:《跨文化交流与研究——韩国的文化和传播》,北京广播学院出版社,2004 年。
郭镇之:《跨文化交流与研究——韩国的文化和传播》,北京广播学院出版社,1997 年
黄顺铭:《一个诠释典范:霍尔模式》,《新闻大学》,2002(冬季刊)。
胡正荣:《传播学总论》,中国传媒大学出版社,2007 年。
姜智芹:《文学想象与文化利用》,中国社会科学出版社,2005 年。
李蕾蕾:《旅游地形象策划:理论与实务》,广东旅游出版社,1999 年。
李希光、刘康等:《妖魔化中国的背后》,中国社会科学出版社,1996 年。
李正国:《国家形象构建》,中国传媒大学出版社,2006 年。
林语堂:《吾国与吾民》,岳麓书社,2000 年。
林子达:《传播心理学新探》,北京大学出版社,2006 年。
李天元:《旅游学概论》,南开大学出版社,2001 年。
李颖:《历史话语里的〈激情〉与现实视界中的目光:从文本到观众》,未发表的学位论

文，中国传媒大学。
刘继南：《国际传播——现代传播文集》，北京广播学院出版社，2000年。
刘继南：《中国形象：中国国家形象的国际传播现状与对策》，中国传媒大学出版社，2006年。
刘继南：《镜像中国：世界主流媒体的中国形象》，中国传媒大学出版社，2006年。
刘燕南：《电视传播研究方法》，北京师范大学出版社，2003年。
罗以澄、夏倩芳：《他国形象误读：在多维视野中观察》，《新闻与传播研究》，2003年第1期。
马爱萍：《21世纪旅游产品营销的战略与策略》，中国水利水电出版社，2007年。
马戎：《关于“民族”的定义》，《云南民族学院学报（哲学社会科学版）》，2000年第1期。
马波：《现代旅游文化学》，青岛出版社，1998年。
毛端谦、刘春燕：《旅游目的地研究述评》，《旅游学刊》，2006年第8期。
孟华：《比较文学形象学》，北京大学出版社，2001年。
沙莲香：《中国民族性》，中国人民大学出版社，1989年。
沙莲香：《传播学：以人为主体的世界图像之谜》，中国人民大学出版社，1999年。
邵培仁：《传播学》，高等教育出版社，2000年。
孙香兰、赵声：《台湾花20年改善游客形象（告别陋习崇尚文明）》，《环球时报》，2006年10月9日第10版。
王洁：《试论一种特殊的传播方式——旅游传播》，《现代传播》，2003年第1期。
王岳川：《发现东方》，北京图书馆出版社，2003年。
王众一、林光海：《日本韩国国家形象的塑造与形成》，外文出版社，2007年。
姜智芹：《文学想象与文化利用》，中国社会科学出版社，2005年。
吴风：《艺术符号美学》，北京广播学院出版社，2002年。
外文局对外研究中心编：《向世界说明中国——赵启正演讲谈话录》，新世界出版社，2005年。
夏建平：《认同与国际合作》，世界知识出版社，2006年。
肖云的《旅游：传播目的地文化的重要方式》，《西华大学学报》，2004年第5期。
谢彦君：《旅游体验研究：一种现象学视角》，南开大学出版社，2006年。
谢彦君：《基础旅游学》，中国旅游出版社，1999年。
熊剑平：《导游业务》，武汉大学出版社，2004年。
亚太旅游协会（PATA）：《充分发挥中国旅游业潜能：对未来发展的建议》，中国旅游出版社，2008年4月。
章海荣：《旅游文化学》，复旦大学出版社，2004年。
张广瑞：《2001～2003年中国旅游发展：分析与预测》，北京社会科学文献出版社，

2002 年。
张辉：《旅游经济论》，旅游教育出版社，2002 年。
张昆：《国家形象传播》，复旦大学出版社，2005 年。
赵林：《中西文化分野中的历史反思》，武汉大学出版社，2004 年。
周宁：《契丹传奇》，学苑出版社，2004 年。
祝善忠：《关于对全球竞争态势下旅游宣传推广工作的思考：在 2008 年全国旅游工作会议上的发言》，《旅游市场》，2008 年第 1 ~ 2 期。
（美）拉斯韦尔：《世界大战中的宣传技巧》，张洁、田青译，中国人民大学出版社，2003 年。
（美）考夫卡：《格式塔心理学原理》，黎炜译，浙江教育出版社，1997 年。
（美）施拉姆·波特：《传播学概论》，陈亮等译，新华出版社，1984 年。
（德）马克斯·韦伯：《社会科学方法论》，李秋零、田薇译，中国人民大学出版社，1999 年。
（法）罗贝尔·朗卡尔：《旅游和旅行社会学》，陈立春译，商务印书馆，1996 年。
（法）皮埃尔·吉罗：《符号学概论》，怀宇译，四川人民出版社，1988 年。
（加）麦克切尔、（澳）克罗斯：《文化旅游与文化遗产管理》，朱路平译，南开大学出版社，2006 年。
（美）艾尔·巴比：《社会研究方法》（第 10 版），邱泽奇译，华夏出版社，2005 年。
（美）爱德华·霍尔：《无声的语言》，侯勇译，中国对外翻译出版公司，1995 年。
（美）彼默·瓦纳：《全球环境中的跨文化沟通 = Intercultural Communication in the global workplace》（影印本），清华大学出版社，2003 年。
（美）查尔斯·U·拉森：《说服：接受与责任》（第 10 版）（影印版），北京大学出版社，2004 年。
（美）费正清：《观察中国》，世界知识出版社，1999 年。
（美）戈夫曼：《日常生活中的自我表演》，云南人民出版社，1988 年。
（美）雷默等：《中国形象：外国学者眼中的中国》，沈晓雷等译，社会科学文献出版社，2006 年。
（美）明恩溥：《中国人的素质》，学林出版社，2001 年。
（美）萨姆瓦等：《跨文化传通》，陈南、龚光明译，三联书店，1988 年。
（美）赛佛林、坦卡德：《传播理论：起源、方法和应用》（第五版），郭镇之、徐培喜译，中国传媒大学出版社，2006 年。
（美）斯蒂芬·李特约翰：《人类传播理论》，史安斌译，清华大学出版社，2004 年。
（美）斯蒂文·小约翰：《传播理论》，陈德民等译，中国社会科学出版社，1999 年。
（美）孙隆基：《中国文化的深层结构》，广西师范大学出版社，2004 年。
（美）李普曼：《公众舆论》，阎克文、江红译，上海人民出版社，2006 年。

（英）戴维·莫利：《电视、受众与文化研究》，史安斌译，新华出版社，2005 年。
（美）帕洛格：《旅游市场营销史论》，李天元、李曼译，南开大学出版社，2007 年。

英文文献

Cohen, E. (1985). The Tourist Guide. Annals of Tourism Research12 (1): 5 ~ 29.

Corner, J. *Studying Media: Problems of Theory and Method.*. Edinburgh : Edinburgh University Press.

Cragan J & Shields, D. (1995). *Symbolic Theories in Applied Communication Research: Bormann, Burke and Fisher.* Cresskill: Hampton Press, Inc.

Crompton, J. (1979). An Assessment of the Image of Mexico as a Vacation Destination and the Influence of Geographical Location Upon that Image. *Journal of Travel Research* 17 (4): 18 ~ 23.

Edensor, T. (2000). Staging Tourism: Tourists as Performers. *Annals of Tourism Research*27 (2): 322 ~ 344.

Gallarza, G., Saura, & Garcia. (2002). Destination Image Towards a Conceptual Framework. *Annals of Tourism Research* 29 (1): 56 ~ 78.

Gartner, W. (1996). *Tourism Development: Principles, processes, and Policies.* New York: Van Nostram Reinhold..

Gartner, W. & J. Shen. (1992) The Impact of Tiananmen Square on China' s Tourism Image. *Journal of Travel Research*30 (4): 47 ~ 52.

Goffman, E. (1959). *The Presentation of Self in Everyday Life.* London: Penguin Group.

Gudykunst, W. B., & Kim, Y. Y. (2003) *Communicating With Strangers.* New York: McGraw – Hill.

Hall, Edward T. (1977). *Beyond culture.* ANCHOR PRESS.

Hall, Stuart. (2006) Encoding/ Decoding. In M. Durham, &D. Kellner (Eds.), *Media and Cultural Studies.* Malden: Blackwell Publishing.

Harper, D., Cambon, M., Gaskell, K., Huhti, T., Mayhew, B., Miller, K., &Org, M. (2002). *Lonely Planet: China.* Footscray: Lonely Planet Publications Pty Ltd.

Jack, G., & Phipps, A. (2005). *Tourism and Intercultural Exchange.* Clevedon: Channel View Publications.

Kirk, J. (1969). Kenneth Burke and Identification. In Rueckert, W. (Eds.), *Critical Response to Kenneth Burke.* Minneapolis: University of Minnesota Press.

Larson, Charles U. (2004). Persuasion: Reception and Responsibility (ten edition). Beijing: Peking University Press.

Rueckert, W. (1969). *Critical Response to Kenneth Burke.* Minneapolis: University of Minnesota Press.

Knowles, C. (1995). *Exploring China*. New York: Fodor's Travel Publications.

Littlejohn, W. *Theories of Human Communication*. (2003). Beijing: Tsinghua University Press.

Mancini, M. (1990). *Conducting Tours: A Practical Guide*. Cincinnati: Southwestern Publishing.

Moscardo, G. (1996). Mindful Visitors. *Annals of Tourism Research*. 23 (2): 376 ~ 397.

Observations On International Tourism Communications (2004). First World Conference On Tourism Communications. Madrid, Spain.

Reisinger, Y., & Turener, L. (2002). Cultural Differences between Asian Tourist Markets and Australian Hosts, Part I. *Jounal of Travel Research*40 (1): 295 ~ 315.

Reisinger, Y., & Turener, L. (2002). Cultural Differences between Asian Tourist Markets and Australian Hosts, Part I. *Jounal of Travel Research*40 (1): 374 ~ 384.

Samovar, L., & Porter, R. (2000). *Intercultural Communication: A Reader*. Belmont: Wadsworth.

Schmidt, C. J. (1979). The Guided Tour: Insulated Adventure. *Urban Life*7 (4): 441 ~ 467.

Schutz. (1967). *The phenomenology of Social world*. Evanston, IL: Northwestern University Press.

Smith, Valene L. (1989). Hosts and Guests: The Anthropology of tourism. Philadelphia: UNIVERSITY OF PENNSYLVANIA PRESS.

Wong, S., & Lau, E. (2001). Understanding the Behavior of Hong Kong Chinese Tourists on Group Tour Packages. *Journal of Travel Research*40: 57 ~ 67.

Tourist Images: Relations between NTAs and Tour Operators. WTO – World Tourism Conference, Manila, September, 1980.

主要网络资源

http: //www. china. com. cn/

http: //www. google. au

http: //www. sina. com. cn

http: //www. cntour2. com/

http: //news. veryeast. cn

http: //www. dw – world. de/

http: //www. cctv. com

http: //blog. 3608. com/article/38263. html

http: //blog. sina. com. cn/s/blog_ 4a05a471010006cl. html

http: //blog. readnovel. com/article/htm/tid_ 872643. html

http: //tour. gansudaily. com. cn/system/2007/05/29/010362040. shtml

http: //www. ynok. com/web/ltqw/ljqw/2004 ~ 05/1083910975. html

附录1

深度访谈一览表

类别	访谈对象	被访者所属机构/国别	访谈时间	访谈地点	备注
学者	William Gartner 教授（国际旅游科学院主席）	明尼苏达大学	2006 年 10 月	北京饭店	
			2007 年 8 月	北京大学	
	孙皖宁教授	澳大利亚柯廷大学	2007 年 3 月	北京	
	Asli Tasci 博士	土耳其慕格拉大学	2007 年 8 月	北京大学	
	Bob Shephard 教授	美国华盛顿大学	2007 年 8 月	北京第二外国语学院	
	Sue Caley 教授	墨尔本大学（霍桑语言中心）	2008 年 1 月	墨尔本市	
	Steve Price 博士	墨尔本大学（霍桑语言中心）	2008 年 1 月	墨尔本市	
	李天元教授	南开大学	2008 年 4 月	北京第二外国语学院	
	Mike Hewins 博士	剑桥大学	2008 年 6 月 ~ 8 月		通过 email

类别	访谈对象	被访者所属机构/国别	访谈时间	访谈地点	备注
政府官员	匡林处长	国家旅游局旅游促进与国际联络司市场信息处	2007年11月	国家旅游局	
	刘成主任	国家旅游局驻悉尼办事处	2008年2月	悉尼	
	史翔先生(原国家旅游局驻伦敦办事处主任)	国家旅游局旅游促进与国际联络司市场信息处	2008年6月	国家旅游局	
业内人士	宋春林总经理	东华国际旅行社	2007年10月	东华国旅总部	
	刘晓骏副总经理	东华国际旅行社	2007年10月	东华国旅总部	
	★李女士等5位领队	中旅、中青旅、国旅、北京凯撒国际旅行社等	2007年11月~2008年5月	北京	
	★宋先生等15位导游	中旅、国旅、中青旅、神州国旅、天马国际旅行社等	2007年10月~2008年4月	北京	
	澳大利亚旅游业内人士10人(包括导游、前台接待、司机等)	墨尔本、悉尼、黄金海岸、布里斯班、堪培拉等地的旅行社、宾馆、饭店等	2008年1月~2月	墨尔本、悉尼、黄金海岸、布里斯班、堪培拉等地	

类别	访谈对象	被访者所属机构/国别	访谈时间	访谈地点	备注
旅游者（或潜在旅游者）	Mr. Andre Lange	法国	2007 年 9 月		通过 email
	Mr Vernon Fowler	澳大利亚	2008 年 1 月	墨尔本市	
	Mr and Mrs Smith	澳大利亚	2008 年 1 月	墨尔本市	
	Mr and Mrs Fallow	澳大利亚	2008 年 1 月	墨尔本市	
	Mrs Sheron	美国	2007 年 7 月	北京	
	Mr Bill	美国	2007 年 10 月	北京	
	Ms. Danyell	美国	2007 年 2 月	北京	
	Ms. Lucia	意大利	2008 年 2 月	澳大利亚黄金海岸市	
	滑明达教授等 5 为旅游者	中国	2008 年 1 月	新加坡机场、澳大利亚旅游途中	

（注：★表示被访者要求对自身信息保密）

附录2

针对出境旅游者的调查问卷

问卷编号：

访问员姓名：________________　　访问地点：________________

访问开始时间：________________　　访问结束时间：________________

出境旅游者调查问卷

女士/先生：

您好！下面的问卷旨在了解出境旅游者对有关国家形象地一些看法。对以下问题的回答无所谓对错。您的真实想法是最宝贵的。我们也将恪守诚信科研的精神，不留您的隐私，只记录您的看法！感谢您的大力支持！

1. 您觉得如果仅仅是除去短期旅游、放松一下身心，我们有必要在意自己在国外的行为吗？请简单陈述原因。

   A. 很有必要　　B. 有些必要　　C. 没有必要

   原因是____

2. 您在国外旅行时，会在意当地外国人如何看待我们的表现 以及他们的评价吗？

   A. 一贯很在意　　B. 有时会在意　　C. 不在意

3. 如果在意，是何种原因导致的？

   A. 环境的压力，入乡随俗

   B. 正式场合，比如欢迎会、宴会 、有重要人物在场的时候

   C. 无需场合，个人做人的方式一贯如此，无所谓国内国外。

   D. 关注国家想象

   E. 其他。请说明____.

   如果是不在意，请说明原因：

A. 旅游仅仅是暂时的，当地人的看法，不会影响我今后的生活。

B. 旅游就是为了放松，为了摆脱日常道德的束缚和压力。

C. 其他。______________________________

4. 您觉得国家形象和个人在国外的表现关系真的很大吗？

A. 很大

B. 有一定关系，但不大

C. 后者对前者无关紧要

5. 面对中国现实，您如何看待出国旅游者在自己国家中的身分和地位？

A. 整体而言，在目前中国能够出国旅行的人比例很少，应该属于国民中的精英阶层

B. 出国旅游是上流社会（或富人官员）的事，很少是普通百姓。

C. 无所谓身分和地位，有钱有闲就能出国.

D. 其他.

6. 您认为出国旅游者对国家形象总的来说产生何种影响？

A. 改善国家形象　　B. 损害国家形象

C. 没有改善也无损害　　D. 改善也损害

7. 作为出国旅游者的一员，你能预示自己在国外的行为对国家形象的影响吗？

A. 会提升国家形象

B. 可能会有些损害

C. 没有提升也无损害

8. 您觉得中国旅游者哪些行为会招来当地人的反感？

A. 缺少环保意识

B. 缺少公德

C. 爱占小便宜等民族劣根性

D. 其他

9. 您觉得出国前培训中有关国家形象的要求和提示，能真正对您在国外的行为产生影响吗？

A. 能　　B. 不能　　C. 很能说

10. 如果说您在旅游时，关注自己对国家形象的影响，您认为是何种力量在起决定性作用？

A. 个人生活自律　　B. 爱国主义

C. 法律意识　　D. 其他______________

11. 您觉得下列哪些项和国家形象最密切相关？
    A. 国民的形象，特别是普通民众
    B. 国际政治和外交
    C. 大众媒介
    D. 名人，包括领导人．明星等
    E. 其他＿＿＿＿＿＿＿＿＿＿＿＿＿＿＿＿＿＿＿＿

您的性别　　□男　□女

您的年龄
A. 14 岁及以下　　B. 15～24 岁　　C. 25～44 岁
D. 45～64 岁　　E. 65 岁及以上
您来自哪个城市？＿＿＿＿＿＿＿＿＿＿＿＿＿＿＿＿
您的职业
□外来投资者（包括境外和省外）　□海归创业者　□本地企业家（四川省内）　□企业白领　□公务员　□教育科研人员　□工人　□农民　□军人　□离退休人员　□学生　□其他＿＿＿＿＿＿＿＿＿＿＿＿＿

您的文化程度
A. 小学以下　　B. 初中　　C. 高中及中专
D. 大专　　E. 本科　　F. 硕士以上

最后，对您的耐心回答表示万分的感谢！

附录3

针对入境旅游者的调查问卷（一）（英语）

Questionnaire About the Tourist Image of China

Introduction:

Hello, The local travel agency is conducting this survey learning about how tourists feel about China, aiming at helping to improve its tourism service and social environment as a whole. Please don' t hesitate to give your Real Opinion about it. There is no right or wrong answer. Thank you for your cooperation.

I

1. This is the ______ time that you came to China. Please put a tick by your answer.
   A. first B. second C. third D. fourth or more
2. Before you came to China, what was China like in your imagination?
   Please describe it with some key words.
   ____
   ____
   What resulted in your view mentioned above? (Ex: stories told by your relations, watching TV or seeing films about China, etc.)
   ____
   ____
3. Which aspect (s) of China attracted you most? Choose the main one.
   A. simply tourism factors, such as natural and historic attractions, the reasonable prices, itinerary, etc.
   B. a real China
   C. people, their way of life
   D. cultural factors, such as time – honored arts, fascinating folklore, etc.

E. economic factors, such as opportunities for business and jobs.

F. political factors, such as social stability, government performance

G. all the above

H. Others, ________________ (Please specify)

4. The following are some positive comments about a country. Did you think that they applied to China' current image before you came here?

	Yes	No	Don' t know
A. a good tourist destination	________	________	________
B. more open, modern and international	________	________	________
C. a good place to live	________	________	________

	Yes	No	Don' t know
D. independent and responsible	________	________	________
E. constant, fast economic development	________	________	________
F. Its nationalities being equal and united	________	________	________
G. peace – loving and peace – keeping	________	________	________
F. political stability, social security	________	________	________

5. The following are some negative comments about a country. Did you think that they apply to China' current image before you came here?

	Yes	No	Don' t know
A. a problematic tourism destination	________________		________
B. old, poor and backward	________________		________
C. aggressive, a big threat to the worl	________________		________
D. unfavorable political situation	________________		________
E. bad social environment	________________		________
F. poor hygienic conditions	________________		________
G. heavy environmental pollution	________________		________

6. Through what kind of media in YOUR country, did you get to know China most? Please mark two media forms you use most frequently.

A. TV & radio

B. newspaper and magazines

C. movies

D. books

F. Chinese immigrants (China town)

G. your family/ friends/acquaintances

H. school education

I. exhibitions

E. internet J. other. (Please specify) ________

7. Besides the above mentioned media, what other ways did you learn about China ? Please mark two of the most important ones below.

A. Chinese travel agencies (brochures) B. Traveling in China

C. Contacting Chinese people D. Chinese tourists in your country

E. Chinese movies or music F. Publicity activities by China

G. Chinese TV, newspaper H. Chinese books

I. Exhibitions from China J. Other (please specify) ________

8. When you planned to come to China at home, what did you turn to for tourism information?

A. friends or relatives that have traveled in China

B. Chinese travel agencies

C. home travel agencies

D. books or brochures on China

E. internet

F. others. (please specify) ________.

9. Have you seen any Chinese tourism information and publicity offices in your country?

A. Yes B. No

If yes, what are they?

They are (please specify) ________

10. Have you seen or heard any promotional campaign by National Tourism administration of China in your country?

A. Yes B. No

11. What drew you to China?

A. your own interest in China

B. other people' s (including friends, relatives) recommendation

C. Promotion on the part of China.

D. others. (please specify) ________.

12. How did you feel about Chinese people before you came to China?

	answer	Hard working	smart	honest	trust-worthy	rational	polite	aggre-ssive	Law-abiding	coope-rative	conserva-tive
Chinese	yes	□	□	□	□	□	□	□	□	□	□
	no	□	□	□	□	□	□	□	□	□	□
	Don't know	□	□	□	□	□	□	□	□	□	□

Ⅱ

1. Is the "China " you are visiting different from that you imagined before?

   A. Yes　　　　　B. No

   If yes, how are they different?

   A. The reality as a whole is less attractive than your past impression.

   B. The reality as a whole is more attractive than your past impression.

   C. They are just very different and it' s not a matter of good or bad.

   D. It is hard to say.

   E. other (please specify) ________

2. Do you agree that China' s current image as a tourist destination is a distorted one outside China and does not agree with facts you have seen?

   A. Yes　　　B. No　　　C. Don' t know

   If yes, is the false image of China most widespread in your country?

   A. Yes　　　B. No　　　C. Don' t know

3. Which can be among the most important reasons for the difference?

   A. The information about China acquired through your home media is misleading.

   B. The information about China acquired through Chinese media is misleading.

   C. The information about China acquired through other media is misleading.

   D. China fails to offer you and your people adequate information about itself effectively.

   D. None of the above. ________ (please specify)

4. From what you have experienced so far, what about China makes you very happy or unhappy? Please specify.

   Happy with (impressed):　　　　unhappy with:

   a ____________　　　　a ____________

   b ____________　　　　b ____________

c ____________ c ____________

5. The following are some positive comments about a country. Now that you are here, do you think that they apply to China' current image ?

	Yes	No	Don't know
A. a good tourist destination	________	________	________
B. a good place to live in	________	________	________
C. independent and responsible	________	________	________
D. more open, modern and international	________	________	________
E. constant, fast economic development	________	________	________
F. Its nationalities being equal and united	________	________	________
G. peace - loving and peace - keeping	________	________	________
F. political stability, social security	________	________	________

6. The following are some negative comments about a country. Now that you are here, do you think that they apply to China' current image?

	Yes	No	Don't know
A. a problematic tourism destination	________	________	________
B. old, poor and backward	________	________	________
C. aggressive, a big threat to the world	________	________	________
D. unfavorable political situation	________	________	________
E. bad social environment	________	________	________
F. poor hygienic conditions	________	________	________
G. heavy environmental pollution	________	________	________

7. During your visit, what are your most important information sources for you to understand China?

A. tour guide
B. hotel staff
C. your own observation
D. contact with the native people
E. contact with other tourists
F. brochure, other books for tourists
H. TV or other prints in the hotel
I. Others ________

8. Does China use your home media, such as TV, radio and press etc. or other marketing activities to promote China' s tourism?

A. Yes B. No

If yes, do you think they are helpful in getting you right information?

A. Yes　　B. No

9. Do you think you have seen what you have expected to see in China?

A. Yes　　B. Partly　　C. No

10. If not, the reason is:

A. the time for you to stay is too short.

B. the itinerary doesn' t help us to know more.

C. You have no chance to contact the local people.

D. language and other cultural barriers of communication.

E. other reasons. (please specify) ________.

11. How do feel about Chinese people now? please put a tick in the box.

	answer	Hard working	smart	honest	trust-worthy	rational	polite	aggre-ssive	Law-abiding	coope-rative	conserv-ativeyes
Chinese	yes	□	□	□	□	□	□	□	□	□	□
	no	□	□	□	□	□	□	□	□	□	□
	Don't know	□	□	□	□	□	□	□	□	□	□

Ⅲ Would you mind filling the following form about yourself? It is to help us understand different feelings among different groups of people and seek improvement pertinently .

Sex	Age	Last education	Nationality	Occupation
A. female B. male	A. Below 15 B. 15 ~ 24 C. 25 ~ 34 D. 35 ~ 55 E. 55 ~ 64 E. 65 and above	A. High school B. college C. university D. master degree E. PH. D F. others	(please specify)	(please specify)

THANK YOU VERY MUCH !

附录4

针对入境旅游者的调查问卷（二）（日语）

中国の旅行産業のイメージに関するアンケート調査

アンケートの趣旨：

初めまして、北京旅行観光協会の実施する今回のアンケート調査は中国にいらっしゃる皆様が中国に対してどのようなイメージをお持ちなのかを調査し、今後のよりよいサービスに生かしていくことを目的としています。何が正しく、何が間違っているということはございません。どうぞご自由に、皆様の率直な意見をお聞かせください。ご協力お願いいたします。

I

1. 今回、私は________回目の中国訪問です。当てはまる記号を下から選んでください。

   A 初めて　　B 二回目　　C 三回目　　D 四回目以上

2. 訪中前、あなたの中国に対するイメージはどのようなものでしたか? 歴史的、政治的など、いくつか当てはまるキーワードをお書きください。

   ____

   ____

   上で選んだ理由を教えてください。（例：学校の歴史教科書、新聞、TV）

   ____

   ____

3. あなたにとって中国の中でもっとも魅力的に感じるものは何ですか? 下から選んでください。

   A. 観光資源：例えば、美しい自然、悠久の歴史、魅力的な旅費、など

   B. 本当の中国

   C. 地元の人々とその日常生活

D. 文化面：例えば歴史画、フォークソングなど

E. 経済面：例えばビジネスチャンス、職探しなど

F. 政治面：例えば社会の安定性、人民政府の政治方針など

G. 上記のすべて

H. その他 ________（詳しくお書きください。）

4. 下の文章は、観光業のプラスイメージの文章です。あなたの訪中前の中国に抱いていた印象に照らし合わせてお答えください。

	はい	いいえ	わからない
A. 多くの名所旧跡	________	________	________
B. 開放的、近代的で国際的	________	________	________
C. 住み心地のよさ	________	________	________

	はい	いいえ	わからない
D. 独立性とその責任性	________	________	________
E. 健全な高度経済成長	________	________	________
F. 民族の平等と団結	________	________	________
G. 愛護と平和維持	________	________	________
H. 政治と社会の安全	________	________	________

5. 下の文章は、観光業のマイナスイメージの文章です。あなたの訪中前の中国に抱いていた印象に照らし合わせてお答えください。

	はい	いいえ	わからない
A. 危険な観光地	________	________	________
B. 古く、みすぼらしい	________	________	________
C. 世界を凌駕するその勢い	________	________	________
D. 好ましくない政治体系	________	________	________
E. 粗悪な社会環境	________	________	________
F. 劣悪な衛生環境	________	________	________
G. 大気汚染などの環境問題	________	________	________

6. あなたの国内における中国に関する情報源は何ですか。下から二つ選んでください。

A. TVやラジオ

B. 新聞や雑誌

C. 映画

F. チャイナタウン、華僑の人々

G. 家族/友達/近所の知り合い、など

H. 学校教育

D. 書籍　　I. 展覧会

E. インターネット　　J. その他（詳しく）________

7. 上であげたほかにどんなことから中国を学びましたか。下から二つ選んでください。

A. 中国系の旅行会社、パンフレット　B. 中国を旅して

C. 中国人　　D. 日本の中国人のツアーガイド

E. 中国の映画や音楽　　F. 中国政府主催の社会活動

G. 中国のTVや映画　　H. 中国の本

I. 中国政府主催の展覧会　　J. その他（詳しく）________

8. 出国前にどのような人から情報を集めますか。

A. 中国を旅行したことのある親戚や友人

B. 中国旅行局

C. 国内旅行会社

D. 中国の本や雑誌

E. インターネット

F. その他.（詳しく）________.

9. あなたの国で何かしらの中国に関する広告を見ましたか?

A. はい　　B. いいえ

はいと答えた人、それは何ですか。

それは（詳しく）________ポスター__________

10. 中国国家旅行局の広報活動を自国で見たことがありますか?

A. はい　　B. いいえ

11. 中国では何をしたいですか。

A. 興味のあること

B. ほかの人の推薦

C. 中国の紹介.

D. その他.（詳しく）______________.

12. 訪中以前、中国人に対する印象はどうでしたか。当てはまるものを選んでください。

	回答	勤勉	知的	誠実	信頼性	国家性	礼儀	独断的	規律厳守	協調性	保守性
中国人	はい	□	□	□	□	□	□	□	□	□	□
	いいえ	□	□	□	□	□	□	□	□	□	□
	わからない	□	□	□	□	□	□	□	□	□	□

II

1. 訪中前の中国に対するイメージが訪中後に変化しましたか?

   A. はい　　B. いいえ

   はいと答えた人は、特にどんなところが変化しましたか。

   A. 思っていたほど魅力が無かった。

   B. 思っていたよりも魅力的だった。

   C. 思っていたのとは全く違い、想定の範囲外。いいか悪いかはわからない。

   D. 言い表せない。

   E. その他（詳しく）＿＿＿＿＿＿＿＿

2. 観光地としての中国の現在のイメージは外部の国家によって湾曲させられているので、あなたの知っている真実とは一致しないと思いますか?

   A. はい　　B. いいえ　　C. わからない

   はいと答えた方は、その誤ったイメージがあなたの国に定着していると思いますか?

   A. はい　　B. いいえ　　C. わからない

3. 何が一番そのイメージのギャップを生み出していると思いますか?

   A. あなたの国のマスメディアによる中国に関する情報に対する誤報

   B. 中国のマスメディアによる中国に関する情報に対する誤報

   C. その他の国のマスメディアによる中国に関する情報に対する誤報

   D. 中国があなた方に対して有効な情報提供をしていない

   D. その他．＿＿＿＿＿＿＿＿（詳しく）

4. あなたの経験から、中国の何があなたを楽しく、または不快にさせましたか。詳細にお願いします。

   幸せなもの：

   a ＿＿＿＿

   b ＿＿＿＿

   不快なもの

   a ＿＿＿＿

   b ＿＿＿＿

c ________　　　　c ________

5. 下の文章は、観光業のプラスイメージの文章です。訪中を通して得た、現在あなたが中国に抱く印象に照らし合わせてお答えください。

	はい	いいえ	わからない
A. 多くの名所旧跡	________	________	________
B. 住み心地のよさ	________	________	________
C. 独立性とその責任制	________	________	________
D. 開放的、近代的で国際的	________	________	________
E. 健全な高度経済成長	________	________	________
F. 民族の平等と団結	________	________	________
G. 愛護と平和維持	________	________	________
H. 政治と社会の安定	________	________	________

6. 下の文章は、観光業のマイナスイメージの文章です。訪中を通して得た、現在あなたが中国に抱く印象に照らし合わせてお答えください。

	はい	いいえ	わからない
A. 危険な観光地	________	________	________
B. 古く、みすぼらしい	________	________	________
C. 世界を凌駕するその勢い	________	________	________
D. 好ましくない政治体系	________	________	________
E. 粗悪な社会環境	________	________	________
F. 劣悪な衛生環境	________	________	________
G. 大気汚染などの環境問題	________	________	________

7. 中国滞在中、どのメディアが一番の中国を知る情報源になりましたか?

A. ツアーガイド　　B. ホテルのスタッフ

C. 自己　　D. 地元の人

E. 観光客　　F. 小冊子などの観光案内書

H. TV，またはホテルにある無料案内書　　I. その他________

8. 中国観光当局は、あなたの国のTVなどのマスメディアを利用して中国の宣伝をしていますか?

A. はい　　B. いいえ

はいと答えた方は、その情報が正しく役に立ったと思いますか?

A. はい　　B. いいえ

9. 中国ではあなたのやりたかったことが実現できましたか?

A. はい　　B. 一部　　C. いいえ

10. いいえと答えた方、その理由は?

A. 滞在時間が短すぎる

B. 旅程表が使いづらく、用を成さない

C. 地元の人と触れ合う機会が無かった

D. 言語などのコミュニケーションにおける困難

E. その他．（詳しく）________.

11. 訪中後の今、中国人に対してどんな印象を持っていますか。当てはまるものを選んでください。

	回答	勤勉	知的	誠実	信頼性	国家性	礼儀	独断的	規律厳守	協調性	保守性
中国人	はい	□	□	□	□	□	□	□	□	□	□
	いいえ	□	□	□	□	□	□	□	□	□	□
	わからない	□	□	□	□	□	□	□	□	□	□

IIIもしご協力いただけるようでしたら、以下を埋めてください。より詳細な旅行客層に適したサービス向上のためにご協力よろしくお願いいたします。

性別	年齢	最終学歴	国籍	職業
A. 女性 B. 男性	A. 15 歳未満 B. 15 ~ 24 C. 25 ~ 34 D. 35 ~ 55 E. 55 ~ 64 E. 65 歳以上	A. 高等学校 B. 専門学校 C. 四年生大学 D. 博士 E. PH. D F. その他		

ご協力ありがとうございました。

附录5

针对澳大利亚居民（包括旅游业内人士）的调查问卷

对澳大利亚居民的调查问卷

Introduction: Hello, Mr. or Ms ________, this questionnaire is for a doctoral dissertation on Chinese tourists traveling abroad, for which Your ideas about Chinese tourists are of great importance. Please don' t hesitate to give your Real Opinion about it. There is no right or wrong answer. Thank you very much for your kind help.

I.

1. Do you know anything about China?

   A. Yes, a lot　　B. Yes, something about it

   C. Yes, a little　　D. No, not at all.

   If yes, what is China like in your mind? Please describe it with some key words.

   ____

   ____

2. What makes you know China most?

   A. traveling in China

   B. home media, such as TV, radio, newspaper, movies, books or internet.

   C. School education.

   D. Communication with Chinese people, including seeing some Chinese tourists.

   E. Other. (Please specify) ________

3. In your opinion, what are the most important factors for knowing a country?

   A. Its people, including their manners and their way of life.

   B. Its economic status in the world

   C. Its political situation, including its government.

   D. Its culture

E. Other aspects. (Please specify) ________

II

4. Have ever seen or met any Chinese tourists ?

A. Yes　　B. No

If no, do you think Chinese tourists traveling in your country are important for you to understand a real China since it is so far away from here?

A. very much　　B. to some degree

C. a little　　D. not at all.

If yes, do you think they are the best part of China or Chinese people?

A. Yes　　B. No

What is your impression of them? Please describe it and tick for your answer.

____

	answer	Hard working	smart	honest	trust-worthy	rational	polite	aggre-ssive	Law-abiding	coope-rative	conserv-ative
Chinese	yes	□	□	□	□	□	□	□	□	□	□
	no	□	□	□	□	□	□	□	□	□	□
	Don't know	□	□	□	□	□	□	□	□	□	□

5. Generally Speaking, they are better or worse than what you expected before?

A. better　　B. worse

C. no good or bad, just different　　D. Don't know

If better, Please specify your reason ______________________________

____

If worse, where do you think the problem lie?

A. their personal cultivation

B. bad things in their culture

C. cultural differences between us

D. their country as a whole is less developed

E. their damage to our environment

F. other things. (Please specify) ________

6. Can you list some of their behavior that makes you feel happy or unhappy toward them?

Good aspects　　　　　　　　　　bad aspects

________________　　　　　　________________

________________　　　　　　________________

________________　　　　　　________________

7. In your mind, can they represent China or other Chinese people in a real sense?

A. Yes, indeed　　B. partly　　C. No

8. Do you think foreign tourists are always welcome in your country?

A. Yes　　　　　　　　　　B. No

If yes, why?

A. their coming can contribute to your tourism, then to your economy.

B. their coming brings lots of cultural communication, better understand between different people.

C. Other reasons. (Please specify) ________________________

If no, would you please give the reason. ______________________

____

IIIWould you mind filling the following form about yourself? It is to help to understand different feelings among different groups of people.

Sex	**Age**	**Last education**	**Nationality**	**Occupation**
A. female B. male	A. Below 15 B. 15 ~ 24 C. 25 ~ 34 D. 35 ~ 55 E. 55 ~ 64 E. 65 and above	A. High school B. college C. university D. master degree E. PH. D F. others	(please specify)	(please specify)

THANK YOU VERY MUCH !

后记

2003年夏天，我接到广院的博士录取通知书，欣喜异常：我终于可以名正言顺地成为了郭镇之教授的学生，永远地告别了旁听生的身份。早已过了而立之年、从教十载有余的我，怀着刚入学的孩子一般的美好幻想，跌跌撞撞地走进传播学这个神秘的学术殿堂。正是从那个时候，在郭老师的精心指导下，在“旅游传播”这片处女地里，我开始了短暂欣喜之后的艰苦跋涉。

一个学外语、教外语、对旅游和传播都是外行的人，却选择了“旅游传播”这样的一个充满挑战性的研究方向。这个貌似学术问题的问题，实际上是生活对我的选择，或者是我对生活的选择。我当时所在的工作单位，北京第二外国语学院旅游管理学院，聚集了一批中国旅游学界的精英。旅游管理学院蒸蒸日上、欣欣向荣的繁华景象，使得“向旅游靠拢”成为一种导向、一种趋向、一种“眼光”。和二外的一纸合同，使我背负着一种工作任务踏上了对传播学的学习之旅。更重要的是，我的导师，当时就满怀信心地预言，旅游传播将是一个很有潜力的学术领域，特别是对跨文化传播的研究而言。她对此寄予了相当高的期望。于是，我在学习传播学博士课程的同时，从旅游学的入门课程学起。尽管当时连“旅游传播”的概念都不清楚，我却以近乎虔诚的心态纵身跳了进去，一头扎了进去。临行前，记住了张辉院长在例会上讲的一句话：真正的学者，要有一种心态，要沉下去，要甘于多少年在学界听不到自己的声音。

时光荏苒，五年半的时间悠忽而过。五年期间，二外的格局发生了很大的变化，旅游管理学院在风云变幻中完成了自己的更新过程，我那原本笼罩着灿烂光环的学术前程，也在风雨中飘摇得像一片树叶。另一方面，传播学学者对有关旅游方向选题的质疑态度，使我有生以来第一次真正体验学术上的挫败感和内心深处的痛。可我已别无选择，我只能往前走。我的导师，在我面临的所有逆境中始终表现出一种情怀：即使整个世界质疑你，她也不会因此而放弃你。理解、鼓励、无私地做你坚强的后盾、想尽办法帮助你，在我的眼里，是一种只有为人父母才有的情怀。这些年来，无论是面对繁重的教学工作，还是面对幼小的儿子时撕心扯肺的负罪感，抑或是调研和写作中的种种艰难，这样的情怀，都能使你安然地挺过来。我曾经很多遍地告诉在焦虑中挣扎的自己，必须对得起这些年来用心血培养我的导师，必须对得起自己当初的热切心情，必须对得起自己最起码的学术自尊，虽然对传播学而言，我只是一个小学生。

五年多的时间，应该是一个小学生毕业的时间。可我还不知道，自己能否向导师和那些许许多多帮助过自己的人们，递上一份满意的答卷。记得培喜在他的博士论文的后记写过："我的导师郭镇之教授显然比我更了解我自己，她知道问题的症结所在，也知道如何解决。"这正是郭老师作为博导的特点之一：她总是能站在那么高的地方，总是一眼就看穿你的虚弱（无论是你的论文、你的做人以及你实现梦想的方式）。看穿你，却不嫌弃你，而是让你很体面地认识到自己的不足，以十分简洁可行的方式使你茅塞顿开，以非凡的耐心使你获得进步中的快乐和自信。如果能为自己的学生提供学业和事业上的发展机遇，郭老师丝毫不会吝啬，有时会毫不犹豫地动用她的"关系"，为我们提供求学深造、调查研究和开阔眼界的机遇。我们总是能从那些点点滴滴的小事中，深深地品味着一名博士生导师深厚的学养、高尚的品格和包容的胸怀。郭老师的教诲，使我坚定不移地选择了旅游传播这个方向，我也将会一直坚持下去。博导可以仅仅指导一篇论文，但郭老师带给她的学生的，是一生的影响。

还有一位老师，是我要真心感谢：传媒大学的刘燕南教授。刘老师作为导师的人格魅力之一，在于她总是能在你对自己研究的问题一头雾水的时候，三言两语，就把你从雾水中捞出来。刘老师在极其繁忙的情况下，亲自为我指导了研究方法。更令我感动的是，刘老师还亲自安排她的研究生杨静等同学，帮我做了所有的统计分析和数据整理。在此对她们深表感谢。

我还要特别感谢，国家旅游局副局长杜江博士，在百忙之中，为我在国内和国外的重要调研中提供的慷慨帮助。国家旅游局的匡林处长（现任国家旅游局驻悉尼办事处主任）、崔素香处长为我在国家旅游局的调研做了周密的安排，匡处长的观点和研究成果对本文有直接的指导作用。工作在传播一线原国家旅游局驻悉尼办事处主任刘成先生、原国家旅游局驻伦敦办事处主任史翔先生，为我提供了难得的第一手资料并对论文提出了宝贵的建议。中国旅游研究院副院长戴斌博士对本人的选题先后几次做过旅游方面的专门指导。在此对他们表示由衷地感谢。

二外旅游发展研究院的张辉院长、旅游管理学院的李宏博士为本人的调研费了不少心。本文的思路，同样受益于南开大学李天元教授的悉心指点。旅游管理学院邵德阳老师，多年来一直无私地为我提供技术支持，付出了很多宝贵的时间和精力。邵老师及其全家的慷慨相助，使我永生难忘。此外，我们教学部修月珍教授、任长辉书记、程进能教授为我的学习和研究提供了很多方便。图书馆的毛惠英、兰超英等老师在图书资料上提供了很多帮助。在此一并致谢。我的同事，翟润梅老师在澳大利亚的实地调查中给了我莫大的支持。我的学生楼英为本文的文字审校、格式调整昼夜奋战。她的努力，大大缓解了我在论文修改最后阶段的压力。丽丽在我的写作过程中，在资料和其他方面给了很多指导，并时时给予鼓励。培喜刚刚回国，就帮助审阅了论文。

感谢所有接受深度访谈的人们，他们闪光的思想，照亮了我的视野。

本论文的顺利完成，是我爱人做出巨大牺牲的结果。他不仅要兼顾工作、幼小的孩子和病重的公公，还得帮助我提供实现调查和研究所需的各种必要的条件。我要感谢我的儿子，他幼小的心灵有不属于他年龄阶段的对一个不称职的母亲特有的宽容。从 2006 年他出生至今，在教学、调查、写作和其他事务中疲于奔命的我，照顾他的时间屈指可数。2008 年的 1 月，我抛下不满两岁的他，只身去澳大利亚做调查。我所调查的每一个城市，都有我深夜思儿的泪。回来时他还在病中。他使我前所未有地体验了人生除工作和研究的很多内涵并给了我做母亲的无限幸福和写作的巨大动力。外甥女王丹丹，为支持我的学业奉献了很多。大表姐席桂玲女士身患高血压，一年多来，风里雨里，来回奔波。表姐、姐夫及全家，全心全意地帮我照顾孩子，解除了我的后顾之忧。没有他们的奉献，这篇论文根本不可能完成。

这篇博士论文最终得以出版，得力于教育部社科中心《高校社科文库》搭建的平台，非常感谢社科中心细致而周到的工作。衷心感谢光明日版出版社的资深编辑田苗女士，她的敬业精神，使我感受到了一个编辑工作者的品格。诚挚地感谢二外的各级领导给予及时的慷慨支持。周校长热情洋溢的序言将鼓励我继续在这片崭新的领域开拓，而邱校长和计校长带给我的感动，使一种对二外的归属感深植心中。

这篇后记，只能以省略号结束。薄薄的几页纸难以记述这些年来那么多真诚帮助我的可亲可敬的面孔。即使篇幅允许，语言依然苍白。正是有了他（她）们，这本微不足道的小书，才成为了我生命中永难磨灭的记忆。